〈家族〉のかたちを考える ①

〈産みの親〉と〈育ての親〉

比較家族史学会監修

床谷文雄
宇野文重
梅澤　彩
柴田賢一

編

法律文化社

シリーズ「〈家族〉のかたちを考える」によせて

　1982年に多様な分野の研究者が集り、比較家族史学会（当初は比較家族史研究会）が発足しました。1988年刊行の『シリーズ家族史1　生者と死者：祖先祭祀』以来、「シリーズ比較家族」、「家族研究の最前線」とシリーズ名は変わってきましたが、本学会はこれまで毎年開催されるシンポジウムの成果を監修し、世に問うてきました。これは他の学会にはみられない、比較家族史学会独自の試みだと自負しています。

　21世紀に入って家族を取りまく状況は大きく変化しています。今日では家族を当たり前のこととして語るのが難しくなっています。家族のなかで生まれても、最後は一人で死んでいく人が増えています。家族に関する言説も多様化しています。メディア上に「家族の絆」を賞賛する声があふれている一方で、頻発するDVを問題視して家族を暴力の温床とみなす人もいます。「血のつながり」を絶対視して生殖医療技術に頼る親もいれば、多様な「育ての親」のもとで育っていく子どももいます。若い世代では同性婚など多様な家族のあり方を求める人が増えていますが、依然としてLGBTQ+ をめぐる動きに違和感を抱く人もいます。

　新シリーズ「〈家族〉のかたちを考える」では、学会の原点である歴史と地域という二つの比較軸の両立を目指します。広くグローバルな視野が求められる現代において、法学・社会学・文化人類学・歴史学・教育学・人口学・民俗学など専門領域を異にする研究者が集まり、学際性を前面に出す比較家族史学会らしいオリジナリティあふれる研究成果を公刊したいと考えています。

　2020年から世界は新型コロナウイルスに翻弄されたが、今日、調査と学会活動も従来のように活発化しています。現在、家族が直面するさまざまな問題に正面から向き合うと同時に、歴史からも多くの経験を学び、〈家族〉のかたちを考えるための新しい視点を読者に提供したいと思います。

　2023年3月

比較家族史学会

目　次

シリーズ「〈家族〉のかたちを考える」によせて

序　章　家族の歴史と比較から考える〈産みの親〉と〈育ての親〉 ……………………… 床谷　文雄　1

1　〈産みの親〉と〈育ての親〉　1

2　〈産みの親〉と〈育ての親〉が分かれるとき　3

3　現代的課題としての赤ちゃんポストと内密出産　6

4　本書の構成および各章の概要　8

第Ⅰ部　赤ちゃんポストと養子縁組

第1章　産婆がおこなった生殖の危機に対応するソーシャルワーク ………………………… 白井　千晶　19
——「藁の上からの養子」にみる近代日本の親子原理——

1　本章の目的　19

2　先行研究と導き出される問い　19

3　昭和初期・中期の産婆・助産婦がおこなった生殖の危機への対処としての養子仲介　21

4　産婆のソーシャルワークからみえる昭和初期・中期の親子関係　31

5　本章の知見と課題　37

第2章　「お上の正義が晴らすべきはこの闇なり」… 小谷　眞男　40
——20世紀初頭ナポリの捨子裁判事例から——

1　テーマと方法　40

iii

2　マッダレーナ事件——欠席裁判　40

3　アマリア事件——公判手続保留　47

4　ふたつの裁判事例から投げかけられた問い　56

第3章　韓国の危機的妊娠をした女性支援と養子縁組
$\hspace{18em}$ 姜　　恩和　61

1　「産む人≠育てる人」から「産む人＝育てる人」へ　61

2　「産む人≠育てる人」の歴史　61

3　「産む人＝育てる人」へ　64

4　ベビーボックスと保護出産法制定の動き　68

5　ニーズに即した新たな妊娠期支援へ　74

補論 1　ドイツにおける赤ちゃんポストの現状 ····· トビアス・バウアー　78

第Ⅱ部　〈産み〉の奨励と抑制

第4章　初期近代イングランドにおける
妊娠・出産と家族 ················· 柴田　賢一　85

1　妊娠・出産と家族をめぐって　85

2　初期近代イングランドの妊娠・出産　88

3　子ども・家族・社会　98

第5章　20世紀初頭フランスにおける出産奨励運動と
母子衛生 ················· 河合　　務　104
——妊娠・出産の管理と「育児学」——

1　人口増加戦の中の〈産みの親〉と母子衛生　104

2　出産奨励運動と母子衛生　104

3　「人口減退に関する委員会」の母子衛生への関心　109

4　母子衛生と「育児学」　116

第6章　近代日本の児童保護事業が表彰した子どもと排除した子ども
　　──赤ちゃん審査会と貰い子事件から考える──
　　　　………………………………………………… 大出　春江　121

　　1　望ましい子どもと望まれなかった子ども　121
　　2　児童保護事業が表彰した「児童」　122
　　3　乳児死亡率の「防遏」をめざした児童保護事業とその広がり　125
　　4　望まれない子どものゆくえ──堕胎から貰い子へ　129
　　5　身分別乳児死亡率の国内比較と国外比較　131
　　6　貰い子が商品となった時代と産院　137
　　7　望まない妊娠と子どもと女性を支援する　142

補論2　近世日本の農民家族と嬰児殺し ….. 太田　素子　145

第Ⅲ部　コミュニティと〈育ての親〉

第7章　近世の日本の子育てと家・村・親族 … 戸石　七生　153
　　──村は子育てをしていたか──

　　1　昔の村は本当に子育てをしていたか？　153
　　2　両親のいない子どものケース　156
　　3　片親のいない子どものケース　160
　　4　婚外子のケース　163
　　5　百姓株式相続人の管理から農繁期託児所へ　168

第8章　植民地朝鮮の婚外子・棄児をめぐる法と
社会のまなざし ················ 岡崎まゆみ　171
——1910〜1920年代を中心に——

1　可視化される婚外子・棄児　171

2　庶子の地位　172

3　私生子の地位　176

4　棄児への対応　179

5　「あるべき子」と漏れゆく子　185

第9章　アフリカの「自然な」要素に基づく親子考
——ナイジェリアの〈里親養育〉慣行と授乳文化を対照させて——
···················· 梅津　綾子　190

1　親族論における1980年代以降の「自然」対「文化」論　190

2　ハウサの〈里親養育〉慣行リコ　194

3　リコと結婚と母乳　197

4　親子関係と「呪術的な共感の関係」　200

第Ⅳ部　現代の〈育て〉をめぐる政策と法

第10章　新しい社会的養育ビジョン策定の経過と
社会的養護の推進方向 ············ 山縣　文治　211

1　子どもの権利条約および国連代替的養護に関する指針と社会的養護　211

2　ビジョン発表に至る経緯　212

3　ビジョンの発表（2017）　214

4　子ども家庭福祉と「親」および「家族」　217

第11章　「育て」に関する政策の課題 ············ 藤間　公太　220
——代替養育のあり方をめぐる議論を手がかりに——

　　　　　目　　次

　　　1　「社会的養護の家庭化」をめぐる動向　220

　　　2　「社会的養護の家庭化」を主張する議論の問題点　222

　　　3　分析対象——「新しい社会的養育ビジョン」、「新たな社会的養育の在り
　　　　　　　方に関する検討会」議事録　224

　　　4　「家庭」を定義する試みの様相　226

　　　5　「育て」をめぐる政策策定の構造的問題　232

第12章　　家族法における子の監護 ……………… 梅澤　　彩　237

　　　1　児童福祉と子の監護　237

　　　2　親権の内容および不適切行使への対応　240

　　　3　親権概念の変遷および親権と監護権の分属　242

　　　4　第三者への監護者指定　246

　　　5　社会的養護における子の親権と監護権等——里親委託を中心に　248

　　　6　子のための親権および監護権の在り方について　251

終　　章 ………………………………………………… 宇野　文重　257

　　索　　引

序　章

家族の歴史と比較から考える〈産みの親〉と〈育ての親〉

床谷　文雄

1　〈産みの親〉と〈育ての親〉

　〈産みの親〉ということばは、人が誕生する際に母親の胎内から生まれいずる場面を想起させ、主に母親を指す表現として使われるのが一般である。国産み（神話）、産土の神、産みの苦しみなど母の出産に由来する比喩的表現も多く存在する。つまり、分娩のその時における母体からの子の分離（法的には「胎児」から「人」になること）に視点を置く場合には〈産み〉ということばが使われる。ここでは、誕生から死亡するまでの人の一生（人生）にとってその始まりとしての出産が重視されている。

　ウミノオヤには、〈生みの親〉という表現もある。こちらは、生父、生母、というように父（生物学上の父＝母を孕ませた男）も含みうる表現である。[1]本書では、出産した親のもとでではなく、別の誰か（個人、団体、施設、地域共同体など）が子どもを育てることとなる状況を主にとりあげて論じていることから、〈産みの親〉と〈育ての親〉を対照的に使っている。ただし、各章においては、その論じる文脈に応じて〈生みの親〉〈生親〉という表現も使用されている。

　他方、〈育ての親〉という場合、〈産みの親〉がこの世に誕生させた生命（子ども）を養育し、成長させ、成人させる（一人前のおとなにする）役割を果たす者を指している。「生みの親より育ての親」とか「氏より育ち」ということばは、生物学的由来ないし自然血縁的な出自よりも、生育・成長の過程こそが人間の本質を形成するものであるという考え方を表わし、生まれた後の育て・育ちのあり方（育てる者その他周囲のものとの共同生活関係と共生意識の醸成）が重要であることを示している。

「血は水よりも濃し」というたとえは、血のつながり、血縁に基づく人間関係を特に重視する考え方（水は蒸発して跡形もなく消えるが血は固まって消えることがないがごとく強い絆である。もとはドイツ語の Blut ist dicker als Wasser に由来する）を示しているが、他方で「親の血をひく兄弟よりもかたいちぎりの義兄弟」という歌詞（作詞：星野哲郎）もある。水盃を交わして生死を共にすることを誓い合った関係を重く見ているのである。人間関係、親子関係の形成において、生物学的・生理的なつながりである血縁（血縁ありとする意識）は特別な愛情・親密さの基盤となるとしても（肉親の情）、それは養育の生活環境を形づくる地縁あるいは「同じ釜の飯をくった」縁などとは異なる特別の意義を持つものなのであろうか。

　本書の主題は〈産みの親〉と〈育ての親〉を家族の歴史と比較の中で問い直すことである。〈産みの親〉と〈育ての親〉を主題として論ずる場合、具体的には、次のような論点が考えられる。

①　〈産み〉およびその前段階である〈妊娠〉の持つ意義は何か。それを社会において促進する契機となるものは何か。逆に抑制するものは何なのか。妊娠・出産に対して家族や社会はどのように対応してきたのか。

②　〈産みの親〉と〈育ての親〉が同一の人であることが子どもの最善の利益に適うと考えるならば、〈産みの親〉による養育が物質的・精神的に困難な場合にこれをいかに支援すべきか。〈産みの親〉による養育における家族・親族、地域共同体（コミュニティ）、そして国（政策・立法）の役割とは何か。それぞれは、どのような役割を現に果たしているのか、果たすべきなのか。

③　〈産みの親〉と〈育ての親〉が分離することになるのは、どのような妊娠・出産の場合か。分離の契機・原因となるのは何なのか。それは社会的なものなのか、個人的ないし個人が属する親族等の団体的なものに原因があるのか。子が〈産みの親〉から分離されて〈育ての親〉のもとへ移される際のメカニズムは、具体的にはどのようなものなのか。この分離に誰が、どのように関与するのか。

④　〈産み〉とは分離された〈育て〉ないし〈育ち〉が親子関係の形成において持つ固有の意義は何か。

⑤　〈育ての親〉のもとでの新しい親子関係の形成に関わる課題にはどのようなものがあるのか。〈育ての親〉による子どもの養育を支援することにおける地域コミュニティおよび国、公的機関の役割は何か。

⑥　〈産みの親〉から分離されて養親や里親などの〈育ての親〉ないし社会的養育のもとで育った子どもが〈産みの親〉を知り、交流することにいかなる意義があるのか。その現状はどのようなものであり、その課題は何なのか。

　本書では、家族に関する諸問題についての現代を含む歴史的比較的研究を専門とする者が、それぞれの専門分野からさまざまな分析手法を用いて、子どもの〈産み〉と〈育て〉を考察する。[2] 全体としては、〈産み〉の場面（①②③）と〈育て〉の場面（③④⑤⑥）に分かれるが、この〈産み〉と〈育て〉が分かれる場面（③）への関心が本書に通底する問題意識である。

　以下では、総論的に、〈産みの親〉と〈育ての親〉が分かれるのはどのような場合なのか、子どもはどのようなプロセスで〈産みの親〉から離れて〈育ての親〉へ移行するのかについて述べ（第2節）、次いで〈産みの親〉が子どもを手放すかたちとして現在注目されている赤ちゃんポストと内密出産をとりあげ（第3節）、最後に本書の各部各章が本書の主題に対してどのようにアプローチしているのか、その内容を概観する（第4節）。

2　〈産みの親〉と〈育ての親〉が分かれるとき

⑴　〈産み〉と〈育て〉の分離

　〈産み〉およびその前段階である〈孕み〉が〈育て〉につながらない場合、すなわち妊娠がわかったときに妊婦や家族が妊娠の継続を望まず、あるいは迷いながらも産むことを断念したり、出産はしたが生まれた子どもの養育を拒絶したりする場合に、その理由として主に考えられるのは、その妊娠が妊婦自身や家族にとって「予期しない妊娠」ないし「望まない妊娠」であったことである。[3] 典型的には、同意のない性交渉（強姦）による妊娠、避妊の失敗による意図しない妊娠、近親者間での性関係による妊娠あるいは妊娠の知識や意識に乏しい未熟な男女間での妊娠などである。

歴史的には、社会階層（身分）的に通婚が想定されていない男女間での交際による妊娠は反倫理的なものとして社会的に非難されたし、配偶者のある者が配偶者以外の者との性関係によって妊娠した場合や未婚者間の妊娠など婚姻外での妊娠・出産は、現代以上に〈産みの親〉のもとでの養育を困難にする大きな要因であり、家族・親族による妊婦の殺害や自殺を引き起こし、妊娠したことや出産自体が隠蔽されたり、新生児が殺害・遺棄されたり（補論2）、あるいは〈産みの親〉から引き離されて他所へひそかに引き取られたりする大きな原因となってきた。

　特に、人口の増加が国力の強化につながることから、歴史的、文化的に出産を奨励し、妊娠中絶が禁止されていた時代や社会では（例えばフランスでは人工妊娠中絶が半世紀前まで重大な犯罪とされていた）、望まれずに生まれてしまった子どもの処遇が問題となり、子捨て、子殺し、あるいはひそかな赤子譲渡を防止し、そうした母子を救済する方策として、子どもをひそかに受け入れる場所が設けられたり、母の実名を伏せての出産が公認され、養子として〈育ての親〉に引き渡されたりしてきた（第1章～第3章、補論1、第5章）。

　こうした予期しない妊娠、望まない妊娠・出産の場合でなくても、出産時の母親の死亡、あるいは母あるいは家族の健康上の問題や生活の困窮を理由とする子どもの養育の困難（第6章、第8章）、さらには〈産みの親〉の家庭での養育状況が劣悪で子どもの生命・身体が危険な場合（児童虐待）には、〈産みの親〉の家族から子どもが引き離され、他の家族や社会的施設において〈育ての親〉により養育されることもある（第Ⅳ部で扱う「社会的養護」）。

　また産みの母による授乳（母乳）が重視される（第4章、第5章）一方で、一定の地域や社会階層においては、〈産みの親〉がいない場合だけでなく、健在であってもあえて産みの母に代わり他の女性が生きる糧となるお乳を子に与え養育する慣行があり（乳母）、授乳を通じた特別の親子・きょうだい（乳きょうだい）関係の形成が見られる（第9章）。ここでは、〈産みの親〉と〈育ての親〉が分離しつつ併存しうる。

(2) 〈産みの親〉から〈育ての親〉への移行

　予期しない妊娠による苦境の中でも妊娠を継続し出産した女性が、苦しいな

序　章　家族の歴史と比較から考える〈産みの親〉と〈育ての親〉

がらも祖父母ら親族の援助や社会的支援を受けながら、産んだ子を自分の手元で育てる場合もある。〈産みの親〉による子育てが困難なため、一時的に親族に養育を委託する場合もある。しかし、子どもの養育を長期間、施設・里親等に委ねる場合、さらには子どもを親族や第三者の養子とする場合には、養育の比重が〈産みの親〉から〈育ての親〉に移る。では、この移行のプロセスは具体的にどのようなものなのか。

　現代では、〈産みの親〉が子を育てない・育てられない場合において親族以外の〈育ての親〉となる者への子どもの引き渡しは子どもを保護する公的責任を負う児童相談所等の機関や公的に認可された養子あっせん所が関与することが想定されているが、そうした組織がない場合や規制がなかった時代・社会においてはどうであったのか、検証する必要がある。

　産みの母やその家族が直接に子の譲り先を探すことは、古い時代の村落社会においてはあったであろうが、近現代では仲介者が世話をするのが普通である。そこで仲介者となるのは出産に関わる助産師（産婆）や医師であったり、地域コミュニティの中でそういう役割をしている人（聖職者、僧侶、名主など地域の精神的・経済的指導者）であったり、あるいは母子を支援する者・支援団体など善意の仲介者が関わったりするが、赤ん坊のあっせんで利得を得ようとするベビーブローカー（ブラックマーケット）とも呼ばれる悪質な人身売買を生業とする者が関わることもある。

　子どもを受け入れる側も、祖父母その他親族の場合（第7章）、他人の場合、あるいは寺社・教会から近現代の社会施設までその形態は多様である。個人が受け入れる場合は、受け入れ先の将来の労働力となる存在として引き取られる場合もあれば（労働養子、労働里子）、家の後継ぎとなるべきものと目されている場合もある。

　実子のいない家の子どもとして引き取られる場合でも、〈育ての親〉が正式に養子とすることもあれば、公的には〈産みの親〉であるかのように出生を偽って届出をするなどして実子とすること（近世以前からの習俗として知られ一般に「藁の上からの養子」と呼ばれる[4]）もある（第1章）。

　他人の子として受け入れる里子養育の習俗慣行[5]も各地に古くから存在し、わが国の里子の歴史では、母乳不足の場合や母の病気などを理由とする一時預け

5

もあれば、自家で育てると柔弱になるという考えから里子に出す場合、双生児の一方を使用人の実家に里子として預ける場合など迷信的な原因によるものもあり、預ける期間が比較的長期になるものもある。

現代の欧米や日本では、里子（foster child, foster care）は児童保護のための1形態とされているが（第12章）、国・地域によっては里親養育をもって親子関係の成立と捉える考え方もある（第9章）。

災害や疫病、戦争などで親を失った子どもがたくさん生じた時代には、個別の受け入れでは足らず、集団的な受け入れ先として、近代の孤児院・捨子養育院への収容もやむなしであったろうが、現代の社会的養護においては施設養護から家庭養護への流れ（家庭養育優先の原則）があり（第10章〜第12章）、養子縁組などによる家庭への引き取りがめざされている。

こうしたさまざまな時代、社会に共通する事情とそれぞれに特異な社会背景を探りつつ、〈産みの親〉から〈育ての親〉への移行プロセスの多様さに伴う問題とそこにおける子の〈育ち〉の意義を考える必要がある。

3 現代的課題としての赤ちゃんポストと内密出産

1999年にハンブルクの福祉団体が親に育てられずに捨てられる赤ちゃんを救済するプロジェクトの中で、施設の外壁の窓を開けて赤ちゃんをひそかに預け入れる装置（ベビークラッペ）を設けた。きっかけはハンブルク市内において絞殺されてゴミ箱に捨てられた赤ちゃんが発見されたことから、保護者の遺棄責任が問われるとともに、子どもの生命を保護し、母親の子捨て・子殺しを防止する必要性が意識されたことによる。

もともと中世の修道院等には子どもを捨てる（託する）ための回転箱（回転籠）と呼ばれる設備が存在していた。本書第2章ではイタリアの歴史的事情として、古くからイタリア各地の教会や捨子養育院には、捨子を匿名無差別に受け入れる「ルォータ（ruota）」等と呼ばれる回転式捨子受入れ装置が普及し、19世紀初頭には全国で約1200ヶ所あったとされており、また第5章ではフランスの回転箱（tour）をめぐる事情として、19世紀初頭の捨て子保護政策の一環として、捨て子養育院や孤児院に回転箱を設置することが義務化されたことが示されて

いる。

この回転箱は、近代において社会的捨子慣行に対する市民社会の批判から法的に規制されるなどして減少して行き、イタリアではファシズム期に全廃され、代わりに受理窓口が設置されることになり、同様にフランスでも1860年代にはほぼ消滅し、受け入れ事務室による捨て子保護が広がったという。

ドイツのベビークラッペは、この廃れていた制度が20世紀末に新しいかたちで復活したものといえるが、またたく間にドイツ近隣諸国に拡がり、日本、韓国など欧州以外にも拡大した。もっとも、フランスでは回転箱は復活せず、それに代わる母子の救済策として、実名を明かさずに医療機関で出産することができるいわゆる匿名出産（秘密のもとでの出産）が制度的に保障され、現在に至るまで安定的に利用されている。

ベビークラッペに対しては、①子どもの遺棄・殺害の減少にはつながらない、②むしろ捨て子を助長する、③子どもの出自を知る権利を害する、④出産前後の母親の救済につながらないなどの反対意見も強く、ドイツでは、母の匿名を保護しつつ子どもの出自を知る権利を保障する制度として2014年から内密出産制度が導入されている。本書第Ⅰ部の補論１（トビアス・バウアー）では、ドイツにおける赤ちゃんポストの現状が紹介されている[6]。

また韓国においても、危機的妊娠をした女性と生まれた子どもを救済するためにキリスト教の教会などで子どもを受け入れるベビーボックスが設けられ、その是非をめぐる議論を巻き起こした。その一方で出生登録をしていない子どもが多く存在することがわかり、その対策として医療機関での子どもの出生を医療機関から地方自治体に通知することを義務づけるとともに、ドイツの制度を参考にして医療機関での匿名での出産を保障する保護出産制度が法制化され、2024年７月から施行されている（第３章）。

日本では熊本市にある医療法人聖粒会慈恵病院がドイツのベビークラッペをモデルとして、匿名で赤ちゃんを預けることができる設備の運用を2007年５月から始めた。「こうのとりのゆりかご」と名付けられているが、一般には「赤ちゃんポスト」の名称で知られている（2023年度末までに179人の預け入れ）。

その後、慈恵病院では匿名での出産を希望する妊婦を受け入れる「内密出産」の運用も開始している。内密出産では、身元を明かしたくない妊婦に安全な出

産の場を提供し、生まれた子も保護する（母子の救済）とともに、子どもが将来〈産みの親〉を知ることができるようにすること（出自を知る権利の保障）の両立がめざされている。慈恵病院の取組に対しては賛否両論があるが、2021（令和3）年12月から2024（令和6）年12月末までに40件の内密出産があったことが公表されている。

法務省・厚生労働省は2022（令和4）年9月30日、「妊婦がその身元情報を医療機関の一部の者のみに明らかにして出産したときの取扱いについて」と題する通知（ガイドライン）を法務局長ほか関係機関に対して発出した。この通知では、医療機関における妊婦に対する対応、母の身元情報の医療機関での管理（永年保存）、市区町村長の職権による戸籍編製、子の養子縁組という内密出産のおおまかな流れが示されている。内密出産を禁止はしないが、促進もしないということが明確にされている。内密出産の唯一の現場となっている慈恵病院および熊本市には多くの課題が投げかけられている。

韓国の保護出産制度の導入は、背景事情が異なるものの、日韓の立法パワーの差異を示していよう。

4　本書の構成および各章の概要

本書の全体的な流れとしては、〈産み〉の場から始まり、〈育て〉の場へと移行する構成をとっているが、必ずしも第Ⅰ部から第Ⅳ部までの各部において、〈産み〉と〈育て〉に峻別して論じられているわけではない。それぞれの論考において比重の違いはあっても、〈産み〉と〈育て〉の関係は常に意識され、自ずとからまりあって論じられることになる。

第Ⅰ部「赤ちゃんポストと養子縁組」では、妊娠によって危機的な状況に陥った妊産婦に対する支援の方策として、出産した母自身の意思によって、あるいは家族の意思によって、赤ちゃんが〈産みの親〉から引き離され、医師等の仲介者によって〈育ての親〉に引き渡される局面をとり上げる。昭和初中期の日本、20世紀初頭のイタリア、そして現代の韓国について論じる3つの章とわが国にも大きな影響を及ぼしている現代のドイツにおける匿名での赤ちゃん委託についての補論1から構成されている。

序　章　家族の歴史と比較から考える〈産みの親〉と〈育ての親〉

　第１章「産婆がおこなった生殖の危機に対応するソーシャルワーク——「藁の上からの養子」にみる近代日本の親子原理」（白井千晶）では、昭和初期から中期に、自身で育てられない妊娠をした妊産婦への対処と〈産みの親〉によって育てられない子どもの生命を救うために、医療者が分娩介助しない自宅出産が珍しくなく医師や助産婦の出生証明がなくても出生を届け出ることができた当時の産婆・助産婦が行っていた養子縁組の仲介に着目する。助産婦からの聴き取りという手法を用いて、当時の社会における「危機的妊娠」への対処として〈産みの親〉から〈育ての親〉への子どもの引き渡しに、産婆・助産婦たちがどのように関わったかを分析し、〈育ての親〉において、生物学的親子関係を擬装するために、ひそかに乳児を引き取り戸籍上は実子として届け出る「藁の上からの養子」が行われたこと、そこでは互いの特定を避けつつ素性や経緯を産婆・助産婦が伝えることで安心と確からしさを担保して仲介が行われていたさまを描いている。

　第２章「『お上の正義が晴らすべきはこの闇なり』——20世紀初頭ナポリの捨子裁判事例から」（小谷眞男）は、20世紀初めのナポリにおける捨子裁判の記録を読み解きイタリアの捨子慣行について考察する。１件は、氏名不詳の女性が産んだ赤ん坊を連れて産婆らが身分登録局で出生届出をし、その後その子は捨子養育院に引き渡されたが、産んだ女性は夫と別居中で夫でない男との間の子どもであったことがわかり、身分登録の偽装と隠滅の罪が問われた刑事裁判で、もう１件も同時期の同様の事件であるが、産んだ女性と男性が住むアパートから子どもを産婆らが連れだし行方がわからないことを不審に思った住民が告発したことが発端となった事件である。結果的に産んだ女性が刑に服することはなかったが（前者では有罪・刑の免除、後者では裁判の打切り）、夫と別居中の妻が出産した場合の民法（親子関係推定）と刑法（身分登録偽装罪）の解釈適用に関する詳細な分析とともにこうした子どもの遺棄・出生登録をめぐる状況の描写が興味深い。

　第３章「韓国の危機的妊娠をした女性支援と養子縁組」（姜恩和）では、韓国において予期せぬ妊娠をした女性への支援は、長年「未婚母」という婚姻歴のない女性が妊娠・出産した場合に限定され、子どもは父系の血筋のわからない要保護児童として扱われ、自分で子どもを育てるための支援も極めて乏しく、

子どもを養子縁組に託すほかない状況だったが、2000年以降は、家族法改正を初め、自分で育てるための支援の拡充などの変化が起き、妊娠期支援も「未婚母」に限定されるのではなく、「すべての危機的妊娠をした女性支援」へと変化したこと、その一方でベビーボックスへ預け入れられる子どもは2000人近くあり、ドイツの内密出産を参考に保護出産制度が新たに導入されたが、匿名ニーズだけに焦点を当てず、相談機能の拡充、出産前の支援のあり方に注目すべきことを論じている。そこでは、親子分離を促さない、「産む人＝育てる人」とする政策への転換という観点が示されている。

第Ⅰ部の補論1「ドイツにおける赤ちゃんポストの現状」（トビアス・バウアー）では、ドイツのベビークラッペの最新状況を明らかにしている。さまざまな事情により困難な状況にある産みの母が新生児を遺棄・殺害することを防ぐ目的で、1999年から、民間の福祉団体やキリスト教系の団体等が匿名による子どもの委託の取組を始め、2000年に初の赤ちゃんポストが開設されてから多くの赤ちゃんポストが運営され続けていること、赤ちゃんポストに預け入れられたこどもは主に里親や養親に託されること、学術的分野での評価、世論やメディアでどう見られているかなどを紹介し、出自を知る権利を保障する内密出産制度が2014年から導入された後の赤ちゃんポストをめぐる議論について述べている。

第Ⅱ部「〈産み〉の奨励と抑制」では、「妊娠」の成立から妊娠の継続、そして「出産」に至る過程における諸問題が論じられる。妊娠・出産の家族における意義、乳幼児死亡率の低減、人口政策としての出産の奨励、婚姻外での妊娠や配偶者以外の男性の子を妊娠した場合の妊産婦および子に対する倫理的な問題、社会的な処遇の問題などが論じられる。近代のイングランド・フランス・日本に関する3つの章と近世の日本に関する1つの補論で構成されている。

第4章「初期近代イングランドにおける妊娠・出産と家族」（柴田賢一）では、歴史的に人々は、子どもがつくられ（つくり）・産まれていく（産む）という出来事を、どのような知をもって受け止め、高い危険にさらされたであろう妊娠・出産について、どのように配慮し、どのような規範を適用しようとしてきたのかを、家政論とよばれる文献に見られる妊娠や出産をめぐる言説を読み解くことで明らかにしようとする。そして、キリスト教が性および生の倫理を規定していた初期近代（16、17世紀）のイングランドにおいて、子どもを妊娠し

出産することは結婚の目的あるいは家族との関係においてどのようにとらえられていたのか、夫の権威の強い家父長制社会において男性はどのように、どれほど「産」に関わっていたのか、生まれた子どもへの配慮としての母乳養育の促し、死産や子どもの障がい（形態異常）を個人・夫婦の婚姻や性道徳に関する逸脱・罪とする見方などが論じられる。

　第5章「20世紀初頭フランスにおける出産奨励運動と母子衛生——妊娠・出産の管理と『育児学』」（河合務）では、19世紀に顕著になった少産化傾向を背景として19世紀末から展開された多産家族の奨励運動について、母子衛生問題との関わりに視点を置いて分析がなされ、家族支援という形をとる出産奨励策についても考察する。そして人口減退の防止の観点から、捨て子を防ぐのみならず、死産、堕胎、嬰児殺の防止にもつながるとして、匿名で出産できる産院やシェルター、産児休暇制度など母子衛生の施策による妊産婦の保護とともにかつて普及していた回転箱の再設置論についても触れている。また、14世紀から見られた乳母慣習が20世紀初頭まで続いたことに対しては、〈産みの親〉から子どもを引き離す行為であり、乳母も自分の子どもを他人に預けるなどして手放すこともあり、一種の捨て子行為として批判され、実母授乳が奨励されたことを論じている。

　第6章「近代日本の児童保護事業が表彰した子どもと排除した子ども——赤ちゃん審査会と貰い子事件から考える」（大出春江）では、1920年代から1930年代の児童の健康表彰事業と1930年4月に東京で起きた貰い子殺人事件という対照的な出来事を通じて、子どもが生まれ育つ環境として当時の日本はどのような社会であったかを分析し、子どもと産む女性の支援について考察する。当時高かった乳児死亡率を下げるために児童衛生展覧会と身体検査が推進され、子どもの衛生・健康という概念の普及をはかると同時に、貧困層の妊婦を預かり出産させる場所として都市部で産院が普及していったが、他方で望まれない子ども（多くは婚外子）が仲介業者によって貰い子として取り引きされ、養育料という名のわずかな金銭とともに極貧地区の人びとに手渡され、不十分な栄養と劣悪な衛生環境のなかで衰弱し死に至ることがあったことを対比させて、嫡出子から選出された子どもが表彰され、婚外子とその母が非難された時代であったことを論じている。

第Ⅱ部の補論2「近世日本の農民家族と嬰児殺し」（太田素子）では、〈産みの親〉が子を育てることができない歴史的事象として、近世日本における貧困家族の出産と「間引き」、「子返し」など地域によってさまざまに呼ばれる嬰児殺しの原因と背景について論じている。18世紀の人口低成長期において避妊や中絶については技術的限界が大きかった中で、望まない妊娠や出産がもたらす悲劇を回避するために嬰児殺しは手段の一つとして選ばれていたことを、村落指導者層の書いた地方文書や農書の文言から見いだしている。そして、近世日本の嬰児殺しは、「危機に直面した妊娠・出産」がごく一部の深刻な事情を持つ人々の問題ではなく、広範な農民の中で起こり得る問題だったことに一つの特徴があるという。

第Ⅲ部「コミュニティと〈育ての親〉」では、父母の双方がいない子ども、父母が誰なのか不明な子ども（棄児）、父母の一方が死亡したことによりまたは父母が離婚したことによってひとり親となった子ども、あるいは婚姻外で生まれた子どもは、どのように養育されてきたのかという問題関心から、〈産みの親〉の親族による養育、村落共同体など地域コミュニティによる養育がなされていたのか、子育てを担った者は誰なのかについて、日本の近世・近代の事例から、およびアフリカのある社会の事例からその意義を論じる3つの章から構成されている。

第7章「近世の日本の子育てと家・村・親族──村は子育てをしていたか」（戸石七生）では、近世日本農村における地域共同体としての村は家と並んで「子育ての主体」と呼べるようなものであったのかという問題を提示して、父母の死別または離別によりその双方または一方がいない子どもについて、村がどのように子育てに関わっていたのかを宗門改帳などの史料から読み解く。両親のいない子どもが村内・村外のおじら親族に引き取られた事例、父母の一方がいなくなった子について祖母らがそれを補い養育する事例、婚外子につき名主の判断でおじに育てられることが決められた後、公式記録である宗門改帳上はおじの娘とされていた事例などを分析して、親族が主に「養育」（＝ケア）を担っていたこと、村に子育て機能があったとしても、「後見」（子どもの成人後の相続に備えた百姓株式の管理を目的とする）という性格が強かったことを指摘する。

第8章「植民地朝鮮の婚外子・棄児をめぐる法と社会のまなざし──1910～

1920年代を中心に」（岡崎まゆみ）は、植民地朝鮮の司法・行政資料を主な分析対象として、当時の朝鮮における婚外子（庶子・私生子）の法的地位について考察する。不義の子とか私生子という「生まれ」の秘匿は出生届の不実記載（虚偽の嫡出子出生届）を生じさせ、最悪の場合子の殺害、遺棄に至ることもあったが、異姓不養を原則とする朝鮮において、「家庭」が棄児を引き取り養育する収養子の慣習もあった。一般的な養子と異なり収養者・養家と親族関係は発生せず相続権もないが、労働力や老後の面倒見、事実上の祭祀承継・遺産相続などの目的で、子のいない家庭や妾・寡婦の女性等に棄児が引き取られたという。収養子の入籍届出が1915年に否定された後、1920年代中盤以降には棄児の保護・養育機能は総督府済生院主導の「里預け」という家庭委託制度へ代替されて行った。本章は「家族」の枠組みから逸脱した棄児が収養子や「里預け」となって家庭に再包摂されることの意義を論ずる。

　第9章「アフリカの『自然な』要素に基づく親子考──ナイジェリアの〈里親養育〉慣行と授乳文化を対照させて」（梅津綾子）では、ナイジェリア北部のハウサ社会（ムスリムが多い）におけるリコと呼ばれる里親養育慣行と授乳によるつながりについて、対照的な親子関係の形成原理として分析する。リコは父母の離婚や死別の場合の危機対策として行われることが多いが、産みの母が健在な場合でも卒乳期以降に行われることがあり、育ての親（親世代や祖父母世代の親族が多い）に実子がいないためという場合もある。子から見て養育による親子関係が「生み（産み）」による親子関係を超えるとの認識が示されることもあるという。一方で、ハウサ社会では授乳により母子関係が発生し、産みの母に限らず、お乳を与えた者と与えられた者の間には婚姻規制を伴う親子関係が発生し、同じ女性から授乳された子とはきょうだいのつながりが生まれるという。授乳という生物的な自然なつながりと養育の引き受けによる親子観念の対比が興味深い。

　第Ⅳ部「現代の〈育て〉をめぐる政策と法」では、主にわが国における社会的養護（保護者のない児童や保護者に監護させることが適当でない児童を、公的責任で社会的に養育し保護するとともに、養育に大きな困難を抱える家庭への支援を行うこと。児童養護施設や児童自立支援施設などの施設養護および里親やファミリーホームなどの家庭養護）の現状を分析し、子の〈育て〉に関する政策の動向と課題および養

育者の権限に関する法的規律のあり方について論じる 3 つの章で構成されている。

　第10章「新しい社会的養育ビジョン策定の経過と社会的養護の推進方向」（山縣文治）では、国連・子どもの権利委員会による日本の社会的養護に関する指摘を踏まえて、「社会的養護の課題と将来像」（2011年）を全面的に見直し、2016年児童福祉法改正の内容（子どもの権利主体性、子どもの意見尊重、最善の利益の保障、子どもを育成する第一義的責任が保護者にあること、社会的養護における家庭養育優先の原則などを明記する）を実現するための工程を示した「新しい社会的養育ビジョン」（2017年）について、これが策定されるに至るまでの経緯を振り返り、同ビジョンの具体的な内容（里親制度改革とパーマネンシー保障としての特別養子縁組の推進、乳幼児の家庭養育原則の徹底など）に対する批判的意見を意識しつつ、同ビジョンの意義を検討する。

　第11章「『育て』に関する政策の課題——代替養育のあり方をめぐる議論を手がかりに」（藤間公太）では、社会的養護における子どもの「育て」に関するどのようなニーズに対応するために「家庭」が有効とされるのか、「家庭」はどのような「育て」の機能を持つものと想定されているのかについては検討が蓄積されていないという問題意識を示し、社会的養護において「家庭」が志向される背景を考察する。具体的には、社会的養護に占める家庭養護の割合を増やし、施設養護の運営形態を小規模化することで「育て」の環境を「家庭」に近づけることを目指す「社会的養護の家庭化」という概念について、「新しい社会的養育ビジョン」とそのもとになった「新しい社会的養育の在り方に関する検討会」の議事録を分析し、特に代替養育における「家庭における養育環境と同様の養育環境」と「できる限り良好な家庭的な養育環境」の定義をめぐる議論を検討し、「何のために『家庭』が要請されるのか？」という点自体の議論は明確にはなされなかったことを指摘する。

　第12章「家族法における子の監護」（梅澤彩）では、第10章（山縣）で論じられている2016年児童福祉法改正で明文化された児童福祉における家庭養育優先の原則に関して、親族や社会的養護における子どもの監護の権限について分析する。そして、「子の健やかな成長にとって重要な役割を果たす大人との関係は、事実上も法律上も安定的に保護されることが望ましい。」ことから、「子の養育

序　章　家族の歴史と比較から考える〈産みの親〉と〈育ての親〉

につき、第一義的な責任はその父母にあるとしても、子の監護権を第三者（祖父母・里親等）に付与することは認められないのであろうか」との問題意識に基づき、子の福祉と最善の利益を保障するため、第三者に民法上の監護権を付与することの意義とその可否・根拠、ならびに社会的養護（里親委託）における養育者（育ての親）の養育権限を基礎づけるものとしての親権・監護権のあり方について検討している。

　以上が本書を構成する各章および補論の全容である。これらを通読することによって、〈産みの親〉と〈育ての親〉のそれぞれの持つ歴史的・文化的意味および相互の関係性について考察する十分な素材を得ることができるものと考えている。

　注
(1)　製品、技術の発明者・考案者を示すことばとして使われるときは、それが男であれ、女であれ、法人であっても、〈生みの親〉が使われる。物の発生・成立から改良が加えられ、発展し、いずれ役割を終えて、次世代に取って代わられ消滅するまでの物の一生を人生になぞらえ、その端緒を造った者を指す。「生みの苦しみ」という場合は、物事を新しく作り出すときまたは何かを始めるときの苦労を意味する。人が生まれるときの子ども自身が受ける苦しみを指すという理解もある。
(2)　本書の各章および補論は比較家族史学会が開催した 2 度のシンポジウムを踏まえて執筆されている。2021年度秋季大会では、予期しない妊娠・出産をした母親が生まれてきた子を匿名で預け入れるドイツのベビークラッペ（赤ちゃんポスト）の問題およびこれに対する「子の出自を知る権利」の観点からの批判に対応するために法制化された内密出産制度について検討した。次いで2022年度春季大会では〈産みの親〉と〈育ての親〉をめぐるさまざまな問題に関して、対象地域と時代を拡げて多角的に論じられた。
(3)　厚生労働省社会保障審議会専門委員会による「子ども虐待による死亡事例等の検証結果等について」第13次報告から、従前の「望まない妊娠」（様々な事情により、妊婦やそのパートナーが、妊娠を継続することや子どもを産み育てることを前向きに受けとめられず、支援を必要とする状況や状態にあること）を「予期しない妊娠」に文言が変更された（佐藤拓代編著、2021、『見えない妊娠クライシス——誰にも言えない妊娠に悩む女性を社会で支える』かもがわ出版、15頁）。
(4)　出産の際の産屋などの床に敷かれていた藁を指す。生まれてすぐに〈育ての親〉に渡されてその子どもとして養育される。明治初年の全国調査として（全国民事慣例集）、婚外子などを他人の実子として籍に入れる慣習が各地にあったことが報告されている（中川高男、1986、『第二の自然——特別養子の光芒』一粒社、24頁以下）。本書第 1 章（白井千晶）では、昭和初期・中期の実例について語られている。産湯を使った後で引き渡すことから「産湯渡し」と呼ばれることもある。法律的には、虚偽の嫡出子出生届によっ

15

て養子縁組は成立しないというのが判例である（最判1950（昭和25）・12・28民集4巻13号701頁）が、戸籍上の親子間に実の親子と同様の生活の実体があった期間の長さその他諸般の事情を考慮して、実親子関係の不存在を確認する請求は権利の濫用に当たり許されないとした裁判事例がある（最判2006（平成18）・7・7民集60巻6号2307頁）。なお韓国では同様の戸籍上の実子につき養子縁組の成立を肯定していた。

(5) わが国では少なくとも室町時代には里子なるものが存在していたとされ、里子の行われた理由は雑多であったとされる（山本正憲、1979、『養子法の研究Ⅰ』法律文化社、13頁以下）。

(6) ドイツにおける赤ちゃんポストと内密出産制度について詳しくは、バウアー，トビアス、2023、「ベビークラッペから内密出産へ──ドイツにおける出自を知る権利の議論を中心に」『比較家族史研究』第37号、45頁以下および同編著、2024、『「出自を知る権利」資料集』科学研究費助成事業（課題番号19H01186）報告書を参照されたい。

第Ⅰ部

赤ちゃんポストと養子縁組

第1章

産婆がおこなった生殖の危機に対応するソーシャルワーク
—— 「藁の上からの養子」にみる近代日本の親子原理 ——

白井　千晶

1　本章の目的

　本章の目的は、産婆・助産婦[1]がおこなった昭和初期・中期における「生殖の危機」への対処から、近代日本の親子からみた社会の編成原理の歴史の一端を捉えることである。「生殖の危機」は、排除の対象になりうる望ましくない妊娠・出産・子の出生と、あるべきであるのに欠けた妊娠・出産・子の出生の双方を含むものと考えられ、社会規範や法制度というマクロ社会レベル、個人経験のミクロレベルの双方で生じ得る。何が危機であるか、対処の方法、条件、論理は、時代、地域、文化など社会によって異なるため、生殖の危機のありよう自体も考察の対象となる。

　本章では、日本の近代、おおむね昭和初期から中期に、自身で育てられない妊娠をした妊産婦への対処と、自身で妊娠出産ができなかった不妊の夫婦への対処を、当時の産婆・助産婦がどのようにおこなったか、聞き書きをもとに明らかにする。それによって近代日本の親子からみた社会の編成原理の歴史の一端を捉える一助とするのが、本章の目的である。

2　先行研究と導き出される問い

　まずはじめに、育てられない妊娠をした妊産婦やその子どもの対処の歴史に関する研究についてふりかえっておこう。

　近世において生まれた子どもの養育ができなかったさいの対処を捨て子という観点から描いた研究に沢山（2008）がある。捨て子は、共同社会において、

第Ⅰ部　赤ちゃんポストと養子縁組

養育できないときに生みの親がとる一つの方法として存在し、子どもが亡くなることもあっただろうが、拾われたときの緊急対応と貰い先が決まるまでの段取りは制度化していたようだ。

　それが近代になると、捨て子は「棄児」となり、はみ出した者は貰い先がなくなっていく。例えば1910（明治43）年の岡山孤児院退所者54名の行き先をみると、非親族が引き取ったのは2名しかない（白井 2013b）。第二次世界大戦の敗戦時には、博多港に上陸した引揚者における戦争孤児の行き先は、非親族の引き取りは6.2％しかなかった。また、第二次世界大戦後、孤児総計は、1948（昭和23）年2月1日には12万3511人だったが、うち親戚知人に預けられたのが10万7108人（全体の86.7％）で、ゆかりのない人に引き取られるのではなく、親族や縁故者に戻されたようである（白井 2013b）。近代家族のもとで、第二次世界大戦後に棄児や身寄りのない「孤児」は、浮浪児として社会問題化し、子どもたちは、社会を保護するために、児童福祉法のもとで施設に収容された。まさに「はじき出された」（土屋 2014）のである。

　妊娠・出産については、大正期の産婆雑誌を分析対象として、「不義密通」を性的逸脱とした性、結婚の規範、およびその結果としての「不義の子」のメディアでの扱われ方を論じた大出（2008）の研究もまた、「当該社会の規範や制度上望ましくない出産」を描き出している。裁判記録からは、産婆などが堕胎に関わったこともわかっている（岩田 2009）。

　同じく妊娠・出産では、先に述べた第二次世界大戦の敗戦による引揚において、暴行による妊娠が「不法妊娠」とされて、博多港二日市保養所では、引揚援護局によって秘密裏に「望ましくない妊娠」の堕胎がおこなわれた。これが優生と人工妊娠中絶への道になったという（松原 2019；柘植 2019）。

　産婆・助産婦の聞き取りからは、危機的妊娠にある女性の背景が写し取れる。例えば、「学生同士」（白井 2017：88）、「若い子」（白井 2013a：168）、「若い娘」（白井 2017：90）、「未婚の母」（白井 2013a：160, 167；2017：88）、「上司の子」（白井 2017：87）、「よその人と」（白井 2017：88）、「私生児」（白井 2013a：158, 169；2013b：137；2017：87, 89）、「不倫」（白井 2013b：137；2017：88）、「訳あり」（白井 2013a：160；2017：87, 88）、「二号さん」（白井 2013b：137；2017：89）、「女中」（白井 2013a：158, 163；2017：87, 93）、「女衆（仲居）」（白井 2013a：160；2017：88）、

「アメリカの子ども」（白井 2017：88）、「（里帰り出産している母の）姉妹と旦那の間の子」（白井 2017：88）、多子、例えば「4 人目」（白井 2013a：163）、「あとからあとから年子で」（白井 2013a：157）、「5 人も 6 人も」（白井 2013b：138）、「9 人産んで年子」（白井 2017：87）、「4 人目で育てられない」（白井 2017：90）など。「姉妹で一人に子どもがなくて」（白井 2013a：160）、「双子の人」（白井 2013a：163：2017：87）、「ご主人が道楽して飲むミルクもない」（白井 2013a：163）などである。若年、未婚、相手男性が他者と婚姻していて婚姻ができないケース、女中や仲居などが雇い主の子を妊娠したケース、多子、双子（禁忌とされていた場合）、貧困、子がない人からの求め、などが読み取れる。

　本章では、「はじき出された」子どもの中でも、出生前後の子どもで、産婆・助産婦が実際に生殖の危機に対しておこなっていたことをその語りから紐解く。第二次世界大戦前後の実践を聞き取ったのであるが、その時期の時代背景について述べておくと、1949（昭和24）年には優生保護法が改定されて、経済的理由がある場合に、堕胎罪の適用にならず、人工妊娠中絶ができることになった。しかし、危機的妊娠はなくなるわけではなく、出産して他の人の養子にすることもあった。聞き取りでも、明らかに1949（昭和24）年以後の事例もあった。産婆・助産婦はしばしば、養親が自ら生んだかのように養子を実子として出生を届け出る養子仲介に関わったという。それはしばしば「藁の上からの養子」と呼ばれる。なぜ養親が生んだかのように届け出たのか、このときの原理は、親子の血縁を重視する「血縁主義」ではなく、戸籍上の形式で実子となっていることを優先する「実子主義」（松木 2016）であろう。産婆の対応により、当該社会のニーズが浮かび上がると思う。

3　昭和初期・中期の産婆・助産婦がおこなった生殖の危機への対処としての養子仲介

(1)　聞き取りデータの概要

　本章が使用するデータは、「リプロダクションの医療化研究」（特別研究員奨励費2010-2012年度、10J40128）を中心に、筆者が産婆・助産婦から聞き取った一次データである。

　倫理的配慮については、話者や事象のプライバシー配慮のため、話者の個人

第Ⅰ部　赤ちゃんポストと養子縁組

名や聞き取り内容に含まれる固有名詞を使用しないことを説明して同意を得た。当該の事象の背景を十分に理解、説明するために、地域社会の分析が必要であることはいうまでもないが、本章ではプライバシー保護を優先して、語りを断片化して話者が語った内容のみを考察対象とし、その内容やバリエーションを分析する。調査結果の公開にあたっては語りの内容を断片化することを説明し、断片化された語りや明示の仕方を示して同意を得た。話者と事象の明示は、話者の出生年代、資格取得年代、開業年代、事象の時期が特定された場合にはそのおおよその時期、事象があった社会の大まかな概要（大都市圏、地方都市、山間部、平野部、漁村等）、インタビュー年である。

(2)　養子仲介の秘匿性と擬制実子

　具体的に産婆・助産婦がおこなった養子仲介のありようをみていこう。まずはじめに、育てる人の実子として戸籍が編成されうる例の実際について紹介、考察する。

1）秘匿性

　助産師のAさんは、養子を実子として届けられるよう、「届をあけて書いたり、内緒でしたり」したという。「届をあけて書く」とは、生みの親が子どもの出生を役所に届け出る出生届の分娩者の氏名を記載せずに、（おそらく分娩日時や分娩場所、分娩立会者等の他の事項は記載して）出生届を渡した、の意であろう。

　また、「恋愛すると退職になる」と、いわゆる不倫であることを述べ、女性やおそらく交際相手の男性にとっても秘匿性のある出産だったことが示されている。

【事例A】養子縁組はした。届をあけて書いたり、内緒でしたり。A社は恋愛（不倫）すると退職になるから、どこか養ってくれる人はいないかと。出生届は私が書くから。（郡部／大正十年代生まれ／昭和十年代産婆資格取得／昭和十年代開業／2013年インタビュー／白井 2013b）

　Bさんもまた、「実子として届け出る」ことが「助産婦になった頃」（昭和30年代）は多かったと語っている。「貰いたい人が名前を書く台帳」があり、「順番待ち」で、育てる人は「だんだん腹帯を巻いてお腹を大きくし、その人（生

みの親）が入院したら一緒に入院する」と、養子に託す妊婦がいると、順番を待っていた「貰う人」が準備を始めたという。育て親の実子として出生が届けられたことを示しているが、「だんだん腹帯を巻いて大きくする」ことから、育て親にとっても、養親であることが秘匿したいことであることを示している。当時Ｂさんが勤務していたＢ病院での方法として語られており、昭和30年代に、開業助産婦だけではなく、病院でも組織だっておこなわれていたことがわかる。

【事例Ｂ】昔は多かったですよ。私がＢ病院の時も、台帳があって、貰いたい人の名前がずーっとあって、もう順番待ち。あげたい人よりも、貰いたい人の方が多かった。中には自分が妊娠したように相手の妊婦さんのお腹に合わせて、だんだん腹帯を巻いて大きくしていって、その人（養子に託す生みの親）が入院したら一緒に入院して、赤ちゃんは違うお母さんが抱いて帰るっていう。（育てる）両親の実子として届ける。そういうことが昔は平気でおこなわれていました。私が助産婦になった頃（昭和30年代）は、実子として届けるというケースが多かったです。（地方都市／昭和十年代生まれ／昭和三十年代助産婦資格取得／病院勤務／2012年インタビュー／白井 2013b）

２）リスク管理

　養子を実子として届け出る「藁の上からの養子」は、養親にとって養子であることを秘匿にして実子として届け出たい動機と、生みの親が妊娠出産を秘匿にしたい動機を満たすだけでなく、養親側と生みの親側に生じかねないトラブルを回避するというリスク管理の目的もあったのではないか。特別養子縁組制度ができるまで、法律行為としての養子縁組（いわゆる普通養子縁組）は、互いが戸籍に表示されて、互いにも誰にでもわかるものだし、普通養子縁組は親族関係が継続するものである。

　Ｃさんは、妊婦が妊娠を周囲に隠していたために、助産院で半年ほど妊婦を預かり、子どもを置いて退院していたこと、養子がほしい人の台帳があったことを述べた上で、互いが知れたときに、「（養親に生みの親が）カネ寄こせとたかりにいく」「子どもを貰った方が落ちぶれてくると子を返すと言ったりする」トラブルがあるから、「互いには教えない」と語っている。それができるのは、これが養親が実子として出生を届け出る「藁の上からの養子」であるからであ

第Ⅰ部　赤ちゃんポストと養子縁組

る。

【事例C】（助産婦であった母の代の話）今はおろせるけど、昔はおろせないで
しょ。ご近所に内緒の出産になるから、私のところ（産婆である母親が開業し
ていた助産院）で一部屋もらって半年くらい入院するの。朝昼晩、お食事運
んで。私が物心ついたときから、いつも１人、２人いたね。赤ちゃんは置い
て帰るの。子どもの泣き声を聴かれたらいけないから、家に連れて帰らない
の。だから赤ちゃんはいつも４〜５人いた。１歳くらいまでいた子もいる。
別れるときは涙ぽろぽろで別れたのよね。うちの主人が（この子が養子に）行
くところがなかったらうちの籍に入れろ、と言ったぐらい。
（養親希望者は）何月生まれ位で男の子があったら声をかけてくださいってい
うふうに来るから台帳にメモしておくの。（生みの親と養親は）互いには教え
ない。そこのうちがよくなるとカネ寄こせとたかりに行ったり、子どもを貰っ
た方が落ちぶれてくると子を返すと言ったりするから言わない方がいい。だ
から私の父親が保証人になって、今後いっさい子どもに関してはなんにも言
いませんと印鑑押させてね。（都市部／昭和一桁生まれ／昭和二十年代助産婦資格
取得／先代の助産所に勤める／2013年インタビュー／白井 2013b）

　Ｄさんは、藁の上からの養子について、生みの親の名前で出生届を書いても、
養親はそれを使わずに、自分が生んだように書いて届けてしまうから無意味だ
ということを述べている。Ｄさんが開業したのは昭和30年代であるが、医療者
が分娩介助しない自宅出産が珍しくなければ、医師や助産婦の出生証明がなく
ても、（助産婦が出生証明をした出生届を使わずに）自身で出生を届け出られたか
らである。
　その上で、生みの親が「またお金をもらいに来た」事例があり、「子どもが
売られちゃうかもしれない」と語っている。互いがわかると金銭のトラブルや
子どもの売買になりかねないから、そのリスク管理をしていることがわかる。

【事例D】できたのは仕方がないから産んだけど、育てられない子は、もら
い手があればくれた。
　　自分が妊娠したようにして届けた人もいるのよ。育てる人の名前で出生届

24

を書く。そんなのそんなに難しくなかったのよ。今はできないですよね。<u>こっちが（生みの親の名前で）出生届を書いても、届けないの。私が届けられないから。</u>

籍届けちゃった（出生届を出しちゃった）のは仕方ないから養子で。

あんまり心がけが良くない人がいて、<u>子どもが売られちゃうかもしれないから取りやめにした。はじめ、貰ったから（養親が生みの親に）いくらかお金をやったのよね。そしたら（生みの親が）また金をもらいにきたと言ってたこともあるね。</u>（農村／大正一桁生まれ／昭和二十年代助産婦資格取得／昭和三十年代開業／2010年インタビュー／白井 2013a）

Eさんは、生みの親が「女中とかやってて妊娠した人」と述べ、雇用主による妊娠か、生家から離れて恋愛をしたかわからないが、「産むしかない」という。「二度と名乗り出ないことを条件にしている」のに、「生みの親が育て親のところに、会わせてくれと来た」ことがあるとのことだ。これが普通養子縁組だったから互いを知ったか、誰かから知ったかはわからないが、育て親と生みの親が互いを知っていたことがうかがえる。同時に、金銭トラブルがなくても「名乗り出ない約束なのに会いに来る」ことがトラブルとして語られている。

【事例E】女中とかやってて妊娠した人は、実家へおくとか、よそへくれて。働かないといけないから。

（子どもができない人は）もらうよりしょうがない。できた子は、産むしかない。

二度と名乗り出ないことを条件にしているのに、<u>一人だけ生みの親が会わせてくれって育ての親のところに来たって、そこの親がびっくりして（Eさんのところに）来たことがありました。</u>（米作平野部／昭和一桁生まれ／昭和二十年代助産婦資格取得／昭和三十年代開業・先代あり／2010年インタビュー／白井 2013a）

養親、生みの親、リスク管理のために秘匿性を重視していたようであるが、とはいえ、親族や近隣など多くの人が公然の秘密として知っていたようである。Fさんは、里帰りで産んだと養親が周囲に隠し、助産婦が養親の名で出生証

第Ⅰ部　赤ちゃんポストと養子縁組

明を書いたにも関わらず、「誰かがぽろっと言ったりしてばれる」と語っている。

【事例F】養子をもらう人は、里帰りで産んだとか言って、隠してました。でも大人になってから、誰かがぽろっと言ったりしてばれるのよ。出生届は、育てる人の名前で私が書きました。(米作平野部／大正十年代生まれ／昭和十年代産婆資格取得／昭和二十年代開業／2011年インタビュー／白井 2013a)

(3)　確からしさ

　Gさんは、「互いに身元は教えない」「互いに知らせたくない」「実子にするとわからない」と、秘匿にすることを述べつつ、生みの親は「いい家のお嬢さん」であるが、未婚、不倫、その頃はおろせない、という事情があって産むことになった、「身元の分かった人」だという。「法律には反する」が、「人間としての幸せ」「人助け」で、「お金儲けではない」と善意に基づくと語る。身元がわかっていて、いい家のお嬢さんだが、事情があって養子として託すことになり、善意に基づいて仲介している、という事例の語り方は、養親が安心し、社会が納得するものだろう。

【事例G】互いに身元は教えないことになってるの。実子にするとわからないし、産んだ人も未婚で、今でいう不倫ね。いい家のお嬢さんで、その頃はおろせなくて、わからないように産んで、互いに知らせたくないのよね。
　今だったら中絶するだろうけど、当時は中絶もできなかったから、身元の分かった人の縁組をしてたの。人助けでやっていたの。昔、医師がやっていたのが法律に反すると言われたでしょう。法律には反するけれど、人間としての幸せにはなるでしょう。お金儲けではないの。本当はいけないことだけど、妊娠した人が、育てる人の母子手帳をとって（育てる人がとった母子手帳を使って）。
　血のつながりじゃなくても、里子に出した子より養子が可愛いといったものですよ。結局、手塩にかけた子がかわいいのね。(養子の子も)お宮参りやら七五三やら、着飾って親子で産院に来ましたよ。
　先代の話では（戦前戦中）捨て子が多かったのね。産婆の家に置いて行く

のよ。捨て子があると警察の管轄なので警察に届けるんだけど、一晩抱いて寝たら可愛くなって、届けるのがつらいと言ってました。(都市部/昭和一桁生まれ/昭和二十年代資格取得・昭和二十年代開業・先代あり/2012年インタビュー/白井 2013a)

Hさんは、「捕まるかもしれないけれど、その子のためになるならばと強い覚悟」で「育てる人の名前で出生証明書を書いた」と語り、「お互いに誰だか知らないけれど、こういう人だからというのは話しました」という。秘匿性を重視する一方で、事情やおおよその背景について、産婆・助産婦が双方に伝えたそれは生みの親側にとっても、養親側にとっても、安心、確かさ、信頼を増すものだからだろう。

【事例H】養子縁組は、育てる人の名前で出生証明書を書きました。<u>捕まるかもしれない、お縄になるかもしれないけれども、その子のためになるならばと、強い覚悟</u>でした。(生みの親と育ての親は)<u>お互いに誰だか知らないけれど、こういう人だからというのは話しました。</u>(地方都市/大正十年代生まれ/昭和十年代産婆資格取得/昭和二十年代開業/2012年インタビュー/白井 2013b)

互いを知っていたほうが仲介が進む場合には、伝えることもあったようだ。「馬の骨を拾って引き取るということはない」から、「育て親は生みの親が誰か知っている」という。この語りでは、生みの親は、育て親を知らないのではないか。

【事例I】<u>育て親は生みの親が誰か知っている。馬の骨を拾って引き取るということはないよ。</u>捨て子を貰いに乳児院に行くなら別だけど。(地方都市/大正一桁生まれ/昭和十年代産婆資格取得/昭和二十年代開業/2013年インタビュー/白井 2013b)

このように、産婆・助産婦は、生みの親と養親それぞれの秘匿性のニーズを満たしながら仲介し、時には養親が実子として届け出られるように積極的な支援や、消極的な取り計らいをし、時には生みの親を半年も預かったり、助産婦の夫が養子に迎える覚悟をしたり、生みの親や育て親に念書を書かせたりして

第Ⅰ部　赤ちゃんポストと養子縁組

いる。さらに、養子縁組の安心や確からしさを高めるために、個人が特定されない程度に情報を伝えたり、（トラブルの元になりにくく）子どもを引き取るにあたって相手方の情報を知りたがる立場の養親側には情報を伝えたりしている。これはケースバイケースで対応した、まさにソーシャルワークだといえるだろう。

(4)　法律的養子縁組

　すべての産婆・助産婦が「藁の上からの養子」になる方法で仲介しているとは限らず、法的な養子縁組をすることもあったようだ。Ｊさんは、「どうしてもそういう風にしてほしい」と言われたが、「生みの親（の名前）で出生届を書いて、養子縁組した」という。一方で、「あげた方がもらわれた家にお金をせびりに来て困る例があった」から、「生みの親と子どもの縁は続かせない」という。当時は法律的な養子縁組は普通養子縁組で、互いの身元は分かるため、それでも「続かせない」ということは、産婆・助産婦が強く求めたことや、互いが意思をもって関与しないようにしているということだろう。

　【事例Ｊ】養子縁組は何度かありました。双子の人が、嫁さんが田舎だから、二人連れて帰れないと言うの。<u>戸籍上はできなくて、戸籍上のは一人もやってません。どうしてもそういう風にしてほしいと言われたけど、生みの親で出生届を書いて、養子縁組しました。</u>
　　生みの親と子どもの縁は、<u>続かせません。続かせてお金をせびりに行った、あげた方の旦那が、もらわれた家にお金をせびりに来て困る例がありました。</u>
（農業中心の地方都市／大正十年代生まれ／昭和二十年助産婦資格取得／昭和二十年代開業／2012年インタビュー／白井 2013a）

　Ｋさんは「役場で養子縁組の届出を出したんだろう」と、養子仲介には不関与の姿勢である。しかし、「こういう事情で、とだいたいの話」をするが、「互いに会わせたりはしない」という（戸籍を見ればわかるだろうが、互いにあえて接触しないのだろう）。

　【事例Ｋ】<u>私が出生届を書いて、そこからどうしたかは知らない。役場で養</u>

子縁組の届け出を出したんだろうけれど。

　生んだ人と育てる人をお互いに会わせたりはしません。こういう事情で、とだいたいの話はしましたけど。(林業村／大正十年代生まれ／昭和二十年代助産婦資格取得・昭和二十年代開業／2011年インタビュー／白井 2013a)

　Ｌさんも、出生届を生んだ人の名前で書いて、「あとはもらう人とあげる人のこと」だという。その時、「家族同士があげられる」「親戚同士もある」といい、多子のときに、子どもが生まれない人に頼まれて「知った人でいいところ」にもらわれたという。

　Ｍさんは「親戚同士の時は、誰が生みの親か知らせることもある」が、「未婚の母とか、わけありの時は、互いに知らせない」と、状況によって選んでいるという。ここでもまた、産婆がおこなっていることは、ソーシャルワーク的だといえるのではないだろうか。

【事例Ｌ】貰い子はありましたよ。出生届は生んだ人の名前で。家族同士があげられるんだから、違反にもなんにもなりゃせんよ。私は生まれた人のことだけで、あとは貰う人とあげる人のことだから。生んだ人は母子手帳を持って役場へ行って、あれこれ入籍したりした。親戚同士もあるけど、子どもが生まれない人はもらっていた。生む人も頼まれて、五人も六人もおったら、知った人でいいところならね。(地方都市／大正一桁生まれ／昭和十年代産婆資格取得／昭和十年代開業／2013年インタビュー／白井 2013b)

【事例Ｍ】養子縁組はしました。人助けです。親戚同士の時は、誰が生みの親か知らせることもある。未婚の母とか、わけありの時は、互いに知らせない。二通りあります。育て親の出生届を書きました。(都市部／大正十年代生まれ／昭和二十年代助産婦資格取得／二十年代開業・先代あり／2012年インタビュー／白井 2013a)

⑸　産婆がおこなったソーシャルワークと当事者にとっての利点

　ここまで、産婆がおこなった養子仲介について、そのありようをみてきた。生みの親側、育ての親側の秘匿性を守り、互いの情報をコントロールしていた。

第Ⅰ部　赤ちゃんポストと養子縁組

ケースや過去の経験などから、そのコントロールの仕方や方法は様々であった。子どもを託したことに対する金銭の要求、金銭はなくても突然了解もなしに生みの親が養親や生んだ子に会いに行くといったトラブルを回避するために、互いの情報を制限することがあった。一方で、親族間の養子の場合は制限がないこともあった。

　ただ情報を制限するだけでは、養子仲介が進まなかったり、養子の保証に差し支えが生じるからであろう、「だいたいのことは話し」たり、「いい家のお嬢さんだけれども未婚の妊娠をした」などと養親側に話して、確からしさを高めていた。こうした産婆・助産婦の実践は、まさにコミュニティにおける「ケースワーク」をソーシャルワーカーのようにおこなっていたといえるだろう。

　医療者の分娩介助を受けずに出産することが珍しくなかった時代や場所では、そうした出産の場合には医療者の出生証明なく出生を届け出た。そのような時代や場所では、例え産婆・助産婦が生みの親の名を記載した出生証明を作成しても、育て親がそれを使用せずに、自身が生んだように出生を届け出ることもある。また、「お縄になるかもしれない」けれども「人助け」だと考えて、「藁の上からの養子」に携わることもあった。それは養子が養子縁組して戸籍上も養子となるよりも、実子として届け出る、つまり「籍通り」(白井 2013b) の方が、生みの親にも、養親にも、養子にもよい、つまり「三方よし」という考えがあったのだろう。

　他方で、産婆・助産婦の中には、あとは当事者同士がおこなうことであると、生みの親の名前で出生証明を書いたりして、「藁の上からの養子」には携わらなかった人もいた。

　筆者は、実際に藁の上からの養子をした養親や生みの親にインタビューはできていないのであるが、産婆・助産婦も、出産者やその関係者も、養親も、エージェンシーとして対象や方法を「選んで」いたのではないだろうか。つまり、養親や生みの親も、情報開示や入手可能性、法律的養子縁組になるかどうか等を考慮して産婆を選んでいたのではないだろうか。自らの希望の実現可能性によって産婆を選んでいたのではないか。「〇か月の男児がいたら声をかけて下さい」などと頼まれたという証言があったが、育て親は、子どもの月齢や（母乳がないと新生児は養育が難しいという判断だろう）、性別を選んでいたことになる。

こうしてみると、当事者側からすれば、産婆の養子仲介は、当事者のコントロール可能性があったといえるだろう。

4 産婆のソーシャルワークからみえる昭和初期・中期の親子関係

(1) 産婆がおこなった養子仲介

　ここまで産婆がおこなった養子仲介をみてきた。本節では、こうした養子仲介から浮き彫りになる昭和初期・中期の親子関係を検討していきたい。

　産婆が取り持つ養子仲介は、年長の子どもや成人ではなく、生後すぐの乳児であった。また、親や親族など上の世代に采配された親族間の養子縁組ではなく、周囲に知られない養子縁組だった。ただし、公然の事実でもあったようなので、実子のように届け出るのは、地縁や血縁に隠すことよりも、子どもの将来にとって、戸籍の見かけを損なわない意図だったかもしれない。いずれにしても、育て親は、生後すぐの乳児を引き取っていた。跡継ぎとしての養子縁組であれば、成人してその人の能力がわかっていたり、子のある夫婦を養子にするなどその次の世代も約束されている方が合理的であろうが、「親として生まれたばかりの赤ちゃんを育てる」養子仲介がおこなわれている。

　妊娠した女性やその家族の立場からみると、ある妊娠が知られたくない、あるいは育てられないものであったことも示している。学生や、妻子ある人との子どもは、知られたくない妊娠として語られ、多子は、育てられない、あるいは「いい家」になら子どもをあげてもよいものとして語られていた。

　そしてそれは、女中や奉公ではなく、身売りや厳しい児童労働、口減らしでもなく、薬の上からの養子や養子縁組によって、その家の子になり、育て親は生みの親の代わりになるものだった。生みの親は子どもへの面会を断絶され、自身が生みの親だと明かしてはならない。明かすと、子どもの親が「唯一の親」ではなく、別に生みの親がいる養親だとわかってしまうからである。こうしてみると、親子は複数対ではなく、一対であることが理念型とされていることがわかる。

第Ⅰ部　赤ちゃんポストと養子縁組

⑵　社会的親

　それに対して、親子が複数対だった社会はどのようなありようだったのだろうか。「オヤコ関係」と村落構造からみていこう。

　柳田國男にあるように、「オヤコ関係」とは生みのオヤだけに限定された意味ではない。オヤは労働組織などさまざまな組織の統率者で、コは自分の子など子どもの意味ではなく労働の単位である。例えば海で働くカコ（水夫）、フナコ、アゴ、山野で鳥獣を狩り出すセコ（勢子）、アラシコ、マゴ（馬子）などである（例えば、親っさん、親しく指導を受けている人を親父と呼ぶなど）。親戚を親と呼ぶこともあった（鳥越 1993：128）。

　親子関係には、生みのオヤコと社会的オヤコがある。社会的オヤコは、親分・子分、あるいは、親方・子方などである。

　生みのオヤコでは、親族関係が生じるが、社会的オヤコ、すなわち親分・子分関係によっては親族関係が設定されない。社会的オヤコは、親族関係としての親子に加えて家族外において新たに締結する親子の関係である。

　この親分子分関係は、庇護・奉仕関係による。すなわち、社会的上位にあるため実力をもつ者（親分）に対して、社会的に不安定な位置にいる者（子分）が庇護を求めるものである。親分は必要に応じて、子分に奉仕を要求する。これは相互の生活のすべてにおよび、公私の区別がないのが特徴である（鳥越 1993：130）。親子なりは、出生時、成年式、結婚式のときなどである。

　このように、親子は生みのオヤコを指すだけでなく社会的オヤコを含むため、英語の parent-child とは異なっている（鳥越 1993：128）。

　次に、日本の村落の構造と親分・子分関係のかかわりについて、みていこう。日本の村落構造は、同族型と非同族型に分かれると言われてきた。

　同族型は、喜多野清一が大垣外型と呼んだもので、本分家関係のある家から構成される。村落内での家の社会的地位は家格と呼ばれる。この同族団と親分・子分関係は概念上区別される。ある家の仲人はある家と世襲的に決まっており、仲人親として親方取りをして親方子方関係ができるなど、同族団と親分・子分関係が一致する場合と、子分に同族以外の家が含まれる形態とがあるからである。

　非同族型は、服部治則が上湯島型と呼んだもので、家格とも、同族（本分家

関係）とも、親分子分関係は関係ない（鳥越 1993：138-139）。例えば、耕地が少なく土地を集積する本家地主が生まれていない環境の中で、家相互の系譜（本家分家）はあるが、家筋は家と家の任意の関係で個人的であり、互いに親分になったり子分になったりして、互換的である場合や、友達関係が制度化したものなどがある（鳥越 1993：143）。

　村落構造には、子供組、若者組・青年団、中老組・年寄組などの年齢階梯制、年齢集団があることがある。この年齢集団は、親族組織と相克するといわれる（鳥越 1993：151）。

　ヨコの関係としては、講と組があげられるが、これは社会的「なかま」である。

　普通養子縁組による親子関係と、結婚を契機にして成立する親子関係（女性の結婚後における夫の両親との間に成立する親子関係と、男性の結婚後における妻の両親との間に成立する親子関係）は、親分子分関係ではなく、親族関係が生まれる。仮親子も、疑似的な親族関係を生み出す。このように、親族関係を生じる生みのオヤコ（ならびに擬制親子）は複数的で、親族関係を生じない社会的オヤコもまた複数的であり、オヤコ関係は多層的だった。

(3) 生物学的親と近代家族

　それが、近代日本社会においては、社会的親の位置と必要性が低下し、生物学的親が前景化していった。

　鳥越は生みの親だけでは子どもを養育することが難しい時代には、地域社会の中には仮の親がいて、そういった人たちを含めて地域社会で広く子どもを育てていくと述べたが、近代化に伴い、生みの親が子どもが成長する前に死亡することが少なくなり、きょうだい数も少なくなって、上のきょうだいが下のきょうだいの扶養者、庇護者になることも少なくなった。人口学的に、社会的親の必要性が小さくなったのである。

　オヤコ関係について日本近代で起こったことは、「家」が秩序の原理になった家制度の構築、続いて、愛・結婚・性が三位一体となった生殖の小さな単位である近代家族の構築だった。

　生みの親と子の関係は、ロマンチックラブ・イデオロギー、近代家族化によっ

第Ⅰ部　赤ちゃんポストと養子縁組

て、夫婦の愛に基づく性による生殖で生まれた子になり、「血筋」よりも「血縁」、科学論的、生物学的に見た「DNA」「染色体」「遺伝子」概念へと変化していく。「出自を知る」と聞いて、現代社会の人々は、「血のつながり」や「遺伝的ルーツ」を思い浮かべるだろうが、かつての「出自」は、血のつながりと関係ない「家筋」を指していただろう。

　「藁の上からの養子」は、婚姻や仮親子のように、生みの親側と養親側の間に親族関係や擬似親族関係を作るものではなく、生物関係を擬制した親子である。藁の上からの養子は、「籍通り」という正当性だったものが、「生物学的関係を偽装するもの」となった。

　そもそも、かつてはオヤコの親族関係を生み出す方法として生殖と養取の2種が等価にあり、さらに、生物学的親の生存が不確実だったために、養育や扶養上の親がオヤであり、生物学的親子関係は、二次的だっただろう。

　本章や先行研究において、生みの親を原点にして、社会的親や養親を「擬制的」とすることを所与とすることもまた、生物学的親の生存に確実性がある現代社会のバイアスだとさえいえる。近代社会において、生物学的親が唯一絶対のものになったために、それ以外の社会的親や養親のほうを「擬制的」と考えてしまうのである。養子縁組が年長児や成人ではなく、乳幼児と組まれることは、養親子関係が生物学的関係の代替として存在するようになったことを表していよう。なかでも、藁の上からの養子は、子を貰い受ける側の「生んだことにしたい」というニーズ、子を貰い受ける側の「乳児から育てたい」というニーズ、子を貰い受ける側の「唯一の親でいたい」というニーズを満たすことになるのである。

(4)　近代化と国家化

　「藁の上からの養子」は、産婆・助産婦がソーシャルワークをおこない、そしておそらく生みの親側も養親側もコントロール性をもって調整していただろうが、出産に産婆・助産婦の立会いがなければ（あるいは立会いがあっても）、当事者間でおこなわれることもあっただろう。親族間の養子は、周囲の承認が得られやすいという妥当性があっただろうし、親族間でなくても、人を介して、あるいは直接、まとまった話もあっただろう。さらに、直接的に人を介さない

第1章　産婆がおこなった生殖の危機に対応するソーシャルワーク

実践もあった。鈴木由利子（2019）は、子どもをあげたい人、もらいたい人が神社の石にその旨を貼り付けて、子どもをやり取りした「貼り付け石」を紹介している。「神社のご縁」で結ばれた親子の縁なのだという。

　それが近代化の中で、産婆が法制化されて資格化・専門職化して医療者として位置づけられ、養子仲介は医療者がおこなう「人助け」へと変貌した。現在では、養子仲介は、児童相談所という国の児童福祉制度として位置づけられた児童相談所や民間の養子あっせん許可団体が、法制度に則って、所定の手続きとプロセスを経ておこなうものになっている。

　養子仲介の社会的背景として、近代化に伴って「公式化・制度化」（formalization）が進んだことがあげられる。国家の人口管理が進み、妊娠の届出、出生の届出、出生証明書の添付がされるようになった。昭和中期には、出産の施設化が進んだ。産婆・助産婦は、個々のケースに応じて、異なるソーシャルワークをおこなっていた。生みの親側も、養親側も、産婆・助産婦を選んだり、情報やプロセスをコントロールしていたことが予測される。**資料1−1**の左に模式的に示したように、それぞれが行為体（エージェンシー：agancy）になっていた。それが、近代化に伴って、国家化、制度化、産業化、専門職化が進んだ。それにより、行為体は、法制度に準拠して養子仲介を制度・公式組織に持ち込み、コントロール性を委譲した（**資料1−1**右）。養子仲介において、危機的妊娠をした女性も、子どもを引き取りたい夫婦も、産婆・助産婦を選んで、できるだけ希望に沿うように事を進めるのではなく、児童相談所や民間の養子縁組機関を訪問し、対応可能かどうか、条件や手続き、金銭の授受、達成・入手可能性、秘匿にできるかどうかは、法制度や、公式組織に預けることになったのである。

　一方で、興味深いのは、法制度上は公式化したものの、実際はゆるやかに移行したことがうかがえる点である。本章でみてきたように、病院での出産が過半になった昭和30年代においても、開業助産婦だけでなく病院でも藁の上からの養子を含む養子仲介を実施していた証言があった。また、児童相談所でも、法制度に基づく里親委託によらない委託（仲介）もおこなわれていたようである。1948（昭和23）年から1964（昭和39）年までにある児童相談所で養子縁組を仲介した数をみると（鈴木 1966）、年齢内訳がわかる養子仲介のうち1歳以下が半

第Ⅰ部　赤ちゃんポストと養子縁組

資料1-1　養子仲介の変化

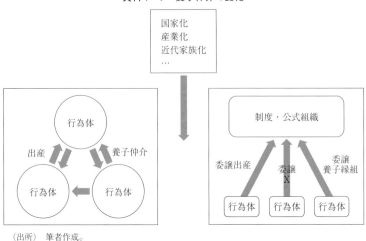

(出所)　筆者作成。

数以上で（110人のうち委託時に0歳28人、1歳31人）、里親委託から養子になったのが84人、里親委託によらずに養子になったのが28人と、里親委託から養子縁組に至ったケースが75％を占めていた。すなわち、里親委託を経ないで養子仲介することを児童相談所がおこなっていた。これは現在の児童福祉の現状とは異なることである。ちなみに、男児48人、女児62人と女児の方が多かった。

　縁組が届けられた普通養子縁組についても、親族間でのやりとりが相当割合を占めていて、公式組織に委譲した縁組ばかりではないこともわかる。かつての司法統計では、未成年の養子縁組（家庭裁判所の許可を必要とする非直系卑属の普通養子縁組）の内訳を公表しており、そのもっとも新しい昭和63年の統計では、未成年養子縁組件数は1726件、うち血族関係ありが1062件、なしが664件と、血族関係がある非直系卑属の養子縁組の方が多くなっている。養親に子ありが627件、子なしが1099と、子がなくて、血族関係から未成年の養子をとっていた（ちなみに、この年に始まった生みの親側と子どもの親族関係がなくなる特別養子縁組の申し立ては1747件とほぼ同数だった）（原田 1991）。

第1章　産婆がおこなった生殖の危機に対応するソーシャルワーク

5　本章の知見と課題

　本章の知見を簡潔にまとめる。

　親子関係の創設、いわゆる親子なりは、親族を生み出す方法である。婚姻と子の出生（生殖）だけが親族を生み出すのではなく、仮親子や擬制親子は、擬制的に親族関係を追加していくものだった。成人間や親族間の養子縁組もまた、親族関係を追加していくものである。職親などの社会的親は、親族関係として追加されないオヤコであるが、共同体の中で、複層的に親子関係が構造化されていた。この親子関係創設は、子どもが生まれないときだけでなく、子どもが生まれているときにもおこなわれた。

　それが、平均寿命の伸長と死亡時期の予測可能性といった人口学的変化、近代国家に適合する形で近代日本の家制度が制度化され、それが残存しながら近代家族に移行したことから、親子関係において、生殖による生物学的親子が唯一のものになった。すると、子どもが生まれないことが絶対的に対処すべき問題になる。生殖によって子どもが生まれないとき、生物学的親子関係、あるいは戸籍上、生殖による親子を前提にした実子であることを擬装するために、秘匿に乳児を引き取り、実子として届け出る藁の上からの養子がおこなわれた。

　そこでは、互いの特定を避けつつ、素性や経緯を産婆・助産婦が伝えることによって安心と確からしさを担保して仲介がおこなわれていた。

　さらに近代社会の公式化・制度化が展開して、産婆・助産婦は分娩を介助する医療者になり、養子の仲介は児童福祉分野となって、児童福祉法に基づいて児童相談所がおこない、民間による養子仲介は「あっせん」として社会福祉法（第二種社会福祉事業として）、のちに通称養子あっせん法[2]に基づいて、取り扱われるようになった。そうした法制度のもとで、人びとは、行為主体として養子仲介に関わっていたのが、制度や組織に行為性を委譲するようになった。

　本章で浮きぼりになったのはこのような点であるが、データの制約から、限界と課題がある。まず、データの紹介で述べたように、プライバシーや現在では違法行為となっていることから、地域や話者を限定して、当該地域の文脈で藁の上からの養子のありようを分析することが難しかった。別の機会に、文献

第Ⅰ部　赤ちゃんポストと養子縁組

資料など既存のデータを活用しておこないたい。第二に、語り手が当該仲介の時期を特定することができなかった。開業年などからおおよその時期はわかるものの、正確な分析をすることができない。第三に、生みの親、養親養子の聞き取りができていないため、生みの親側、養親側から見た養子仲介のありようが捉えられていない。同時に、子に対する事実の告知をするか否かといった、養親や周囲のその後の「情報（提供）マネジメント」の語りが得られていない。立場が変われば、意思決定、コントロール、経験が異なるだろうから、生みの親や養親の立場からも、紐解いていきたい。それによって、生みの親や養親もまた、行為体として行動していたこと、公式化・制度化が進んでも、それを利用したり、選ばずに利用しなかったりしていたのかどうか、人びとの実践が明らかになるのではないかと考えている。

　謝辞：貴重な語りをして下さった元産婆・助産婦の皆様に感謝申し上げます。

注
⑴　法律で産婆が助産婦へと変更されたのは1948（昭和23）年である。本章の語りが1948（昭和23）年より前なら産婆、同年以降は助産婦と書き記すべきところであるが、事例の時期が特定されていないことから、産婆・助産婦と並べて表記することがある。
⑵　民間あっせん機関による養子縁組のあっせんに係る児童の保護等に関する法律（2016（平成28）年法律第110号）

引用・参考文献
岩田重則、2009、『“いのち”をめぐる近代史――堕胎から人工妊娠中絶へ』吉川弘文館。
大出春江、2008、「性と出産の近代と社会統制――雑誌メディアからみた衛生観念・家族規範・国民意識の形成とその回路」『国立歴史民俗博物館研究報告』141、323-354頁。
沢山美果子、2008、『江戸の捨て子たち――その肖像』吉川弘文館。
白井千晶、2012、「明治後期から昭和中期における組織・団体の養子縁組への関与」『新しい家族』vol.55、138-144頁。
―――、2013a、「昭和期における助産婦の仲介による養親子関係の創設について――とくにいわゆる「薬の上からの養子」について」『和光大学現代人間学部紀要』6号、155-174頁。
―――、2013b、「第二次世界大戦前・後のインフォーマルな養子仲介のありようについて――産婆・助産婦による仲介を中心に」『新しい家族』vol.56、136-141頁。
―――、2017、「昭和初期と現代における養育困難な妊娠と養子縁組――籍から愛へ」岩下真珠・池岡義孝・大久保孝治編著『変容する社会と社会学――家族・ライフコース・地域社会』学文社。
鈴木由利子、2019、「多産と不妊――授かりものとしての子ども」『女性と経験』（44）10、1－

14頁。

鈴木佳男、1966、『養子と里子』国土社。

柘植あづみ、2019、「生殖管理の戦後——優生保護法成立前の中絶と主体をめぐって」坪井秀人編『ジェンダーと生政治』臨川書店。

土屋敦、2014、『はじき出された子どもたち——社会的養護児童と「家庭概念の歴史社会学」』勁草書房。

鳥越皓之、1993、『家と村の社会学』世界思想社。

原田尚、1991、「現代日本の養子慣行」『季刊社会学部論集』vol. 10（１）、１-22頁。

松木洋人、2016、「『育児の社会化』を再構築する——実子主義と『ハイブリッドな親子関係』」野辺陽子ほか『〈ハイブリッドな親子〉の社会学——血縁・家族へのこだわりを解きほぐす』青弓社、15-41頁。

松原洋子、2019、「引揚者医療救護における組織的人工妊娠中絶——優生保護法前史」坪井秀人編『ジェンダーと生政治』臨川書店。

第2章

「お上の正義が晴らすべきはこの闇なり」
——20世紀初頭ナポリの捨子裁判事例から——

小谷　眞男

1　テーマと方法

　本章はイタリアの捨子慣行をめぐる法社会史的考察の試みである。ここでの作業は〈名誉の事由〉に関する筆者の長期研究プロジェクトの一環をなすが、もし本章がイタリア法史の立場から「〈産みの親〉と〈育ての親〉」の比較家族史に何がしかの示唆をもたらすことができるとすれば、すでに望外である。

　用いる史料は、国立ナポリ文書館（Archivio di Stato di Napoli, 以下「ASN」）の資料データベース（cfr. Nicodemo 2004）を介して発掘した名もない捨子裁判の一件書類、つまりアーカイブされたケースファイル（fascicolo）である。方法論としては、これら刑事裁判記録のミクロストーリア風詮索、いわば「管中より豹を窺い時に一斑を見る」式のポーズを意識的に取る。法的準則の探究を旨とするいわゆる「判例研究」ではないことに注意されたい。むしろ個別事例の具体性に執拗にこだわるという点で人類学的アプローチに似る。個別性と普遍性を兼ね備えた裁判事例という不可思議なプリズムを通してこそ見えてくる法社会史の景色がある（小谷 2005a）一方で、垂直的磁場のバイアスを避けられない裁判資料の特性（Rizzo 2003）にも留意しつつ、以下の議論を進める。

2　マッダレーナ事件——欠席裁判

⑴　発　端

　1900年10月19日、ナポリ市中心部サン・ロレンツォ地区の身分登録局に、男性2名に伴われて、赤ん坊を抱いた女性（41歳）が姿を現した。女性は、産婆

第2章　「お上の正義が晴らすべきはこの闇なり」

のマリアと名乗り、「未亡人の女が、今日インクラービリ（Incurabili）の産科
でこの子を出産した。父親は不明で、自身も名を明そうとしない」と口頭で届
け出た（マリアは読み書きができなかった）。インクラービリとは同じサン・ロレ
ンツォ地区の上手にあるカトリック系大病院のことである（cfr. Guidi 1986）。マ
リアに同伴してきたのは男性看護師（60歳。マリアの夫）と病院の守衛（60歳）で、
出生届の証人だった。男児は「両親の知れない自然子（figlio naturale. 非嫡出子）」
として受理され、身分吏はジュゼッペ・L. と命名して出生登録した。そして、
いったん病院に戻されたあと、21日朝、今度は女性看護師によって、海の方向
へさらに一歩下ったメルカート地区にあるアヌンツィアータ捨子養育院、すな
わち「聖母マリア受胎告知の家」（Santissima Casa dell'Annunziata）に、上記内
容の出生証書（atto di nascita）および「母子ともに健康」という病院からの報
告書とともに引き渡された。人も知るこの南イタリア最大級の捨子養育院では、
何はさておき男児に洗礼を授け、そして早くも翌22日には近隣の農家に3年間
の手当付きという条件で養育委託に出している。

　古くからイタリア各地の教会や捨子養育院には、捨子を匿名無差別に受け入
れる「ルォータ（ruota）」等と呼ばれる回転式捨子受入れ装置が普及していた（高
橋 2000）。いわば「イタリア史版・赤ちゃんポスト」である。諸外国にも同工
異曲の装置が確認できるが（関連文献は極めて多い。さしあたり Hunecke 1989；な
おフランスにつき本書河合論文参照）、イタリアの場合19世紀初頭に全国約1200か
所（南部やシチリアが多い）ものルォータがあったという（Kertzer 1993：160）。

　しかし1861年の国家統一後まもなく中部のフェッラーラ県が条例でルォータ
の閉鎖を決め、後を追う都市等が相次いだ（19世紀末までに半減。ファシズム期に
全廃）。新生国民国家イタリアの市民社会レベルにおける捨子論争と内務省等
国家行政サイドの組織的対応がその背景にある（Commissione reale d'inchiesta
sui brefotrofi 1990）。中世後期建立のアヌンツィアータも1875年にルォータを閉
鎖した（Assante 1985）。だが子どもの受入れじたいをやめたわけではなく、
ルォータの代わりに受理窓口（ufficio di presentazione）を設置し、両親の知れな
い自然子と記された出生証書などの提出を義務付けたうえで受入れるという選
別的な体制に移行した（小谷 1996：207-212）[1]。本件資料にみえる病院や身分吏、
施設の対応は、この新システムのもとで形成された社会的養護の連携プレー

第Ⅰ部　赤ちゃんポストと養子縁組

だったに違いない。が、この新実務は、逆に公式法規の網目をくぐり抜けて子どもを施設に入れる手段の可能性をも示唆する。当時の調査報告書や現代の社会史研究は、ナポリにおけるルォータの密かな存続、縁故関係（clientelismo）による恣意的な「裏口入所」、実母が自分の子どもを乳母として施設から給金付きで引取る手管などの問題を指摘する（Antinori 1878; Amendola 1904; Amicolo 2016など）。

　そのうえ、ナポリ民衆の法・宗教観念においては、受胎告知の名を負う捨子養育院のルォータを通しさえすれば、その子は「聖母の外套（manto della madonna）」の庇護のもとに入り込み、「聖母の子ども」として「合法化・聖化」されると信じられていたという（Guidi 1984; Della Ratta 2018：119以下）。

　ナポリないしイタリア列島社会に住む人々の間にかくも広く定着していた捨子慣行を考えると、ジュゼッペの辿った経路はいわばルーティンに過ぎなかったともいえよう。現に1865年イタリア王国統一民法典（通称ピザネッリ民法典。以下「P民法」）の第1巻「人」第12章「身分証書」にも、捨子発見者の届出義務（377条）や、捨子を受入れた施設長の届出義務（378条）など、初めから捨子慣行を想定した条文が見出される。前者は1804年ナポレオン民法典（以下「N民法」）58条ゆずりの規定であるが、後者はイタリア法独自である。他方で、いわばモザイク状であれ、全国のあちこちでルォータが閉鎖されつつあったことは社会意識の大きな変化を映し出す現象として看過できない。

　およそこのような背景のもと、われわれのジュゼッペも、生まれ落ちた産科のベッドから、身分登録局を経由してアヌンツィアータ捨子養育院へ、しかもルォータではなく受理窓口を通り抜けて、施設内へと入っていったのだった。

(2)　通　報

　だが、こうして捨子養育院が新生児を受け入れたのと同じその21日に、ナポリ県警サン・ロレンツォ地区担当部署から病院宛に「申述住所近辺に女が住んでいることを確認できず」という旨の通信が発せられた。何と病院が母親の身元を警察に照会していたのだった。女も病院にはマッダレーナ・F. という自分の名前と（架空の？）住所を伝えていた（まさに「内密出産」！）。同月24日、病院長は、サン・ロレンツォ地区法務官（pretore. 最下級の司法官。後述参照）宛

第2章 「お上の正義が晴らすべきはこの闇なり」

に「どうも怪しいので警察に調べてもらったら案の定住所が確認できない。本人に会ってみたら『夫とは別居中です。産んだ子は夫との間の子ではない』と答えた」という旨の通報をした。事件発生である。

　病院長はなぜ通報などしたのか。1889年イタリア王国統一刑法典（通称ザナルデッリ刑法典。以下「Ｚ刑法」。編纂過程につき小谷 2010）を見ると、

　362条　前条に定める場合を除き、嫡出子または認知された自然子の嬰児を、その身分を隠したまま捨子養育院またはその他の慈善施設に人知れず置きざりにする、もしくは差し出す者は誰でも、3か月から5年の懲役に処す。もし加害者が子の尊属である場合は3か月から8年までの懲役とする。

とある（2巻「犯罪各則」8章「良き習俗と家族の秩序に反する罪」7節「身分登録の偽装と隠滅（Della supposizione e della soppressione di stato)」）。病院長の頭にあったのはこの法規だったか。上記362条は養育を委託された者が子どもを養育院に入れる行為に関する1810年ナポレオン刑法典（以下「Ｎ刑法」）348条とは似て非なる規定である。ちなみにここでいう「前条」とは

　361条　嬰児の隠匿または取替によって、その民事身分を隠滅または改竄する者、もしくは実在しない嬰児を偽装して民事身分登録簿に登載させる者は誰でも、5年から10年の懲役に処す。

であり、これはＮ刑法345条や1876年ドイツ刑法典169条と同類といえる（cfr. 水野 1991）。Ｚ刑法は、仏独の刑法同様に、身分証書制度に対する刑法上の一般的保護規定[2]を設けたうえで、真の身分関係を明かさずに「嫡出子または認知された自然子の嬰児」を然るべき施設に「捨てる」行為も処罰対象に加えた。捨子慣行に対抗して「子は〈産みの親〉が育てるべし」という親子関係規範を確立しようとする国民国家の捨子抑制策ともいいうるだろう。実際、お節介とも思える病院長の「告発」行動も、もしマッダレーナが既婚女性だったとすれば、Ｚ刑法362条の趣旨に合致する。ただよく見ると362条は「認知されない自然子」を含んでいない。ジュゼッペの出生証書はまさに「両親の知れない自然子」だったのだから、形式上は362条の適用外であったようにも見える。しかし実際には既婚女性の子だったのだから、それはそれで詭弁のようでもある。

43

第Ⅰ部　赤ちゃんポストと養子縁組

さて一体どうなのか……と話を前に進める前に一点だけ確認しておくと、実は
この先にも（否、この先にこそ）興味深い条文がわれわれの考察を待っている。

363条　自分自身または妻、母、女性卑属、女性養子、姉妹の名誉（onore）
を守るために、または身に迫った仕打ち（sevizie）を避けるために、前2条
に定められた犯罪のいずれかをおこなう加害者は、1か月から3年の拘留に
処す。

ここでいう〈名誉〉とは、女性の性的貞潔に関する世評、つまり女性が夫以
外の男性と性関係があったと世間に知られないようにすることによって保たれ
るような体面、と解される。Z刑法は、この意味での〈名誉〉を守るという動
機が認められる場合に特定の犯罪（嬰児殺、児童遺棄、堕胎、捨子等）に対する
刑罰が自動的に軽減されるという旨の〈名誉の事由（causa di onore; *causa
honoris*）〉規定群を有しており、その中でも363条は「身に迫った仕打ち（sevizie）
を避けるため」という独自の文言を有していた（〈名誉の事由〉につき詳しくは小
谷（2001; 2005b）を参照）。ともかく、もしマッダレーナが有罪なら、次はその
動機が「彼女自身の〈名誉〉を守るため、または身に迫った仕打ちを避けるた
め」だったといえるかどうかが焦点となる。

(3)　取調べ

事件のプロセスに戻ろう。病院長からの上記連絡を受けた区法務官は、恐ら
くまだ病院にいたマッダレーナを即日出頭させて取調べをおこなっている。被
疑者は何もかも素直に自供したらしい（ちなみにマッダレーナも読み書きはできな
かったらしく、調書に自署サインはない）。1876年、手袋職工（guantaia）として働
いていた18歳のとき、バリスタ（caffettiere）の某ジェンナーロと結婚し子ども
もできた、しかし結婚生活6年ほどで夫とは別居した、その後某フェルディナ
ンドと同棲を始めて現在に至り今回産んだ子どもはその結果である、等々。
1865年制定のP民法は民事婚一元制を採用したが、離婚規定はなく、その代わ
りまとまった別居法制（後述）を備えている。しかしマッダレーナらの別居は、
おそらく法律上の別居ではなく、事実上の別居だったろう。この自供を得た後、
区法務官は病院長の出頭命令、マッダレーナの前科照会（結果は「前科なし」）、

44

第2章　「お上の正義が晴らすべきはこの闇なり」

婚姻証書の請求などの手続きを順次進めている。被疑者を身柄拘束はしなかったようだ。その後、史料の日付にはなぜか約半年のブランクがあるが、翌1901年3月の日付で病院長の取調べ記録、フェルディナンドの召喚状（ただし所在不明で手渡せなかった模様）、ジュゼッペの出生証書（「両親の知れない自然子」で登録）の写しなどが一件書類に綴じられている。

　同年5月、区法務官は収集し終えた以上の情報をまとめ、ナポリ地方裁判所の予審判事（giudice istruttore）に事件を送っている。その報告書において、区法務官は、P民法376条（2項：第三者が自然子の出生届出をする場合は、本人の同意を前提に、母親の氏名・職業・住所のみを申告する）や180条（姦通子や近親子は認知不可。N民法335条ゆずりの条文）等を引き、「不起訴相当」という私見まで書き添えている。問題の男児は自然子、しかも認知が禁止されている「姦通子」に他ならないから、まさに当該身分証書の記載通りなのであり、マッダレーナをZ刑法362条等で訴追するには及ばず、と。おそらく地元社会の生活世界と距離の近い末端司法官の「庶民感覚」でもあったろう。

　しかし予審判事は、ジュゼッペの出生証書の再請求、何らかの前科があったらしい産婆マリアと男性看護師の尋問（守衛は所在不明で尋問できず）、マッダレーナの召喚状（これも所在不明で手渡せなかったらしい）など、追加的な捜査活動を自らおこない、その結果、同12月にマッダレーナの訴追請求をするに至る。その理由をみると、事実上の別居という要素をどう評価するかという問題はあるにせよ、民法の嫡出推定の法理からこの場合生まれた子どもは本来さしあたり嫡出子として身分登録されるべきこと、ゆえにP民法376条ではなく375条（嫡出子の出生届出の場合、その子の父と母の氏名、職業、住所も申告する）が適用されるべきであり、その要件を満たしていない本件出生申告は虚偽不正であること、嫡出子は捨子養育院の受理範囲外であること等を逐一検討したうえで、最終的にZ刑法362条の罪状で地裁送致という決定が下されている。なお、産婆など他の被疑者たち計3名についても訴追の可否が検討されているが、事情を知らなかったらしいことを理由に不起訴処分となった。

　予審判事が依拠しているのはP民法159–169条の嫡出推定制度である。すなわち夫は婚姻中に懐胎された子の父であり（P民法159条の該当箇所の文言は「推定」にあらず）、婚姻成立後180日よりも前ではなく婚姻解消または無効後300日より

45

第Ⅰ部　赤ちゃんポストと養子縁組

も後ではない時期に生まれた子は婚姻中に懐胎されたものと推定する。しかし、子の出生前300日目から180日目までの時期に、1）移民や服役など明白な事情のために夫婦の同棲が物理的に不可能だったと証明できるとき（162条）、または2）妻と法律上の別居をしていたとき（163条）、などに夫は嫡出否認の訴を起こせる。ただし163条2項は、法律上の別居夫婦の間に一時的にでも再和合があった場合は訴権を排除する。判例・学説も、法律上の別居に実態が伴っていることを求める（Bianchi 1902：86）。妻の姦通事実だけでは子を嫡出否認できないが子の出生が夫に秘匿されていた場合は、その他あらゆる証拠で補強して、否認の訴の提起が許される（165条）。夫による嫡出否認の訴は一定期間内に、原則として子と母（妻）を相手に起こされる。

　165条にいう「秘匿」の補強証拠の典型がまさに「認知されない自然子」の出生証書である（Bianchi 1902：118）が、その場合でも「夫は嫡出否認の訴を起こせる」というに過ぎず、まずは嫡出子の身分登録が先である。訴訟で覆されるまで推定は有効なのだ。予審判事の理論は統一民法典のタテマエと合致していた。

(4)　判　決

　予審判事の訴追請求を受けて検察官は直ちにマッダレーナを起訴、1901年12月31日に公判期日が設定され出頭命令が出された。しかし、その史料裏面に「本人の所在不明で召喚状を手渡せず」という趣旨の言い訳めいたメモ書きが残っている。どうやら被告人は行方をくらましてしまったらしい。

　公訴から約1年後の1902年11月22日、数回の延期の後、ようやくナポリ地裁で公判が開かれた。が、口頭弁論がなされた形跡はなく、他の事件と異なり弁護士や証人の影もない。史料はいきなり判決文に飛ぶ。実は、ついにマッダレーナの行方が知れず、欠席裁判（contumacia）が開かれたのだ。1865年刑事訴訟法（以下単に「刑訴」）388条（が準拠する347条等）によると、欠席裁判では被告人側の弁論や立証は認められない。不在のマッダレーナは検察官の主張通りZ刑法362条で有罪とされた。しかし前科がなく、また〈名誉の事由〉に定める動機が認められるとして363条が適用され、量刑は法定刑下限の拘留（detenzione）1か月に設定された。さらに裁判官たちはZ刑法59条の「情状酌

46

量による刑の6分の1の減軽」という一般条項を重畳的に適用し、不在の被告人に「25日間の拘留」という結論を導いた。Z刑法21条2項「1か月以下の自由刑については、初犯の女性と未成年者は居所にて執行可」がここで想起されよう。

　しかも話はここで終わらない。最終局面でダメ押し的に持ち出されたのは、立法と司法の権限を超越する機械仕掛けの神、「恩赦」だった。大文字の政治の場では1898年暴動以来の「世紀末の危機」の渦中において1900年7月に国王が暗殺されるというとんでもない事件が起き、翌日の新国王即位を大義名分として暴動関係者や労働犯罪に対する広範な減刑を含む一連の恩赦令（勅令366〜369号）が1900年11月11日に発布されていたのである。一見ナポリ庶民の生活世界には何の関係もなさそうな話に聞こえるが、そのひとつ、勅令366号は、国王の権限（つまり政府の裁量）において、大半の犯罪に対して6か月の減刑（indulto）を命じ、さらに女性については未成年者・高齢者等と並んで原則的に減刑期間を1年とすると定めていた（4条）。判決文は最後にこの恩赦令を引いて「被告人の刑は全面的に免除される」と書き留めていたのであった。

　マッダレーナ欠席のまま確かに有罪判決が下された。しかし刑の執行は要するに免除された。制度上は可能だった上訴もなく確定したことは間違いない。

3　アマリア事件——公判手続保留

(1)　匿名告発状

　マッダレーナ事件がまだ進行中の1901年3月のある日、ナポリ地裁に一通の小さな封筒が届いた。少額の切手に3月15日付の消印が押された封筒の宛名は「ナポリ地裁付き検事正殿」とある。中に入っていた小さく折り畳まれた紙片を広げてみると、それは以下のような匿名告発状だった。

「ナポリ検事正殿

　われらデュケスカ第4通り**番地アパートの住人全員は、やむことのないスキャンダルに苦しめられておるです。[4]そこですべてをお上の正義の手に委ねる決意をしました。願わくば罪ある者たちに誅罰を下し、われらに平安を

第Ⅰ部　赤ちゃんポストと養子縁組

与えたまわんことを。

　＊＊番地のアパートには去る8月4日以来アマリア・C. という女が住んでいます。夫と別居し、某ルイージ・M. という男と同居しているのです。この二人の間に子どもが生まれたようだが、その子がいったいどこへ消えたのか、われらの与り知らぬところです。というのも、去る8月20日に産婆カルメラとM氏、さらに別の見知らぬ婦人が、新生児を携えてアパートから出て行くのをわれらは目撃しているのです。……まもなくその婦人だけが戻ってきたのですが、それ以来、子どもの影も形もありません。

　われらはお上の正義に訴えるです。……スキャンダル沙汰を避けていただきたく、この謎に光明を射していただきたく。何しろほとんど毎晩のようにM氏の妻がやってきて悪魔に取り憑かれたかのような騒ぎを起こしているのです。彼女のこの正当なる要求に対して、夫はその妻を叩き殴る有様。哀れな悪魔が怒りと苦痛でうめき叫ぶのをわれらは耳にしました、「見てろよ、お前なんか牢屋にぶち込んでやる！」と。……お上の正義が晴らすべきはまさしくこの闇なり（è precisamente questo buio che la vostra giustizia dovrà rischiarare）。近隣住民一同」

ここでわれわれは告発ないし告訴という法行動について、ほとんど人類学的な考察をするよう促されている。先の事例では病院長から区法務官へだったが、この事例では近隣住民から検察官への匿名の告発だ。なぜ人は告発などするのだろう。筆者がASNで発見した他の捨子裁判記録には、たとえば刑務所で服役中の夫が妻を、移民でアメリカに渡った夫が本国に残った妻を、25歳になった息子が25年前の母親の捨子行為を、それぞれ告発ないし告訴している例があった。実をいうとアマリアには夫に姦通の廉で告訴された過去もあったし、あまつさえ本件「近隣住民」からの匿名告訴状の投函はアマリア自身が自分の別居訴訟に係って某関係者を業務上横領で告訴した直後でもあった。このように見てくると、本事例の特徴は「部外者による匿名の告発」という点にこそ求められる。つとにシンボリック相互作用論は、刑事法廷を現代社会における地位引き下げ儀礼かつ社会的結束強化儀礼の場とみなしていた（Garfinkel 1956）。こと匿名性に関しては、生きる共同体とはゴシップし合うグループのことであ

り、匿名的攻撃と共同体の結束強化は同じメダルの両面である（"cohesion through conflict"）という社会人類学のテーゼが想起される（Gilmore 1987：117）。

上記匿名告発状の水面下には、濃密な相互監視・相互依存ネットワーク、生生流転する排除と結束の人間関係ゲームが潜んでいると想定される。その「闇」を〈法の支配〉が照らし出すことは果たしてできるのだろうか。

(2) 夫と妻

この事例では初動捜査は区法務官ではなく警察（questura）が担い、まずは被疑者の夫オレステ・D. R. の取調べが、彼の職場の鉄道会社がある港湾工業地区サン・ジョヴァンニ・ア・テデュッチョでおこなわれている。

「13、4年前から別居している妻アマリアが某ルイージ・M. と関係していたとは知らなかった。男の子の誕生や産婆カルメラのことも知らない。M氏と自分は仲が良かった時期もあるが、7、8年前から疎遠になった。彼が結婚していることは確かで、子どもも二人いるはずだ。でも妻の名前までは知らない。……自分は、別居した妻に対して法律に則り扶養料（gli alimenti）一日1リラを支払うよう命じられたが、協議が成立して（per accordo intervenuto）1896年以来ずっと月12リラを給付している。妻は私の収入（paga）の何と1／3をも得るために私を訴えたのだ……（自署サイン）[5]」

その後、警察はアマリアが従前住んでいたアパートやデュケスカ第4通りのアパートの門番、夫の弟の知人、産婆カルメラなどの取調べもおこなっているが、注目すべきはむろん被疑者アマリア（37歳）の録取である。アマリアは当初容疑を否定していたようだが、門番等多数の目撃証言等を突きつけられ、ついに観念して自白する。やや長いが極めて興味深い内容を含んでいるので、その大半を以下に訳出する。

「セールスマンのルイージ・M. と知り合ったのは3年ほど前だ。私はオレステと結婚していたが、性格の不一致（incompatibilità di carattere）から別居し、裁判所は私に対する扶養料を1日1.5リラと定めた。それが後に1リラに減額になったのは、私が帽子職工（modista in cappelli）の仕事についたからだ。

第Ⅰ部　赤ちゃんポストと養子縁組

　私は1899年に夫から姦通罪で告訴されたが、それが虚偽だったことは自分の良心にかけて言える。私とルイージとの間にはその当時はいかなる関係もなかったからだ。のちに私が彼と不法な関係を持ったのは経済的理由によるのではなく、自分の自由意思に過ぎない。そして私は妊娠し1900年9月22日に出産した。新生児を託されたローザはその子を携えて市役所にいき両親の知れない子として出生の届出をした。カルメラに代えて新たに雇われたばかりのローザは私が結婚していることすら知らなかったはずだ。届出通り「両親とも不詳」で出生証書が編製され、身分吏によってマウリツィオ・T. と命名された子どもは聖アヌンツィアータ施設に入った。

　いや、上に述べたことを訂正する。……私の夫は月に12リラしか支払ってくれず、しかもときに滞った。自分自身の仕事からもロクな実入りはなく、生活の必要を満たすために私はM氏と関係を持たねばならなかったのだ。新生児をアヌンツィアータに入所させたのも経済的事情による。付け加えるならば、結婚している身だから自分を世間の蔑視（pubblico disprezzo）に晒したくないという理由もあった。もし自分自身でその子を養育していたら、私は良くない女とみなされていただろうから。

　私が出産したことを夫オレステが知らなかったはずはない。扶養料の12リラを渡しに来たとき、そのことを私に言っていたからだ。しかも出産のあと夫は私が子どもを売り払ったと言いふらしさえしていたのだ。……（自署サイン）」

　少々ぐらぐらしている供述だが、その後、区法務官からも繰り返し取調べを受ける過程では「私に嫌疑のかけられている身分登録隠滅の罪に関して自分は無罪（innocente）である。私の考えでは、私は法律上婚姻しているので、姦通子を自分の子として申告する義務はなかったはずだからだ」という主張も飛び出す。史料行間から、ちょっとやそっとじゃめげない強い女性像が浮かび上がる。不実な夫だの警察だのお役所だの匿名的悪意に満ちた世間だのと必死に渡りあうプロセスが被疑者の自己を一個の強靭な法主体に鍛え上げていったという見方もできるかもしれない（cfr. Rizzo 2004）。アマリア事件とも決して無関係ではないはずの紋切り型「名誉の動機―物語」が、俄然色褪せて見えてくる

第2章 「お上の正義が晴らすべきはこの闇なり」

一瞬である。

実際アマリアの上記のような自分の行為には当罰性が欠けているという規範認識にも一理ある。マウリツィオは明らかに姦通による子なのだから本来認知不可のはずであり、したがって認知されない自然子として身分登録されるのは当然で、そうなればZ刑法362条の適用外ということになるからだ。何より長年の社会的捨子慣行がある。だが、P民法の定める強固な嫡出推定制度のもとで、実はこの場合もまずは嫡出子として届出なければならないことはすでに見た通りである。嫡出推定を覆すことはできるが、それには特定の民事司法手続を要するし、仮に法律上の別居や姦通と出生の秘匿等を理由に父性を拒否できるとしても訴権は夫の側にある。産みの母が、たとえ夫とは法律上の長期別居状態にあるとしても、既婚女性という身分であることに変わりはない。不条理にもP民法はイタリア人に離婚を許さなかったのだ。その身分を明らかにせず、生まれた子どもを両親の知れない自然子として身分登録することは、やはりZ刑法361条ないし362条違反となる。

だがこのあと、事件は思わぬ展開を見せることになった。

しかしその前に一旦寄り道をしておこう。夫婦各々の供述は扶養料（つまり「婚費」）に繰り返し触れ、しかも内容に微妙な齟齬がある。本来はここで二人の別居訴訟の民事裁判記録等が解析されるべきだが、ここでは当時の別居法制に関して以下の点を確認しておくにとどめる。P民法150条以下によると、裁判別居は相手の姦通、遺棄、重大な暴行・懲罰・脅迫・侮辱、相手の有罪判決、住所不定などを理由として請求しうる。アマリアは性格不一致と述べているが、158条の合意（consenso）別居ではなかったようである。また、妻が正当事由なく夫婦の居所を離れるときは夫の負う扶養義務は停止する（133条）が、裁判別居であれ合意別居であれ法律上の別居の場合は停止しない（Bianchi 1901: 53）。アマリアにとってはこの点が生命線だったと思われる。

なお、史料中の婚姻証書の写しによると、「良い家柄の女性」（gentildonna）と記されたアマリア（18歳）と機械設備工（meccanico）のオレステ（23歳）が婚姻したのは1881年である。子どもも3人いたらしい。また、夫に告訴された姦通罪は前科証明書によると不起訴処分に終わっている。

51

第 I 部　赤ちゃんポストと養子縁組

(3) 訴　追

　匿名告発状受理から約 4 か月後の1901年 7 月21日、この間の警察や区法務官による被疑者や関係者の取り調べにもとづき、担当予審判事は検察官に対してアマリアの訴追請求をした。その理由書のなかに次のような一節がある。

「……なお刑訴32条はここでは無関係である。なぜなら被疑者が子の身分につき異議申し立てをしなかったとき、そして事件の証拠類もあらかじめそれを明らかにしていたときは、身分に関する民事裁判は必要ないと正当にも宣言されているからだ（1899年11月13日ローマ破毀院決定、上告人 S., *Mon. Trib.* 1900：36）。」

　予審判事のいう「刑訴32条」とは何か。

　刑訴32条　民事身分の隠滅等に関する罪においては、身分問題に関する民事裁判官の確定的判決の後でなければ、刑事訴追を遂行することはできない。

　これは講学上にいわゆる「先決問題（questioni pregiudiziali）」の一種である。技術的に過ぎる話にも聞こえようが、これに続く33条で例解しよう。

　刑訴33条　犯罪の成否に直結するような所有権……に関わる民法上の抗弁が訴追に対して提出された場合、その抗弁に何らかの根拠があると思量する裁判官は……審理を保留し、管轄の裁判官に当該抗弁の事実認定を付託することができる。

　つまり財産犯などの場合で、対象となっている財物が民事法上誰の所有に帰するのかをはっきりさせないと刑事裁判をそれ以上先に進めにくいというようなケースを考えてみればいい。日本だったら刑事裁判のなかで民事法上の問題についても判断してしまうのかもしれないが、上記の1865年イタリア刑訴33条は、一旦審理をストップして刑事裁判官が管轄の民事裁判官に所有権の帰属等につき判断（事実認定）を仰ぐことも可能という考え方である。

　刑訴32条も、子の身分登録が民事法上どうなるかをはっきりさせないと、子の身分に関わる罪の刑事手続をそれ以上先に進められないという趣旨と理解できる。しかしこちらは裁判官の裁量ではなくマストの規定であり、ただの事実

認定ではなく「確定的民事判決」を要する。しかも裁判官の職権によるのではなく、前もって利害関係者すなわち私人が自主的に管轄の民事裁判所に身分証書の訂正（rettificazione）に関する請求（Ｐ民法401条）をなし、身分証書訂正の特別手続（1865年民事訴訟法典845条：公開法廷での通常審理ではなく裁判官執務室における非公開の「インカメラ審理」もしくは親族会議招集などによる）に則って親子関係を確認する民事判決が確定していることが前提であり、その後はじめて刑事訴訟の遂行が可能になるというのである。

　つまり財産の帰属などとは異なり、親子関係如何というような家族にとって極めてデリケートな（？）問題が関係している場合は、国家刑罰権の実力発動に自動的にブレーキをかけるいわば安全装置が当時のイタリア司法システムには組み込まれていたということになる。

　実はこの刑訴32条の起源はフランスのＮ民法326-327条であり、家族の名誉や平静を保護するため、「検事は公訴提起の自由を有する」という刑事手続原則にひとつの例外を設けている、等と一般に解されていた（谷口 1939：302）。1837年サルデーニャ王国アルベルト民法典はこれをコピー＆ペーストしたが（168条）、本来は訴訟法に属する規定であり、統一イタリア王国の立法者たちが民法典ではなく刑事訴訟法典で受け継いだことじたいは論理的といえる。

　にもかかわらず、本件の予審判事はアマリアを訴追できるという。一体どういうことなのか。参照されている1899年破毀院判決は概略以下の如き事例である。すなわち、シチリアのメッシーナで自らの嫡出子を経済的理由から両親の知れない自然子として出生登録させ、その真の民事身分を隠したまま市民病院に附託した行為について、1899年メッシーナ地裁にて身分隠滅の罪で懲役１年の有罪判決を受け、メッシーナ控訴院でも有罪維持（多少減軽）になった男性被告人が、1865年刑訴32条違反でローマ破毀院に上告した。破毀院は「公判における証人の証言等から子が被告人の嫡出子であることは明らかである。被告人も子が自らの嫡出子であることについては異議を申立てていない。このような場合、身分に関する前もっての民事裁判は必要でない」という理由で上告を棄却した（*Monitore dei tribunali* 1900：36）。

　学説も32条の絶対的適用に対しては概して批判的であった（Carrara 1923：538は「滑稽」とまでいう）。以下数例を適宜に抜粋して示す。

第Ⅰ部　赤ちゃんポストと養子縁組

"ローマ法の原則には反するが、フランスの多数説・判例は当該規定を厳格に解し検察官の権限を制限する。確かにこれはスキャンダラスだが社会の平安ないし家族の無傷性（integrità delle familie）を守るため、特に証言による立証を避けるために正当化できるという。私人の発意がなければ訴追不可とは不条理として検察官の訴追を認めたり、オランダやベルギーの如く場合により検察官の訴追権保留を解除できるとする説もあるが少数である。ただしフランスの学説・判例によると、捨子行為や婚姻証書偽造については刑事訴追は阻止されない。イタリア統一前の1854年両シチリア王国パレルモ最高裁判所も捨子養育院のルォータに子どもを託した裁判事例で、民事裁判なしに刑事手続が発動されうるという判断を下していた"（Saluto 1882：411-438）

"1865年刑訴32条には批判が多かった。なぜなら家族の身分（*status familiae*）に関する罪に関して検察官と予審判事のあらゆる活動を無条件で阻止してしまい、犯人を処罰できないまま証拠等を消滅させてしまいがちだったからである。刑事訴追は単なる保留状態で、捜査活動などは続行して良いとも解されていた"（Tuozzi 1914：103-112）

ところで、この刑訴32条に関して現状肯定的な立場を取る Borsani & Casorati（1873）は、関連規定として各種親告罪、親族相盗例のほか、「判決の執行」に関して置かれた刑訴603条も挙げる（pp. 40-41, p. 175）。これは卑属・配偶者による軽犯罪の被害を蒙った尊属・他方配偶者は、当該有罪判決を言い渡した裁判所に申し出て、公判で確定した刑を半減させることができるという規定である（いわば「私的恩赦権」と説かれる）[7]。姦通罪における、他方配偶者による宥恕・同居による刑の消滅（Z刑法358条）にも似る。

つまり当時のイタリアでは国家の公権力に昂然と対抗する自律的な「親族社会（società parentale）」（Carrara, *op.cit.*, passim）の輪郭が制定法上に鮮明に刻印されていたのである。しかし現実には夫婦の別居行動などによって「親族社会」の自律性はほころびを見せていた。同様に刑罰権行使に対する「安全装置」もまた、学説・判例によって揺さぶられていたのだった。[8]

「お上の正義」が「闇」を晴らすことを求めた匿名告発状の背景には、たとえば刑訴32条をめぐって上に瞥見したような国家・親族間の緊張関係があった

第2章 「お上の正義が晴らすべきはこの闇なり」

のである。拮抗する力と力の渦の中へと引き込まれたアマリアの命運やいかに。

⑷ 公 判

　訴追からなぜか約1年半も経過した1903年1月、ようやくナポリ地裁で公判が開かれた。アマリアとオレステも堂々（？）出頭して供述の齟齬に関わる尋問を受けている。またアマリアの弁護士も登場して案の定刑訴32条の適用を主張している。驚くべきことに検察官すら裁判所に審理停止を求めた。以上を受けて合議体は、裁判手続の保留決定を下した。

　　「……マウリツィオ・T. の現在の身分は、出生証書に記されている通り『両
　　親の知れない子』である。本件訴追遂行のためには、その子がそれと異なる
　　身分を有しているということを前もって確定する必要がある。すなわち民事
　　裁判官による確定判決によって身分の問題が決着するまでは現在の刑事手続
　　を進めることはできない、という刑訴32条の規定が適用される……」

　そしてこの裁判は結局手続保留のまま打ち切られた。「闇」は晴らされなかった。マウリツィオの身分登録訂正の訴はもちろん関係者の誰からも起こされなかったのだろう。Z刑法制定と同時にローマ破毀院に上告審が統一された刑事司法とは異なり、統一民法典こそ早々と制定されたものの、まだ全国5箇所（トリノ、フィレンツェ、ローマ、ナポリ、パレルモ）の破毀院が併存状態にあった民事司法では全国レベルの判例統一は実現していなかった。仮にマウリツィオの身分をめぐる民事裁判がナポリで起こされたとしても、その結果は到底予断を許さない状況にあったといえる。予審判事が依拠した1899年の破毀院判決のケースは嫡出推定じたいに争う余地はなく、事案を異にしていた。

　他方、先のマッダレーナ事件では刑訴32条についてどこにも言及が見当たらない。欠席裁判だったせいもあるかもしれないが、その他の刑法361条関連裁判事例でも刑訴32条は手続の決定的阻止事由になったり、問題になった形跡が全く見当たらなかったりで、一定しない印象を与える（Crivellari 1896：703）。ASNで発見した他の捨子裁判事例たちがまだ精査を待っている状態であるが、さしあたり現在の筆者には、刑罰権の発動と「家族の平穏のための安全装置」との間のでこぼこ道でイタリア司法が迷走している姿が目に浮かぶ。

第Ⅰ部　赤ちゃんポストと養子縁組

「1865年の民法典に続く時代においては……家族の名誉と諸義務というタイプのサンクションに遭遇することになろう。そこから、おそらく視野の広い法 (diritto) の歴史が、公式の諸法典 (codici ufficiali) と社会的なコード (codici sociali) との間の関係……についての議論を導くことになるだろう。もし前者が大部分海面下に沈んでいる氷山の一角にすぎないならば、そしてまたもし法の歴史が現実の歴史であって幻影の歴史ではないならば、この水面下に沈んでしまっている氷山のかなりの部分が社会的諸規範に対応しているのであって、その社会的諸規範の歴史的研究は公式の法の歴史的研究と必然的に統合されるべきなのである」(Ungari 2002：166-167)

4　ふたつの裁判事例から投げかけられた問い

　刑事法に生々しく刻印された〈名誉の事由〉は、立法者や司法当局、もしくは通俗的社会通念がそう信じ込んでいたような現実そのものの素朴な反映などではない。しかし同時に単なる幻想でもなかった。〈名誉〉の動機—物語は、生活世界に張りめぐらされた濃密な相互依存ネットワークとそのほつれ、統一刑事法の構築と手続実務における「二重の屈曲」、「嫡出教育家族」の社会的称揚ないし市民社会における捨子抑制の機運と伝統的な捨子慣行に根ざした規範意識との間のコンフリクトなど、相互に錯綜し変容する司法コミュニケーション過程において、ときには意図的に動員され、しばしば生産的に誤解されながらも、確かに流通していた時代の“合言葉”（a collective belief）だった。
　新生イタリア王国のこのような法空間の中で、途方に暮れる状況に陥った当の〈産みの母〉たちの実存は、戸惑い、葛藤しつつも、その場その場で彼女たちなりの状況判断と意思決定をしたように見える。民法の強力な嫡出推定制度下における〈産みの親〉と〈育ての親〉と〈法律上の親〉との間の矛盾を縫うようにして、あるいは逃亡によって、あるいは刑罰権力と拮抗する強い自我を鍛え上げて無罪を主張し、いずれにせよ処罰を免れるという結果を手にした。
　とはいえ、たったふたつの事例から言えることはもちろん限られている。われわれに残された課題は多いが、裁判資料が指示してくる家族史上のテーマは、

第2章 「お上の正義が晴らすべきはこの闇なり」

「家を出る妻たちとその出産」の問題系ということになろう。

最後にここでの検討結果をイタリア法史の大きな文脈に位置付けておくとすれば、「安全装置」をめぐる司法の迷走が象徴しているように、「親族社会」の領域における〈法の支配〉の様相如何、と問題を集約できるだろう。これはほとんどC.ベッカリーア以来のイタリア法の課題でもあった（小谷 2016）。

付記：本章校正中に筆者はアヌンツィアータ捨子養育院資料室で本裁判事例2件に直接関係する一連の記録を発見した。その系統的な分析は別の機会に譲るほかないが、〈産みの親〉と〈育ての親〉という本書全体のテーマに寄与する最低限の新発見事実については再校段階で本文に反映させたことをお断りしておく。

注

⑴ アヌンツィアータ捨子養育院が最終的に閉鎖されるのは1987年である（Della Ratta 2018：159）。しかるにその後イタリア全国各地の自治体や病院で、いわば「現代版・ルォータ（赤ちゃんポスト）」があらためて開設されるに至った（*ibid.*, p. 127）。

⑵ 実質的にはZ刑法編纂過程中に書かれたCarrara 1923：495-538は、古代ローマの喜劇伝統を想い起こしつつ、社会の中に生まれ出る子の民事身分に対する自然権から注釈を説き起こす。リファーされる近世法学諸文献に関する検討は他日を期すほかない。

⑶ 刑事裁判資料に頻出する区法務官とは、司法官ヒエラルキーの最末端に位置し、英国の治安判事に似る。区法務官になるには司法官試験合格だけではなく、地元の弁護士など自由専門職から法相によって直接任命されるというローカル・キャリアトラックもあった。これに対して司法官試験をパスした国家エリートたる司法官の就く職位のひとつである予審判事は、刑事司法過程において公判前の捜査を担当して訴追の可否を判断する任務を負う。訴追権限じたいは検察官にあったが、検察官に訴追請求する立場の予審判事が訴追するかどうかを事実上決めていた。しかるに当時、現実の事件処理において現場の初動捜査はほぼ全面的に地元の区法務官に委ねられていたといわれており、マッダレーナ事件でもまさにその印象がある。つまり、イタリア統一王国の刑事手続は、理念的には、公判において被告人サイドの防御権を保障する「弾劾主義」的原理を標榜していたが、実際のところは防御権保障が充分でない公判前の予審段階における取り調べなどの「糾問主義」（いわば異端審問）的手続に大きく比重が傾き（第一の屈曲）、予審判事が強大な権限を行使していた。さらにその予審手続は、地域社会と抜き差しならない関係に立つ区法務官の活動と判断に深く依存していた（第二の屈曲）（cfr. 小谷 2004）。

⑷ 史料原文における文法的な誤りと思われる箇所は、意図的に不自然な日本語に訳出した。

⑸ アマリアとオレステの間の二度にわたる別居・婚姻費用請求に関する民事訴訟（1895年、1896年）をめぐる考察は、本書の主題からは逸れることもあり、他日を期す。さしあたり本件関連事実を摘示すれば、アマリアの別居請求は論拠不十分で一旦却下された（1895年）が、裁判別居事由（侮辱、暴行、姦通等）を明示した第二次請求は認められた（1896年。仮執行条項付き）。ただし婚費についてはオレステの収入の3分の1に当たるという

第Ⅰ部　赤ちゃんポストと養子縁組

　　理由で月45リラを請求したのに対し、彼の月収額そのものが低く認定されて月30リラに
　　減額された。なお後に肝腎の1896年判決文の受渡しに滞りが発生したようで、アマリア
　　は1901年3月9日に自分の無償弁護をした代理人の未亡人を業務上横領で告訴、さらに
　　附帯私訴を提起している（同年7月8日に告訴と附帯私訴を取下げ、不起訴処分決定）。
　⑹　裁判所の有効確認（omologazione）措置をもって法的効力を発する。1865年民事訴訟
　　法典811条はそのための特別規定で、裁判所による調停の試み、合意内容の確認など非訟
　　事件（giurisdizione volontaria. 当事者間に争いがない事件）としての手続を定める。事
　　後の別居条件変更も可能と解される（Bianchi 1901：530）。1819年両シチリア王国民法典
　　222条、1811年オーストリア一般民法典（ABGB）103条等に由来するこの別居類型が、同
　　時代のフランス法に与えたショックについては Huc 1868：82以下。
　⑺　フランスには類似規定がなく、1847年サルデーニャ刑事訴訟法典533条に起源をもつイ
　　タリア独自の規定と目される。この点に限らず、統一前19世紀イタリア諸国家の比較法
　　社会史という未開拓の沃野がまだわれわれの精査を待っている。
　⑻　1865年刑訴32条は1913年刑事訴訟法典2条に継承されるが「検察官自身が当該民事訴
　　訟を提起できる」という決定的な2項が追加された。その後当該条項は1930年刑事訴訟
　　法典19条を経て1989年現行刑事訴訟法典3条に流れ着く。今や大幅に制約は緩和されて
　　いるものの、「先決問題」じたいはなお過去の遺物ではない（cfr. 山中 1964）。

引用・参考文献

小谷眞男、1995-1996、「親子関係をめぐる国家制定法と"私人たちの法"（1）（2）──19世
　　紀イタリア法秩序の重層的構造について」『社会科学研究』47（4）117-169頁、（6）103-
　　219頁。
───、2001、「イタリア刑法史における〈名誉の事由〉：1889-1981──〈生活法学〉の構
　　想のために」『人文科学紀要（お茶の水女子大学）』54、317-329頁。
───、2003、「Maria Rosa 奇譚──19世紀末 Napoli の法空間」『人文科学紀要』56、301-
　　312頁。
───、2004、「Vesuvio の3人の農婦たち──20世紀初頭 Napoli の法過程」『人文科学紀要』
　　57、253-268頁。
───、2005a、「嬰児殺か過失致死か？──19世紀末 Napoli の刑事裁判資料を読む」『人文
　　科学研究』1、53-65頁。
───、2005b、「西欧近代における〈名誉コード〉と〈刑罰コード〉──家族と国家の比
　　較法社会史へ」田中真砂子・白石玲子・三成美保編『国民国家と家族・個人』早稲田大学
　　出版部。
───、2010、「未完のプロジェクトとしての〈イタリア法〉──統一刑法典編纂過程の分
　　析から」北村暁夫・小谷眞男編『イタリア国民国家の形成──自由主義期の国家と社会』
　　日本経済評論社。
───、2016「ベッカリーア『犯罪と刑罰』における市民・人・名誉──イタリアにおける
　　市民社会論研究のために」杉田孝夫・中村孝文編『市民社会論』おうふう。
高橋友子、2000、『捨児たちのルネッサンス──15世紀イタリアの捨子養育院と都市・農村』
　　名古屋大学出版会。

第 2 章　「お上の正義が晴らすべきはこの闇なり」

谷口知平、1939、『佛蘭西民法〔I〕人事法（現代外國法典叢書14）』［有斐閣、1956年（復刊版）］。

水野紀子、1991、「フランスにおける親子関係の決定と民事身分の保護（1）～（3）」『民商法雑誌』104（1）2-34頁、104（3）306-332頁、105（1）25-50頁。

山中俊夫、1964、「「先決問題の拘束性」に関する一考察（1）～（3）——刑事訴訟を中心として」『同志社法学』15（6）41-59頁、16（1）18-33頁、16（2）50-63頁。

Amendola, G., 1904, *Le indagini dei brefotrofi sulla maternità dei trovatelli*, Lubrano.

Amicolo, R., 2016, *Filosofie e politiche di welfare a tutela dell'infanzia abbandonata: la governance dell'Annunziata di Napoli（1318-1987)*, Libreriauniversitaria.it edizioni.

Antinori, C., 1878, *Quadri sinottico-statistici ed osservazioni cliniche sulle malattie dei bambini accolti nel brefotrofio della Real Santa Casa dell'Annunziata di Napoli*, G. De Angelis.

Assante, F., 1985, L'assistenza alla infanzia abbandonata secondo lo Statuto organico del 1875 della casa santa della Annunziata di Napoli, *La popolazione italiana nell'Ottocento*, CLUEB.

Bianchi, F.S., 1901, *Corso di codice civile italiano, 5.2: Della parentela, dell'affinità e del matrimonio*, 2 ed., UTET.

―――, 1902, *Corso di codice civile italiano, 6.1: Della filiazione della prole concepita o nata durante il matrimonio*, 2 ed., UTET.

Borsani, G. & L. Casorati, commentato di, 1873, *Codice di procedura penale italiano*, 1, Giacomo Pirola.

Carrara, F., 1923, *Programma del corso di diritto criminale*, III, 9 ed., F. Cammelli.

Commissione reale d'inchiesta sui brefotrofi, 1900, *Inchiesta sui brefotrofi e studi di legislazione comparata sui provvedimenti per l'assistenza della infanzia abbandonata*, Tipografia delle Mantellate.

Crivellari, G., 1896, interpretato da, *Il codice penale per il regno d'Italia*, VII, UTET.

Della Ratta, F., 2018, *Il complesso dell'Annunziata: sette secoli di arte, storia, accoglienza*, Guida.

Garfinkel, H., 1956, Conditions of successful degradation ceremonies, *The American Journal of Sociology*, 61, pp. 420-424.

Gilmore, D., 1987, *Aggression and Community: paradoxes of Andalusian Culture*, Yale University Press.（芝紘子訳、1998、『攻撃の人類学——ことば・まなざし・セクシュアリティ』藤原書店）

Guidi, L., 1984, Il manto della Madonna: l'immagine femminile nei conservatori napoletani dell'800, *Memoria: rivista di storia delle donne*, 11/12, pp. 65-81.

―――, 1986, Parto e maternità a Napoli: carità e solidarietà spontanee, beneficenza istituzionale（1840-1880), *Sanità, Scienza e Storia*, 1, pp. 111-148.

Huc, T., 1868, *Le code civil italien et le code Napoléon: études de législation comparée*, 2 ed., 1, Cotillon.（光明 （ママ） 寺三郎訳、1882、『伊佛民灋比較論評』司法省蔵版［信山社、2003年（復刻版）］）

Hunecke, V., 1989, *I trovatelli di Milano : bambini esposti e famiglie espositrici dal XVII al XIX secolo*, il Mulino.

Kertzer, D.I., 1993, *Sacrificed for honor : Italian infant abandonment and the politics of*

59

第Ⅰ部　赤ちゃんポストと養子縁組

reproductive control, Beacon Press.

Nicodemo, R., 2004, La ricchezza di una fonte. Il nuovo inventario dei processi del Tribunale penale di Napoli, *La città e il tribunale: diritto, pratica giudiziaria e società napoletana tra Ottocento e Novecento*, a cura di G. Civile e G. Machetti, Libreria Dante & Descartes.

Perotta, R., 1878, *Gli atti dello stato civile*, 2 a ed., G. Ferrari e figli.

Rizzo, D., 2003, L'impossibile privato: fama e pubblico scandalo in età liberale, *Quaderni storici*, 112, pp. 215-242.

─────, 2004, *Gli spazi della morale: buon costume e ordine delle famiglie in Italia in età liberale*, Biblink.

Saluto, F., 1882, *Commenti al codice di procedura penale per il regno d'Italia*, 3 ed., 1, F. Bocca.

Tuozzi, P., 1914, *Il nuovo codice di procedura penale commentato*, F. Vallardi.

Ungari, P., 2002, *Storia del diritto di famiglia in Italia（1796-1975）*, il Mulino.

一次史料

Archivio di Stato di Napoli, Tribunale civile di Napoli, Sez. II, serie sentenze
　─1895, volume 729, n. 563（アマリアとオレステの間の第一次別居訴訟判決文）
　─1896, volume 800, n. 67（同、第二次別居訴訟判決文）
Archivio di Stato di Napoli, Tribunale penale di Napoli, processi penali
　─1901, fascio 65, fascicolo 3050（アマリアが自分の代理人弁護士の未亡人を告訴した案件）
　─1902, fascio 210, fascicolo 10606（マッダレーナ事件）
　─1904, fascio 1, fascicolo 7（アマリア事件）
Monitore dei tribunali, a. 41（serie II, vol. 3）, Milano, 1900.

第3章
韓国の危機的妊娠をした女性支援と養子縁組

姜　恩和

1　「産む人≠育てる人」から「産む人＝育てる人」へ

　韓国において予期せぬ妊娠をした女性への支援は、長年「未婚母」という、婚姻歴のない女性が妊娠・出産した場合に限定されてきた。その支援の軸は養子縁組であり、未婚母の子どもは要保護児童として扱われてきたのである。それは未婚母に対する見方が、子どもを「育てる」母親としてよりも、婚姻していない状態で「出産した」ことにフォーカスが当てられてきたことを意味する。しかし、2000年以降は親子分離ではなく、産んだ女性が育てられるような支援が整えられるようになり、家族法改正、養子縁組の許可制導入など、状況は大きく変化している。その一方で、ベビーボックスへ預け入れられる子どもはこれまで2000人近くに上り、2024年7月19日よりドイツの内密出産制度を参考にした保護出産制度の施行が始まったところである。

　本章では、韓国の危機的妊娠をした女性の支援と養子縁組の展開およびベビーボックスをめぐる状況について、「産む人≠育てる人」から「産む人＝育てる人」への転換という観点から述べていく。

2　「産む人≠育てる人」の歴史

　未婚母の子どもが養子縁組によって保護されるということは、予期せぬ妊娠と社会的養護の結びつきが非常に強固であり、多くの母子分離が発生したことを意味する。本節では、その理由について、公的責任が十分発揮されない中で、養子縁組が民間の養子縁組機関中心に行われてきたこと、そして父系中心的な

第Ⅰ部　赤ちゃんポストと養子縁組

家族規範が色濃く反映されていた家族法の影響という2点からみていく。

(1)　養子縁組の展開

　養子制度が要保護児童の保護形態として定着するようになったのは、1953年に朝鮮戦争が停戦となった後の混乱期である。当時アメリカを中心に海外から多くの民間援助団体（外援団体）[1]が韓国にきており、戦災民応急救護、社会事業施設の設立、保健医療事業、教育事業、地域社会開発事業など活発な援助活動を行い、特に児童への関心が高かった。当時、主にアメリカ軍をはじめとする外国軍の男性との間に生まれた子どもが捨てられることも多く、外援団体の一部は彼らの処遇に当って積極的に海外養子縁組を手がけるようになった。その後1961年に、対象を孤児にも拡大した「孤児入養特例法」が制定され、外国人が韓国人の子どもを養子にするために必要な措置を行うことになる。

　1970年代は、韓国が経済開発計画に成功し高度経済成長期に入る時期である。これまで要保護児童の多くを占めていた孤児が減る一方で、経済成長と産業化、都市化など社会が大きく変化する中で、家庭不和や貧困、未婚母の子どもが遺棄されるケースが多くなった。しかし国民の生活水準が高くなるにつれ、特に児童福祉の分野において大きく貢献してきた外援団体の撤収が始まり、援助が受けられなくなった分を国家で担うことはできず、海外養子縁組への依存度がさらに高くなる。**資料3-1**によると、1971年から海外養子縁組が急激に増えており、ちょうど外援団体の撤収と時期を同じくしている。しかし海外養子縁組の増加は国際社会の非難を招き、様々な問題点が露出してきたため、国内養子縁組に本格的に力を入れるようになる。海外養子縁組を対象としていた法律は、1976年12月に「入養特例法」に変えられ、国内養子縁組も含めてのものとなった。

　下記の**資料3-1**は養子縁組件数の推移を示したものである。

　海外養子縁組が16万件を超えており、国内の方が多くを占めるようになったのは2011年以降と最近のことである。下記の**資料3-2**と**資料3-3**は、子どもが国内と海外に養子縁組される背景についてそれぞれまとめたものである。

　1958年から1970年代までは棄児やひとり親家庭が多く、家庭が貧困のため子どもを育てられないという理由で養子縁組の対象となっている。しかし1970年

62

第 3 章　韓国の危機的妊娠をした女性支援と養子縁組

資料 3 - 1　養子縁組件数の推移（1958-2020）

年代	養子縁組全体（A＋B）	国内養子縁組（A）	海外養子縁組（B）	国内養子縁組の比率（％、A/A＋B）
1958-1960	2,700	168	2,532	6.2
1961-1970	11,481	4,206	7,275	36.7
1971-1980	63,551	15,304	48,247	24.1
1981-1990	91,824	26,503	65,321	28.9
1991-2000	35,619	13,296	22,323	37.3
2001-2010	32,930	14,932	17,998	45.3
2011-2020	11,115	6,715	4,400	60.4
合計	249,220	81,124	168,096	32.6

（出所）　保健福祉部（各年）『国内外養子縁組統計』。

資料 3 - 2　国内養子の背景（1958-2018）

年代	合計(人)	未婚母（％）	施設児童(棄児)(％)	一人親家庭、貧困家庭(％)	その他(％)
1958-1960	168	63(37.5)	80(47.6)	25(14.9)	—
1961-1970	4,206	1,163(27.7)	2,962(70.4)	81 (1.9)	—
1971-1980	15,304	9,075(59.3)	4,960(32.4)	1,269 (8.3)	—
1981-1990	26,503	19,696(74.3)	4,715(17.8)	2,092 (7.9)	—
1991-2000	13,296	9,983(75.1)	2,288(17.2)	806 (6.1)	219 (1.6)
2001-2010*	14,932	11,816(79.1)	1,477 (9.9)	1,276 (8.5)	283 (1.9)
2011-2018	6,068	5,550(91.5)	259 (4.3)	223 (3.7)	36 (0.6)
合計	80,477	57,346(71.3)	16,741(20.8)	5,772 (7.2)	538 (0.7)

＊この年代は、各属性の合計と全体数に80人の誤差があり、属性ごとの合計は14,852人である。
各背景の割合は、属性の合計から算出した。
（出所）　保健福祉部（各年）『国内外養子縁組統計』。

資料 3 - 3　海外養子の背景（1958-2018）

年代	合計	未婚母（％）	施設児童（棄児)(％)	一人親家庭、貧困家庭（％）
1958-1960	2,532	227 (9.0)	1,675(66.1)	630(24.9)
1961-1970	7,275	1,304(17.9)	4,013(55.2)	1,958(26.9)
1971-1980	48,247	17,627(36.5)	17,260(35.8)	13,360(27.7)
1981-1990	65,321	47,153(72.2)	6,769(10.4)	11,399(17.4)
1991-2000	22,323	20,654(92.5)	225 (1.0)	1,444 (6.5)
2001-2010*	17,998	17,168(96.7)	38 (0.2)	541 (3.1)
2011-2018	3,851	3,627(94.2)	30 (0.8)	194 (5.0)
合計	167,547	107,760(64.4)	30,010(17.9)	29,526(17.7)

＊この年代は、各属性の合計と全体数に251人の誤差があり、属性ごとの合計は17,747人である。
各背景の割合は、属性の合計から算出した。2009年の調査から、未婚母という項目は、「未婚母（父）
児童（婚外子含む）」になり、ひとり親家庭、貧困家庭は分けて推計されるようになった。ただし、
ここでは年度別の推移をみるため、ひとり親家庭、貧困家庭を合わせた数値となっている。
（出所）　保健福祉部（各年）『国内外養子縁組統計』。

63

第Ⅰ部　赤ちゃんポストと養子縁組

代後半から未婚母の子どもが増え、1980年代には未婚母の子どもの割合が最も大きくなり、現在も9割前後の水準で続いている。そのため、養子縁組は子どもの処遇方法であると同時に未婚母問題の対策としても捉えられるようになった。未婚母が増加する理由としては、伝統的な家族倫理の崩壊や性倫理の堕落によるものと説明されることが多く、婦女福祉[2]の中でも、未婚母はその発生自体が防止すべき存在とされていた[3]。そのような未婚母に対する否定的な見方が、未婚母とその子どもが分離されやすい背景となってきたといえる。

(2)　父系中心的な家族規範

　韓国の家族法は2005年3月31日に大改正される前までは、父系中心的な家族制度を維持してきた。親が婚姻届を出していれば、子どもは父親の姓と本を継ぎ、それは父親の血筋を引いた子どもであるということを意味する。子どもが婚外子の場合でも、父親の認知があれば父家に入籍し、父の姓と本貫を受け継[4]ぐことになる。父親の戸籍に入れない場合は母家に入籍し母親の姓を名乗ることになるが、このことは子どもが父親の姓を継ぐことを当たり前とする中で、非常に異質的なものとして受け止められやすく、父系の血筋のわからない子どもとしてのネガティブなイメージが付きまとう。さらに、自分で子どもを育てるための支援も極めて乏しく、子どもを養子縁組に託すほかに選択肢はないような状況だったのである。しかし、2000年以降は、家族法改正を初め、自分で育てるための支援の拡充などの変化が起き、産んだ後は子どもを手放すことが当たり前という状況ではなくなった。その変化について次節でみていく。

3　「産む人＝育てる人」へ

　本節では、子どもを養子縁組に託すという親子分離ではなく、自分で育てるようになった背景について述べていく。

(1)　「女性家族省」の創設

　政権交代により1998年から2008年までは金大中、盧武鉉の二人の大統領による革新派政権の時代が続いた。この時期に、戸主制度の廃止を骨子とする家族

64

法改正など、女性の権利擁護の側面で大きな進展がみられた。女性省が新設されたのは2001年1月29日のことで、2005年6月23日に女性家族省へと改編された。それに伴い、家庭内暴力、性暴力被害者の保護、売買春等の防止などの業務に加えて、ひとり親支援に関する「母・父子福祉法」（現ひとり親家族支援法）の管轄も、保健福祉省ではなく女性家族省となった。女性家族省の役割は、女性政策の企画から地位向上などが掲げられており、未婚母支援に関してもより力を入れるようになる。

(2) 家族法改正

2005年3月31日に戸主制度と戸籍制度の廃止を含む大きな家族法改正が行われた。個人別身分登録制度が導入され、家族の範囲は「配偶者、直系血族および兄弟姉妹」となり、家族の中心となる父親が存在すべきであるという法規範は姿を消した。また、子どもは父家に入籍し、父姓を継ぐことが原則となっていたが、改正により、父姓を継ぐという原則を維持しながらも、「父母が婚姻届出を提出する際に母の姓と本貫に従うことに合意した場合は、母の姓と本貫に従う」（第781条1項のただし書）という条文が設けられ、父姓の原則が緩和された。

(3) 入養特例法の改正と国の責任強化

韓国は1991年に子どもの権利条約を批准しており、国連子どもの権利委員会からは、2020年9月に第5・6次国家報告書（2018年11月）に対して、養子縁組に関して、子どもの最善の利益がすべての年齢の子どもたちの養子縁組手続きの上で最も優先して考慮されるべきであること、未婚母に対する偏見をなくし、彼らの自発的な同意を義務付けること、ルーツ探しの権利の周知を保障すること、ハーグ条約の批准に向けて、国外養子縁組に関する法律を制定すること等の勧告があった（国連子どもの権利委員会 2020）。虚偽の出生届を容認する運用に対しても批判の声が高く、2011年8月に子どもの権利擁護を重視する形で「入養特例法」が全文改正され、2012年8月に施行された。この改正入養特例法（以下、2012年特例法と略す）では、養子縁組は子どもの利益が最優先されるべきであるという条文を設け、家庭裁判所による許可制以外にも、養親の基準強化、実親の養子縁組同意の熟慮期間の創設、養子縁組当事者による養子縁

組情報へのアクセスの保障など、子どもの権利保障という点で大きく前進した。

2019年1月15日に児童福祉法改正が行われ、児童権利保障院が設立された。その目的は、児童政策に対する総合的な遂行及び児童福祉関連事業の効果的な推進のために必要な政策の樹立を支援し、事業評価等の業務を遂行するためのもので、それまで分野ごとに民間機関が担っていたものを、児童権利保障院へ統合し、公的責任を強化するためのものである。

(4) 妊娠期支援の拡大

未婚母施設は、婦女職業補導施設の一種として設立されたが、十分な公的支援はなく、子どもは養子縁組を通して保護され、実親に対しては産前、産後の施設保護および医療サービス、分娩費補助に限られていた。しかし1989年に母子福祉法が制定され、未婚母施設も母子福祉法の対象となり、未婚の女性が妊娠・出産期に安全に分娩し、心身の状態が回復するまで一定期間入所できる施設として明文化された。

資料3-4は1981年から2022年までの未婚母施設の推移を示したものである。

1980年代に10か所程度だった未婚母施設は、2006年以降に急激に増えて2011年に33か所となり、2022年11月現在は全国に21か所設置されている。2006年以

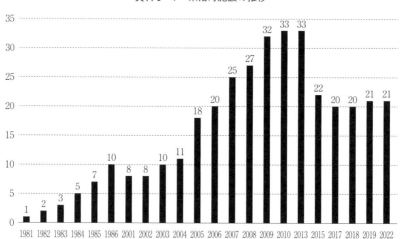

資料3-4　未婚母施設の推移

(出所)　保健福祉省、女性家族省（各年統計資料）。

降の増加は、少子化対策の一環としての未婚母支援の要素がある。韓国の合計特殊出生率は2002年に1.18となった後、減少し続け、2023年には0.72とOECD各国の中でも最低水準である。政府も危機感を募らせて本格的にこの課題に取り組んできており、2005年に制定された「少子高齢社会基本法」には、その重点課題の一つとして、出産と子育てをしやすい社会を目指すことが掲げられている。子どもを養育するための未婚母施設の充実化も含まれており、それを受けて、2006年の母・父子福祉法改正により「未婚母施設」は「未婚母子施設」に変更され、子どもを育てながら自立していくためのサービスに力を入れるようになった。このような背景の中で、未婚母子施設は急増し、子どもの養育と自立支援が拡充されるようになる。一方で、2015年に22カ所まで減っているが、それはひとり親家族支援法の改正により、2015年7月から養子縁組機関による未婚母子施設の運営が禁止されたためである。これは、養子縁組機関によって運営されている未婚母子施設は、子どもを養子縁組に託すように促されるという批判に対する措置であり、予期せぬ妊娠をした女性の支援と養子縁組支援を分けるという意味で、親子分離を促さないという政策転換の象徴的な出来事でもある。

　2019年5月には、「危機妊娠出産支援センター」の運営がスタートした。これは全国共通の電話相談窓口を発足させ、この「危機妊娠出産支援センター」を設置した11か所の「未婚母子生活支援施設」が電話の受信から支援まで行う体制を整えたものである。このシステムが画期的なのは、「未婚母子生活支援施設」が軸となることによって相談電話から支援にそのままつなげられることと、いわゆる「未婚母」という枠を外し、危機的妊娠をした女性はだれでもアクセスできるようにした点である。この事業を通して、入所支援偏重型から、相談機能の強化につながることが期待される。また、未婚母子支援施設はひとり親家族支援法に基づき入所対象者が決められており、法的に婚姻していない女性に限られてきたが、2020年1月からは既婚者であってもDV被害者であれば入所できるようになるなど、少しずつ制度の枠を広げている状況である。「危機妊娠出産支援センター」は、外国人女性、既婚女性など支援の狭間にいる場合は施設の自己負担の状況であるが、今後事業が軌道に乗ることにより、制度化が進むことが期待される。

第 I 部　赤ちゃんポストと養子縁組

4　ベビーボックスと保護出産法制定の動き

(1)　ベビーボックスの運用状況

　2012年特例法以前の国内養子縁組は、子どもが養親の実子として届け出られる、いわゆる「藁の上からの養子」が主流であった。自宅分娩の場合は、2人の保証人が署名した出生証明書があれば出生届を出すことができるという「隣友保証制度」[6]が使われていたのである。このような虚偽の出生届は、未婚母の出生届を避けたいという願望と、養親の子どもを自分の実子として届け出たいという願望が相まったものであり、未婚母の子どもの処遇と養子縁組を結ぶ重要な機能を果たしてきた。しかし、2012年特例法は、養子縁組は子どもの利益が最優先されるべきであるという条文を設け、養子縁組の成立を当事者による届出のみとするのではなく、家庭裁判所による許可制とした。さらに、養親の基準が強化され、実親の養子縁組同意までの熟慮期間、養子縁組当事者による養子縁組情報へのアクセスの保障など、子どもの権利保障という点で大きく前進したものである。未婚母のプライバシーの保護という側面では、養子縁組が完了した時点で、母親の家族関係登録簿から子どもの名前が削除されるという措置が取られた。しかし、出生届のハードルの高さが浮き彫りにされ、妊娠・出産の事実を他人に知られたくないと願う女性に対する支援に新たな課題が発生することとなった。ソウル市内の教会が2009年12月に設置したベビーボックスには、2012年特例法施行後、入れられる子どもの数が急増し、2010年に4名、2011年に37名、2012年に79名、そして2013年には8月の時点ですでに169名となり、特に2012年特例法施行後の増加が著しいとして注目を集めるようになった。施行前後を比べると、2011年8月から2012年7月までの月ごとの平均人数が4名であったのに対して、2012年8月から2013年7月までは16名であり、4倍に増えているのである。[7]

　ベビーボックスの扉が開いてブザーが鳴ると、子ども担当スタッフが子どもを保護している間に、相談担当スタッフは、預け入れに来た人との接触を試みる。面談につながる割合は増加傾向にあり、2023年は99％が面談に応じている。ベビーボックスは匿名性が最も大きな要素であることを考えると、この面談の

第3章　韓国の危機的妊娠をした女性支援と養子縁組

多さは非常に特徴的なことである。ベビーボックスはマスコミでの報道件数が多いこともあり、人々への認知度が高く、スタッフに会うことをある程度前提として訪れてきていることがその理由のようである。2016年からベビーボックスのほかに、子どもとの別れを急ぎすぎることなく、一息付けられるように、ベビーベッドとソファー、シャワー室のあるベビールームを設置した。相談を希望する場合はベルで知らせることができる。相談過程を通じて、自分で育てるようになった場合は、ベビーケアキットや住居支援などを行っており、養子縁組機関につなげるケースもある。最終的に預け入れるということになった場合は、警察と区の担当者に通告する。通告後、子どもは管轄区の冠岳区老人青少年課担当主務官によって引き取られ、ソウル市立病院で健康診断を受けた後ソウル市児童福祉センターで一時保護され、児童養護施設に措置される。

資料3-5　ベビーボックスの預け入れ人数およびその後の行き先の推移

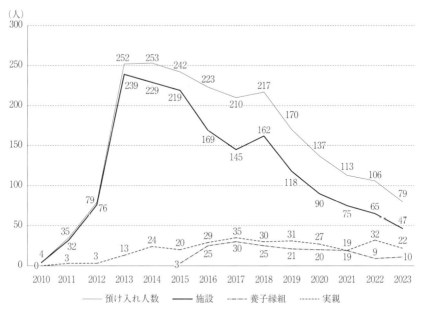

※2010年から2014年までは「施設および養子縁組」の数値である。
（出所）主の愛共同体、2020、『記者＆インタビュー関連情報提供』。
　　　（2023年のデータについては、主の愛共同体、2023、『Baby Box』Vol. 53）

第Ⅰ部　赤ちゃんポストと養子縁組

(2) 預け入れの状況

　前頁の**資料3-5**は2010年から2023年12月までの預け入れの人数および、相談後自分で育てるようになったケース、養子縁組に託したケース、施設に入所したケースを示したものである。

　2012年特例法施行以降の増加が著しく、2013年から2018年までは年間200人を超えていたが、2019年からは減少傾向にある。相談後自分で育てる人は245人（16.4％）、養子縁組に託す人は162人（10.8％：2015年〜2023年）であり、全体の3割弱を占める。預け入れ時に面談に応じる人が9割超える状況の中で、相談後自分で育てる、または養子縁組に託すという選択をする人が一定数いることを示している。

(3) 預け入れの理由について

　玄ら（2017）[8]はベビーボックスについて、2010年1月19日から2017年6月30日までの預け入れケースに対して、ベビーボックス側が作成した個別の日誌お

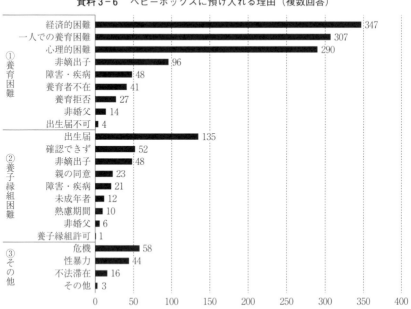

資料3-6　ベビーボックスに預け入れる理由（複数回答）

（出所）　玄・林・安 2017より筆者作成。

および相談日誌、残された手紙などを用いて調査を行った。そして、預け入れの理由について確認できた895ケースについて分析し、その中から1603に上る理由が抽出された。平均すると１ケースに対して1.79の理由があるという計算になる。報告書では預け入れの理由を「養育困難」「養子縁組困難」「その他」の３つに分けたうえで、さらに小項目に分類しているが、その内訳は下記のとおりである。

　この結果からは、出生届という、他人に知られたくないという理由にも増して「経済的困窮」が占める割合が高くなっており、個別のケース分析などを通してより精査していく必要性があると思われる。

⑷　ベビーボックスの役割

１）相談機能

　ベビーボックスの最たる特徴は匿名性にあるが、先述したように、2017年以降は９割以上が相談している状況である。その理由について考えてみると、ベビーボックスを利用した人へのインタビュー調査から、「未婚母子生活支援施設を含め様々なところに助けを求めたものの断られ、家族とも断絶している状況の中、ベビーボックスは無条件で自分たちを受け入れてくれるという期待」という声が挙げられた（李ほか 2018：235）。預け入れに来て相談につながる人の多くは、「ベビーボックスには拒絶されないという思い」と「何とか助けてくれるという期待」があることが推察される。ベビーボックスが最後の砦としての機能を担っているともいえるが、このような役割がベビーボックスに集中してしまう状況は改善されなければならない。ベビーボックスに子どもを預け入れた親の年齢については、実母・実父ともに20代が半数以上を占めるが、比較的若い世代が「経済的困窮」と未婚での出産という困難を抱えて、預け入れに来るという状況が想定される。

２）匿名性

　他者に妊娠出産を知られたくないという匿名性の側面から考えてみると、2012年の入養法改正およびベビーボックスへの預け入れの増加は、この問題が浮き彫りにされる大きなきっかけとなった。改正前の養子縁組では虚偽の出生届が慣行化されており、違法性をはらみながらも、実際の運用上では、望まぬ

第Ⅰ部　赤ちゃんポストと養子縁組

妊娠をした女性を対象とする社会福祉制度として機能していた。しかし、この機能を補う仕組みがないまま法改正が行われた結果、ベビーボックスがその受け皿となったのである。玄ら（2017）は下記のように指摘している。

　「韓国の児童遺棄に関する心理的な壁が相対的に低く、児童遺棄へのまなざしが寛大なのは、長い間『遺棄』と『委託』の境界線が明確でなかった児童福祉システムと関係している。1950年代に戦争と貧困によって多くの戦争孤児が生まれ、児童福祉システムに組み込まれた。当時は要保護児童の身元確認や親の生死確認ができる制度的装置もなく、親が貧困等によって自ら養育できずに子どもを連れて児童福祉施設に預ける行為と、施設の門の前に子どもを置いておく行為は、単に『何メートル』かの地理的な距離があっただけで、規範的な評価の次元では何の差もなかった。どちらからも子どもの出生届は要求されず、要保護児童の家庭復帰のためのアフターケアもなされなかった。養子縁組機関に子どもを託す行為と、隣の家または宗教施設に手紙とともに子どもを置いておくという行為も同じである。……このような慣行、つまり出生届その他の適切な手続きを経ずに子どもを機関や第三者に託す行為は、韓国社会が直面していた経済的問題がある程度解決された後も非常に長い間続いた。これは子どもの人権に対する社会的認識がまだ熟していないためでもあり、もう一方では未婚母や性暴力・性売買・不倫などによって出産した女性等が、家族間の葛藤や社会的スティグマを回避するために秘密裏に子どもを遺棄する手段として非常に有効であるという側面もあった。養子縁組機関や児童福祉施設が直接『ベビーボックス』や『赤ちゃん避難所』の役割を担っていたのである。」

　つまり、ベビーボックスでは匿名性がクローズアップされたが、それまでも子どもを他人に託すことへのハードルは低く、いわゆる捨て子や養子縁組が、女性のプライバシーを守る機能をしてきており、それがベビーボックスへ衣替えした状況として捉えることが可能である。

(5)　保護出産制度の導入

　2012年特例法とベビーボックスに預けられる子どもの急増については、出生

第 3 章　韓国の危機的妊娠をした女性支援と養子縁組

届が非常に大きな障壁であり、やむを得ず出生届が出せない女性のために例外を認めるべきという意見と、両者の間に相関関係は認められず、むしろ養育支援についての情報や、養子縁組完了の時点で母親の家族関係登録簿から子どもの名前が削除される点などを含め、2012年特例法の中身が正確に広まるよりも、ベビーボックスが大々的に報道された影響の方が大きいという意見の対立がみられた。

　両方の主張が並行している中で、ベビーボックス運営者は、ソンサン生命倫理研究所等の協力を得て、2017年に「妊産婦支援拡大および秘密出産に関する特別法（案）」を作成した。この法律はドイツの内密出産制度を参考にして作られており、柱となる内容は、相談機関の設置・運営、緊急子ども保護所の運営、秘密出産に関する支援、秘密出産後の後見開始および養子縁組の支援、血統証書の作成および中央養子縁組院にて保管、子どもが16歳になり実母の同意が得られた場合の実母の身元確認などである。この法案は2018年2月に発議されたが、審議されないまま廃案となり、その後も2020年、2021年と議員により概ね類似した法案が発議されるものの成立には至らなかった。

　それが、2023年10月31日に「危機的妊娠および保護出産支援と子どもの保護に関する特別法」（以下、「危機妊娠保護出産法」と略す）」として制定され、2024年7月19日により施行されている。法律制定に至った背景をみてみると、まずは前述したベビーボックスに預け入れられる子どもの多さが挙げられる。2024年8月の時点で2100人を超える子どもが預け入れられており、その原因と対策について議論が続いてきた。もう一つは、2023年4月に発覚した、いわゆる「消えた赤ちゃん問題」である。保健福祉部の定期監査により、2015年から2022年までに出生届が出されていない子どもが2000人以上に上り、その中に遺棄されている子どもがいることが明らかになり、親による出生届だけでなく、医療機関による出生通知を義務付ける法改正が行われた。一方で、医療機関での出産を忌避する女性の孤立出産や乳児遺棄のリスクについての危惧から、保護出産制度の導入も同時に進められたのである。施行後2か月間に1257件の相談が寄せられ、29人が保護出産を申請し、そのうち4人は保護出産を撤回している。

　「危機妊娠保護出産法」は、危機的な妊娠をした妊婦の相談、保護出産、子どもの保護、出生証書の作成・管理及び公開という内容で構成されており、ド

73

第Ⅰ部　赤ちゃんポストと養子縁組

イツの内密出産制度を多く参照している。中央相談支援機関は児童権利保障院が担い、地域相談機関への支援を含めて制度全体を指揮する。地域相談機関は広域地方自治団体に１箇所ずつ計16箇所が設置され、危機妊産婦の出産及び養育支援のための相談・情報提供および必要なサービス連携を担う。保護出産の出産前後の費用は国および自治体が負担し、申請者が医療機関を選択して地域相談機関長に知らせると、仮名で妊婦健診を受け、出産することができる。申請者は７日間の熟慮期間を持ち、その後子どもを地域相談機関または管轄自治体長に引き渡すと、その時点から親権行使は停止され、子どもの保護措置が取られる。

　保護出産で生まれた人は、児童権利保障院長に自分の出生証書公開を請求でき、公開されるのは、遺伝的疾患およびその他の健康状態、申請者が子どもの名前をつけた場合はその姓名、保護出産に至った社会的・経済的・心理的状況等についての相談内容という情報である。個人情報については保護出産申請者および生みの父の同意の可否による。

　本制度の意義は、まずは相談者に必要な支援を届けること、その結果、自身で育てる、または子どもを養子縁組に託すという選択を支えることにあり、保護出産はどうしても難しい場合の最後の砦として位置付けられる。指定された地域相談機関の大半は出産支援施設を運営してきた社会福祉法人であり、たとえ保護出産を申請したとしても、その後の女性の揺れ動く心境に寄り添いながら丁寧に支援していくことが期待されている。

5　ニーズに即した新たな妊娠期支援へ

　本章では、韓国の危機的妊娠をした女性支援と養子縁組の展開について、「産む人≠育てる人」から「産む人＝育てる人」へとどのように変わってきているのかを中心に述べてきた。危機的妊娠をした女性支援は養子縁組を中心に展開され、多くの親子分離を伴ってきたが、家族法改正や女性の養育支援、自立支援に力を入れるようになり、未婚母の子どもが直ちに養子縁組を通して保護されるという時代ではなくなっている。妊娠期支援も「未婚母」に限定されるのではなく、「すべての危機的妊娠をした女性支援」へと変化している。

第3章　韓国の危機的妊娠をした女性支援と養子縁組

　そういう状況の中で、ベビーボックスと保護出産制度は、今後どのように展開されるだろうか。ベビーボックスは、預け入れが直ちに通報に至るわけではないため、担当の区の職員がベビーボックスに子どもを引き取りに来る間に猶予期間が発生する。この期間は、預け入れた人のプライバシーは守られつつ、当事者の意向に沿った支援が生まれる余地を与えるものである。ベビーボックス側が自身で育てるための支援や相談機能を強化しているのは、複雑なニーズを抱えている女性に対して、そのわずかな猶予期間を用いて柔軟にサービスを提供するためである。保護出産制度の導入は、ベビーボックスが担っていた相談と支援機能を全国規模で制度化したものと言える。出産間際のみならず、より早い段階から女性と関わることによって、女性が自分と子どもの将来について見通しがもてるような支援に取り組むことは極めて重要である。制度が始まって２か月間で1257件の相談が寄せられており、これまでベビーボックスに集中していた相談が公的な支援システムに吸収されている状況である。相談機関が既存の指定された地域相談機関の大半は出産支援施設を運営してきた社会福祉法人である意味は大きく、これまでの支援のノーハウを活かしながら、さらに制度導入に伴う新たな課題等に取り組んでいくこととなる。

　保護出産制度の導入をめぐっての評価はまだ先のこととなるが、ベビーボックスへの預け入れも続いている中、今後は国がベビーボックスおよび保護出産制度の運用状況を精査し、子どもと家庭を取り巻く状況を俯瞰しながら、最も適切な支援のあり方を示していくことが求められる。

　付記：本章は、「予期せぬ妊娠をしたすべての女性への支援」（2021）『見えない妊娠クライシス』かもがわ出版および、「韓国のベビーボックスに関する一考察——相談機能と匿名性の共存が示す子ども家庭福祉の課題」（2022）『子ども虐待の克服をめざして　吉田恒雄先生古希記念論文集』尚学社を加筆・再構成したものである。また、JSPS 科学研究費補助金基盤研究C「0歳児の遺棄・虐待を防ぐ実母支援体制の構築——日本と韓国の比較研究」（課題番号15K03929）の成果の一部をまとめたものである。

注
⑴　外国民間援助団体は朝鮮末期から韓国で活動し始め、とくに朝鮮戦争後、韓国の社会福祉において非常に大きな役割を果たした NGO 機関のことである。略して外援団体と呼ばれているため、本章でも外援団体と表記した。外援団体の半分以上はアメリカに本部を置くものが占めており、宗教的な背景をもっているものが８割以上にのぼった。とく

にキリスト教系のものが多く、布教活動とともに社会事業活動を行うところが多かった。1960年代の前半は、外援団体全体の予算額が政府の福祉予算を上回るほどであり、社会福祉分野において外援団体への依存度はきわめて高かった。

(2) 婦女福祉事業は、1945年以降アメリカ軍政が婦人局を設置したことをきっかけとして始まり、戦争未亡人問題を筆頭に、低所得母子家庭、売春防止法に関わる女性、未婚母などを主な対象としながら行われてきた。1990年代末からは女性福祉という用語に変えられた（保健福祉部 1994）。婦女福祉事業の一環としてなされる未婚母発生予防事業は、性倫理教育のことである。主に未婚の勤労女性を対象にするもので、その内容が女性の純潔や妊娠、出産に対する女性の責任を強調している。

(3) 婦女福祉事業の一環としてなされる未婚母発生予防事業は、性倫理教育のことである。主に未婚の勤労女性を対象にするもので、その内容が女性の純潔や妊娠、出産に対する女性の責任を強調している。

(4) 本貫とは、父系をさかのぼってたどれる最初の先祖が生まれた場所を意味する。

(5) 改正後の民法第779条（家族の範囲）は下記のとおりである。

　1項　下記のものは家族とする

　　1号　配偶者、直系血族および兄弟姉妹

　　2号　直系血族の配偶者、配偶者の直系血族および配偶者の兄弟姉妹

　2項　第1項2号の場合は生計をともにする者に限る

(6) この制度は2016年5月19日の「家族関係登録に関する法律」改正により廃止された。

(7) Morrison, Steve, 2013,『養子縁組特例法が国内外養子縁組に及ぼした影響』IKAA 世界養子大会報告資料。

(8) 最新データまで網羅されているわけではないが、ベビーボックスの実態を最も詳細に分析した報告書であるため、この文献を用いてベビーボックスの特徴を分析することとする。

引用・参考文献

玄ソヘ・林ジョンミン・安ソヨン、2017,『児童遺棄予防および保護のための法制度改善研究』年度保健福祉部委託研究報告書。

姜恩和、2005,「韓国の養子制度に関する考察——家族規範と子どもの福祉」『社会福祉学』46（2）、29-41頁。

————、2014,「2012年入養特例法にみる韓国の養子制度の現状と課題——未婚母とその子どもの処遇を中心に」『社会福祉学』55（1）、63-75頁。

————、2021,「予期せぬ妊娠をしたすべての女性への支援」佐藤拓代編『見えない妊娠クライシス』かもがわ出版、98-120頁。

————、2022,「韓国のベビーボックスに関する一考察——相談機能と匿名性の共存が示す子ども家庭福祉の課題」鈴木博人・横田光平編『子ども虐待の克服をめざして　吉田恒雄先生古稀記念論文集』尚学社、209-222頁。

韓国女性家族省、2005,『未婚母父子総合対策に関する研究』。

————、2022,『2022年一人親家族支援事業案内』。

金恵英、2013,「未婚一人親観点からみた一人親支援政策」『未婚母の地位改善のための現況発

掘のためのフォーラム』韓国未婚母支援ネットワーク主催、2013年。

金サンヨン、2013、「ベビーボックスと匿名の出産——家族関係登録法の改正と関連して」『法学研究』54（4）、315-341頁。

国連子どもの権利委員会、2020、『国連子どもの権利条約　韓国　第5-6次国家報告書に対する子どもの権利委員会最終見解資料集』保健福祉部。

李ミジョン・鄭ジヨン・具ミヨン・鄭スヨン・金ヒジュ・朴ジョンソク、2018、『妊娠期および出産後未婚母支援法案』韓国女性政策研究院研究報告書14。

シード・プランニング、2020、『妊娠を他者に知られたくない女性に対する海外の法・制度が各国の社会に生じた効果に関する調査研究報告書』（令和元年度 子ども・子育て支援推進調査研究事業）。

社会福祉法人愛蘭院・社団法人韓国ひとり親家族福祉施設協会、2019、『第4回危機的妊娠・出産支援事業事例発表会』。

主の愛共同体、2020、『記者＆インタビュー関連情報提供』。

————、2022、「命を尊重し守る保護出産制度及び出生通報制度の並行導入に関する討論会資料」。

————、2023、『Baby Box』Vol. 53。

保健福祉部、1994、『婦女福祉指針』。

補論 1
ドイツにおける赤ちゃんポストの現状

トビアス・バウアー

　ドイツでは、さまざまな事情により困難な状況にある産みの母が新生児を遺棄・殺害することを防ぐ目的で、1999年から、民間の福祉団体やキリスト教係の団体等が匿名による子どもの委託の取り組みを提供し始めた。具体的には、医療機関や福祉施設等の外壁に設置された扉の奥に置かれている保育器に子どもを匿名で託すことができる「赤ちゃんポスト」と、匿名を望む妊婦が身元を明かさずに病院等で出産して子どもをそのまま病院に託して去っていくことを可能とする「匿名出産」と、（孤立）出産後に子どもを受け入れ施設のスタッフに匿名で直接引渡すことができる「匿名による子どもの引渡し」という三つの形態がある。これらの取り組みが2000年代にドイツ全土に広がっていくにつれて、その是非をめぐって激しい議論が繰り広げられるようになった。特に、いずれの取り組みも「匿名」であるが故に子どもの出自を知る権利が侵害される点が問題視されるようになり、それを受けて出自を知る権利を保障する「内密出産制度」が法制化され、2014年から導入された。妊娠相談所にのみ実名を明かした上で、仮名を使って病院で出産し、子どもが16歳になったら産みの母の身元を知ることができるというこの制度は、従来の匿名による子どもの委託の取り組みの代替策として連邦政府によって導入されたが、従来の匿名の取り組みが禁止されていないため、「匿名」と「内密」の両方の取り組みが共存しているのがドイツの現状である。以下では、慈恵病院の「こうのとりのゆりかご」のモデルともされているドイツの赤ちゃんポストの現状を紹介する。

赤ちゃんポストが設置された理由とは？
　赤ちゃんポストは、困難な状況にある女性、例えば、家族や周囲の人々に対して妊娠していることを隠したい、あるいは隠さざるを得ない状況にある女性

が孤立出産した場合に、新生児を遺棄・殺害することを防ぐことと、女性を救済することを目的として開設され、実際に、新生児の殺害・遺棄事件等の報道が設置のきっかけとなったケースもある。2000年に初の赤ちゃんポストが開設されてから、とりわけ2001年と2002年に多くの赤ちゃんポストの運営が開始されたが（Coutinho & Krell 2011：94-98）、赤ちゃんポストは現在でも新設されており、報道でも取り上げられ続けている（*Tag24* 2022）。

赤ちゃんポストの法的根拠とは？

　匿名による子どもの委託の取り組みについて、それらの法的根拠を構築する試みが2000年代前半に複数回なされたが、いずれも主に子どもの出自を知る権利等の基本法上の懸念があったため実現には至らなかった（Deutscher Ethikrat 2009：55-59）。連邦政府は、内密出産制度導入後も赤ちゃんポスト等の利用件数を減らすことが望ましいとしているが、赤ちゃんポスト等を母子救済対策の一つとして当面黙認し続けるという立場を取っている。「既存の匿名による諸取り組みは禁止しない。それらは、内密出産を受け入れたくない妊婦にとって必要に応じた段階的支援のレパートリーの中の一つの選択肢となり得る」としている（BFSFJ 2021：4）。赤ちゃんポストは法的に規定されていないため、設置条件や運営基準が公的に定められていないが、赤ちゃんポストの運営者の多くはドイツ公共民間福祉協会が推奨している最低基準（例えば、預け入れがあった場合に直ちに管轄の青少年局（日本の児童相談所に相当）へ報告することや、預けられた子どもの後見人に赤ちゃんポスト関係者を選任しないこと等）に従っているようである（BFSFJ 2017：106）。

赤ちゃんポストは何か所ある？　どのぐらい利用されている？

　法的な規定がないままであるため、赤ちゃんポスト等の施設数と利用件数についての公的な統計は存在しておらず、内密出産制度の法制化に先立って連邦家族省が民間の研究所に委託して実施された調査の2011年に公開されたデータが最新のものである。それによると、赤ちゃんポスト等の施設数と預けられた子どもの数は、赤ちゃんポスト72〜90か所（278人）、匿名出産77〜104か所（652人）、匿名による子どもの引渡し22〜26か所（43人）である（Coutinho & Krell

第Ⅰ部　赤ちゃんポストと養子縁組

2011）。また、2016年に行われたドイツ全土の青少年局を対象とした聞き取り調査によれば、内密出産制度導入後には、一年間に換算して内密出産が103.0件行われたのに対して、赤ちゃんポストが60.8件、匿名出産が36.7件、匿名による子どもの引渡しが4.8件行われたことになり、内密出産制度導入によって赤ちゃんポスト等の利用が減っていると推計できるという（BFSFJ 2017：85-96）。

赤ちゃんポストに預け入れられた子どもはどうなる？

　預け入れられた子どもは当面の間、主に緊急里親家庭か養親希望家庭に委託される。2011年に公開された、それまでに赤ちゃんポストに預け入れられた278件のうちの152件では、産みの母の身元が不明なまま子どもが養子縁組に出されたものの、産みの母が匿名を解除した上で子どもを取り戻したり（46件）、養子縁組に同意したケース（21件）もあり、赤ちゃんポスト運営者が子どもの行方を把握していないケース（59件）もあったと報告されている（Coutinho & Krell 2011：168-210）。

赤ちゃんポストは関連学術分野によってどう評価されている？

　法学分野からは、赤ちゃんポストが現行法令違反であることが早い段階から指摘されていた（Deutscher Ethikrat 2009：35-70）。例えば、身分登録法で規定されている子の出生に関する告知義務の違反や、連邦憲法裁判所に認められている出自を知る権利の侵害等が挙げられる。心理学・犯罪学においては、嬰児殺しを犯した女性が、赤ちゃんポストを利用するために必要となる計画的な行動をとれる心理的状況にはなかったこと等が指摘されており、新生児の殺害・遺棄を防止するという赤ちゃんポストの有効性を疑っている（Höynck et al. 2012）。

赤ちゃんポストはメディアと世論でどうみられている？

　学術分野から示された見識とは対照的に、メディアと世論における多くの場合では、赤ちゃんポストは新生児の命を救う取り組みとして以前から描かれ、認識され続けている。例えば、預け入れられた子どもの「命が救われた」とし

て、匿名さがある故に預け入れた人が誰であり、産みの母の置かれた状況等も不明であるにもかかわらず、「我々の赤ちゃんポストがなかったら（赤ちゃんが）亡くなったに違いない」としたり、預け入れた事実があるだけで赤ちゃんポストが「成功した」とする等、その存在意義を強調するポジティブな報道が現在まで散見されている（*Schwarzwälder Bote* 2020）。内密出産制度導入後の赤ちゃんポストに関する記事では、それ以外の合法的な選択肢、つまり、妊娠相談所や内密出産について紹介するものが増えている。

赤ちゃんポストのこれからは？

　ドイツの現在の議論では、内密出産制度導入後にドイツ倫理審議会が勧告したように赤ちゃんポスト等を廃止すべきという立場（Deutscher Ethikrat 2009）と、内密出産制度があっても絶対的な匿名性を保障する赤ちゃんポストの必要性を主張する立場の両方がみられているが、2000年代と比べると議論は大分落ちついている。また、連邦政府は現時点では赤ちゃんポスト等を廃止するに値する十分なデータがないことを理由に、存続・廃止のいずれかを決めかねるという立場をとっている（BFSFJ 2017：122）ため、しばらくはこの問題が大きく動くことはないであろう。

引用・参考文献

BFSFJ, 2017, *Evaluation zu den Auswirkungen aller Maßnahmen und Hilfsangebote, die auf Grund des Gesetzes zum Ausbau der Hilfen für Schwangere und zur Regelung der vertraulichen Geburt ergriffen wurden.*

———, 2021, *Fragen und Antworten zum Gesetz zum Ausbau der Hilfen für Schwangere und zur Regelung der vertraulichen Geburt.*

Coutinho, J. & C. Krell, 2011, *Anonyme Geburt und Babyklappen in Deutschland*, Deutsches Jugendinstitut.

Deutscher Ethikrat, 2009, *Das Problem der anonymen Kindesabgabe.*

Höynck, T., et al., 2012, *Neonatizid*, Deutsches Jugendinstitut.

Tag24, 2022/05/13, Nach zwei tot aufgefundenen Säuglingen: Eichsfeld bekommt Babyklappe https://www.tag24.de/thema/baby/nach-zwei-tot-aufgefundenen-saeuglingen-eichsfeld-bekommt-babyklappe-2455044（2022年11月13日最終閲覧）.

Schwarzwälder Bote, 2020/03/12, Zehn Jahre Babyklappe https://www.schwarzwaelder-bote.de/inhalt.villingen-schwenningen-zehn-jahre-babyklappe-die-bilanz.825e9c00-a6fe-4071-b040-02ec4c317e21.html（2022年11月13日最終閲覧）.

第Ⅱ部

〈産み〉の奨励と抑制

第4章
初期近代イングランドにおける妊娠・出産と家族

柴田　賢一

1　妊娠・出産と家族をめぐって

⑴　「子どもの統治」としての妊娠・出産をめぐる言説

　子どもを妊娠し、出産する、という出来事は生きて産まれるにしても、また不幸にして生きては産まれないにしても、人々の関心を集め続ける。それは人間社会の存続に人が産まれるという出来事が必須というだけではなく、どこで、どのように産まれるかということが、この社会の在り方や形成のされ方と大きくかかわっているからに他ならない。歴史的に人々は、子どもがつくられ（つくり）・産まれていく（産む）という出来事を、どのような知をもって受け止め、どのように配慮し、どのような規範を適用しようとしてきたのだろうか。

　本章では初期近代イングランドという時代と地域を取り上げるが、この時代は家政論とよばれる文献が数多く出版された時代である。オイコスの学としての家政論は古代ギリシアの文献にそのルーツもち、家政の統治に関する総合的な知識として初期近代に受け継がれ、初期近代イングランドの書店には、数多くの家政論が所蔵されていたといわれる。[1]しかし家政の統治がなぜこの時代にこれほど注目を集めるのか。おそらく、この時代が「家族の危機」を経験しつつあった時代であることが一つの理由として考えられる。またこの時代は出産や医学に関する文献も出版され始め、妊娠や出産をめぐる言説も増え始めた時代でもある。

　さらに本書全体の関心から言えば「産まれてくる子どもをいかにして守るか」ということが一つの焦点となっている。乳幼児死亡率の極めて高い初期近代のヨーロッパにおいて、子どもの生命を守ることはそれ自体が極めて困難なこと

第Ⅱ部　〈産み〉の奨励と抑制

であった。しかしその中でも子どもをつくり、育てるという営みをいかに適切に行うか、それによって産まれてくる子どもとその家族をいかに守っていくか、ということが目指された社会でもあった。その助言書としての役割を家政論は持っていたのであり、それゆえに家政論は結婚相手を選ぶことから始まる「子どもの統治」にことさら関心を寄せていたのである。

(2)　社会の状況と妊娠・出産をめぐる知

　初期近代のイングランドは、16世紀半ばからの1世紀で人口が約2倍に膨れ上がり、物価の高騰や不作などによって食料品などの生活必需品の物価が高騰した一方で、賃金の上昇がみられないという経済的に不安定な社会であった。そして住んでいた土地を離れ放浪者となる者が増加した時代であると言われている[2]。子どもの父親である男性がパートナーを捨てて放浪することもあり、このような状況は、子どもを抱えている女性にとっては特に深刻であった。結婚している女性においては生活の糧という問題が自分に直接降りかかるということであったし、婚外子（illegitimate child（children））を抱える未婚の女性にとっては、自身と子どもの生活を不安定にするだけではなく、処罰される可能性すらあった[3]。それまで幾分寛容であった婚外子に向けられる視線も、16世紀の終わりに向かって聖俗共に寛容さは薄れていき、処罰の対象となっていく（Wilson 2016：19-20）。

　さらに当時の女性に降りかかっていた問題は、性のダブルスタンダードである。男性が性に関する罪に問われにくかったのに対して、性の規範は女性にはことさら厳しく課せられる。そこでは旧約聖書の創世記に由来する女性のイメージが受け継がれている。そもそも女性は性的欲求をあらわにすることすら結婚や母性に不向きなものとされ[4]、婚外子を産んだ女性は矯正院に入れられ労働を課せられる[5]。果ては強姦されても妊娠すれば強姦だとみなされないなど、性に関する様々場面で女性は男性より不利な立場に置かれていた。またパトリシア・クロフォードによれば、17世紀中ごろには、議会は結婚している女性に・・のみ、姦淫の罪を適用し、死罪にするような法案まで持ち出されていたという[6]。

　では当時の人々は妊娠・出産についてどれほどのことを知っていたのか。妊娠やヒトという種の発生についてはヒポクラテスやアリストテレス、ガレノス

86

の古代の知識がまだ主流であり、医学的な知識とキリスト教の神学的な知識が混ざり合い当時の専門家の知を構成していた。民間の知識は専門家のものより雑多であり、専門家の知識を聞くほかに自分たちが見たり経験したりしたものを拠り所としていたようである（Crawford 2004：11）。性的な喜びが妊娠に重要な役割を果たすと考えられていただけではなく、産まれてくる子どもの容姿にも影響するという見解さえ見られた時代である（Flippini 2021：55）。しかし解剖学的知見が16世紀中には進展を見せはじめ、この世紀にはまた、いわゆる産婆術書も出版され始める。17世紀にはさらにそのような知が、次第により科学的な根拠に基づく妊娠・出産の知へと変化していく。[7]初期近代のイングランドは、人の出生をめぐる知識が宗教的なものから科学的なものへと変わり、性に対する規範が次第に厳格化されつつある時代でもあった。

(3) 本章の課題

　以下、本章の課題と構成を示しておきたい。妊娠・出産をめぐる基本的なテーマとしてまず、この時代において子どもを持つことはどのように捉えられていたのだろうか、ということが挙げられる。子どもを妊娠し出産することが結婚と強く結びつけられていたが、結婚することはすなわち子どもを持つことと位置付けられたのだろうか。姦淫、肉欲を強く断罪するこの時代の宗教的な観点において、結婚は子どもを作るためという目的において認められ、男女の性的な結合はそのために許されてきた。しかしミシェル・フーコーは、キリスト教の主要な説教者である聖ヨアンネス・クリュソストモスが「子づくりを結婚の目的のうちの一つとしているが、しかしそれをもっぱら暫定的なものとして二次的な位置においている[8]」としていたと指摘する。果たして子どもを作り、育てることは結婚の主要な目的であったのだろうか。[9]

　またおそらく現代よりもはるかに高い危険にさらされたであろう妊娠・出産について、どのような注意や配慮がなされたのであろうか。[10]そして産まれた子どもは、どのように出産後のケアを受けたのであろうか。[11]さらに性のダブルスタンダードがある上に、夫の権威の強い家父長制社会において男性はどのように、どれほど「産」にかかわっていたのだろうか。当時の人々も出産が、特に女性にとって危険な局面で会ったことは十分に認識していたようである。この

第Ⅱ部　〈産み〉の奨励と抑制

ような生死にかかわる局面で、母親や子どもにはどのような配慮がなされたのだろうか。

　最後に不幸にして生きて産まれた子どもに巡り合えない場合や、子どもが何らかの形成異常をともなって産まれてきた場合には、どのような理由が考えられ、家族や社会はどのように受け止めようとしたのであろうか。そしてキリスト教が性の、そして生の倫理を規定していたこの時代において、子どもを妊娠し出産することは、家族との関係でどのように捉えられたのであろうか。本章ではこのような視点をもって家政論文献群を読み進めてみたい。

2　初期近代イングランドの妊娠・出産

(1)　結婚の目的としての妊娠・出産

　子どもを産み、育てようとする初期近代イングランドの男女は、そのためには結婚することが求められていた。少なくとも教会法や世俗の法においては結婚することは子どもを作ることと不可避的に結び付けられ、先述したように婚外子をもうけることは、多くの場合は軽い処分で逃れ得たものの処罰の対象とされていた。

　また妻は家政において夫の次に権威をもつ者であり、子どもと支配人に対して夫と共に統治する役割をもつ者である。それゆえに妻を選ぶことは家政論が強く関心を示すところであった。また当時の見解では、母親は授乳を通して子どもに影響を与える存在であり、妻となり母となる結婚相手（女性）を選ぶことは、結婚を考える男性やその家族にとっては一大事であった。

　そのため初期近代の家政論者たちは、母となり、妻となる女性を選ぶことについては、並々ならぬ執着をみせ、細かな注意事項を多く残している。多くの家政論者たちにとって、子どもは夫婦の間の果実であり、宝物であり、神からの贈り物である。この実を実らせる苗床は結婚であり、女性であり、道徳的であるだけでなく、夫に「合う」ことが必要とされた[12]。

　例えば「妻にあらゆる感情的な癇癪が全くなければ、愛らしく結婚の慣習を果たすだろう。注意深く子どもを育て、用心深く家を整え、入念に使用人に指示する。愛する夫のために」（Heale 1609：11c）、「若い母親は十分な強さがない。

子どもを産むのに十分な栄養がない。大事な子どもを死なせることもある。」
(Bullinger 1541)「それゆえに、あなたが妻を娶ろうとするなら、若く、同じく
らいの財産の、慎み深い、控えめな、よくしつけられた、真面目な夫人・賢明
な母に教育された人を望みなさい。」(Kyd 1588：fol.12) などである。性質や性格、
しつけられていること、体の強さ、控えめであること、など家政の運営者、子
どもを産む母としての特性が挙げられていたことがわかる。

　では「選ぶ」のは誰か。当時の家政論が、男性家父長が家を統治するための
文書として書かれることが多かったということにも表れているように、多くの
場合「選ぶ」ための助言の多くは男性に向けられたものであり、「選ばれる」
のは女性であった。

　一方で男女の両方に対しての助言もみられる。「プラトン、アリストテレス、
ヘシオドスによれば、女の結婚年齢は17歳である。若い男は19歳か20歳。とい
うのは、その年齢では力が強いからだ。」[13]「子どもを産む相手の体の状態、誠実
さとよき生（Welfare）の果実である子ども。子どもが悪くなるのは、相手選び
を間違ったか、育て方が悪かったか。」「教育はまた大きな証言となる。すなわ
ち、（結婚相手は）誰によって、どのように育てられたのか。」(Bullinger 1541)「そ
れゆえに彼らは自らに合う相手を注意深く見なければならない。神の良い子ど
もの親となることを望む男女は、信仰の家政において結婚相手を慎重に選ばな
ければならない」(Anon 1616) などである。ここでは男女双方に向けて年齢差、
身体の強さ、教育、誠実さや敬虔さが重要であるとされている。

　またこのような相手の選び方から逸脱することは、子どもに影響を与えかね
ないと考えられていた。クロフォードは、年輩の男性が若い女性と結婚すると、
好色の女性から生み出された大量の種（seed）が子宮の中で精子をすっぽりと
覆い、健康な子どもの代わりに奇胎となるとされたという例を挙げている
(Crawford 2004：62)。

　さて一方で、子づくりを行うことは結婚することにおいて不可欠であったの
だろうか。キリスト教の教義において結婚が許される理由は、子どもをもうけ
ることにあったとされてきたし、多くの家政書や助言書が結婚の第一の目的と
して取り上げる。しかしそれは結婚の目的の一つであったとしても、唯一のも
のではなかったのかもしれない。[14]先述したようにクリュソストモスはパウロの

第Ⅱ部　〈産み〉の奨励と抑制

言説を引用しながら、結婚において子づくりに最重要の地位を与えていない。[15]
16世紀の家政論にも同様の言説がみられ、結婚の目的として３つを上げながら
も、その第一は自制であり、それが結婚の主要な目的であると説明する。

> 「結婚は私的・公的のあらゆる統治（government）の源であり、泉である。結
> 婚は子どもの出産のための合法的で神のもとのものである。①肉欲のための
> ものとしないため。最終的なものではないが、最初の、かつ主要な目的。②
> 子どもの出産（procreation）と養育（bring up）のため。③社会のため」（Batty
> 1581）

　このような言説を含め、一部のより厳格な家政論著者は結婚生活においては
子どもをつくることよりも、性の規範を逸脱させないことを目的においている。
結婚生活においても貞節を守ることが優先されるのであり、子どもをもつこと
は否定されないまでも、最優先の位置は与えられていない。
　また次のような問答においても、結婚が子どもをもつことと直結しないこと
が間接的に示されている。

> 「Q　不妊で離婚すべきか。」
> 「A　すべきではない。」
> 「Q　不妊は婚姻解消となるか。」
> 「A　いいや、ならない。不妊は隠れた病気であり、神が治す。子宮の果実
> は神の祝福である。そして神次第である。離婚の要求に関しては、（男女）
> どちら側も同じ権利と力をもつ。不妊の妻と別れるのは、それゆえに神に反
> することとなる。」（Perkins 1609）

　最後に結婚という儀式の象徴的な儀礼が子づくりに影響するとされた言説に
も触れておこう。

> 「必要なことは、結婚の衣服を身に着けることだ。もし子どもの祝福として
> 喜びたいならば、これが信仰と良心である。」（Anon 1616 : 26）

　結婚の衣服は純白で貴重なリネンでつくられていることから、これを着用す

ることが純潔を、神への純粋な信仰を示すこととなる。結婚はこのような言説
でも子どもと結び付けられていた。処女性や貞節はこのような形でも重視され
たのだろう。

(2) 妊娠・出産をめぐる配慮

1) 子作りへの配慮

　先に述べたように、この時代の子づくりは、医者（physician）による医学的
な言説と、神学的な言説が二つの大きな潮流として人々に妊娠・出産に関する
知識を与えていた。ピューリタンの説教師などを主な著者としていた家政論に
おいては、特に医学的な言説よりは肉欲を戒めること、敬虔であることなどの
神学的な助言が中心であったことは否めない。

　「身体は心の次である。子どもを作るため、家を守るために体は強くあらね
　ばならない。」（Bullinger 1541）
　「それゆえにキリスト教徒は知っておかなければならない。男も女も野獣の
　ように肉欲に我を忘れたり、自らの肉体的な欲望を満たすようなこと以外を
　考えないと、婚姻の床を祈りで清めることをしないとき、また神の教会に注
　意を払わないとき、神の裁きがおりて彼らに形成異常や精神薄弱の子どもを
　もたらし、もし精神や身体が立派でも、不道徳で、誉れのない、不敬な人間
　を遣わすことだろう」（Greenham 1584〔柴田 2009より〕）
　「彼ら（子ども）は、新しく、よい姿で産まれてくる。彼らを形成異常にして
　はいけない。神を知らぬものは形成異常である。あなたによって子ども達は
　この世に産まれてくる。あなたのやり方にも注意しなさい。彼らは神によっ
　て授けられる。あなたは注意深く彼らを教え、ふさわしい身体の振舞いを教
　えなさい。彼らの心を神に添うようにしなさい。あなたは彼らに洗礼をもた
　らし、神の印を授けなさい。知識を授け、肉欲の罪に陥らないように気をつ
　けなさい」（Watts 1589〔柴田 2009〕）
　「今や話は初夜の床へと及んだ。それは聖霊がまさにふさわしい名を与え祝
　すものである。（中略）まず、彼らは純潔な身体と純潔な心をお互いもたら
　さねばならない。次に彼らの結合が、貪欲な欲望を満たす肉欲のためだけの

第Ⅱ部　〈産み〉の奨励と抑制

ものであってはならない。三番目に、つつましやかさと上品さをお互いに用いなければならない。そして最後に、神に慈悲、恩恵、祝福を請わなければならない。それらは神の栄光を示すものである。」(Anon 1616)

子どもをつくるという行為は肉欲と直結しやすい。加えて、先述したように医学的な見解においても性的な喜びが妊娠には不可欠であったという言説も見られた[16]。しかし神学的な見解に基づく家政書においては、肉欲の罪に溺れた子づくりは禁じられたばかりか、その報いが生まれてくる子どもに現れるという警告もともなって戒められていた[17]。肉欲の罪においてつくられた子どもは、グリーナムの述べるところによれば内面的に不道徳な人間を、ワッツの述べるところによれば、身体的な形成異常をともなった子どもが両親に授けられることとなる[18]。

また性行為に臨む態度も問われていた。ここでは古代ギリシアのディオゲネス[19]の言葉が引用され、酔って性行為に及ぶことが戒められている。

「あなたの父は酔っている時にあなたをこしらえたんだろう。だから産まれつきの質だけではなく、悪いマナーも遺伝のうちだ。」(Anon 1616)

このような振る舞いにおける不道徳さは、不妊の原因としても取り上げられ、節度のない宴会、ダンス、乗馬などが生まれつきの性質を弱めるものとして取り上げられており、医者の見解として男女ともに強さが必要であるとされている（Anon 1616）。

17世紀初頭にケンブリッジで出版された家政書は古代ローマの詩人、ホラティウスの「Est modus in rebus. 物事には程がある[20]」という言葉を用いてこのような状況を戒めている。おそらくこの格言が、この時代の医学とキリスト教倫理が求めたものを、簡潔に言い表しているだろう。

2）妊娠中の配慮

妊娠中に、女性の子宮の中で、子どもたちはどのように成長していくと考えられていたのだろうか。またどのような配慮がなされていたのだろうか。例えばグージは「自分自身と子どものためのケア」(Gouge 1622) とし、パーキンスは「この結婚の床によって得られた果実について①祝福された種（seed）を受

第 4 章　初期近代イングランドにおける妊娠・出産と家族

け取ること。Seed of God とも呼ばれる。②身を清く保ち、精霊の住まう社と
すること。」(Perkins 1609) といったような、包括的な助言を行う。その一方で
妊娠中の配慮は、次第に形づくられていく子どもに向けられる期待と不安が混
在する言説としても浮上してくる。それは身体の形成から、内面の形成に至る
まで論じられている。もちろんこの時代では子どもの性別も大きな関心の一つ
であった。

　まずは身体の形成に関する助言を見てみよう。その配慮は、例えば「まだ子
どもが子宮にいるときに、どのように親は影響を与えるべきか。」(Kirkwood
1693) といういささか気の早い検討事項として現れている。

> 「親の義務は子宮の中での「子どもの始まり」から始まっている」「子どもが
> 正しく形作られ、特徴を持ち、形成異常や障害がないようにみる。」(Woodward
> 1640)
> 「神に感謝する。そのような祝福を授けた神を。すべての部分が完全で、必
> 要な部分が欠けていることがなく、過剰なものや形成異常がなく、力強く、
> 賢明な、子どもを形作ることに現れる神の摂理を称える。子宮の中で、不思
> 議に、成功に、素晴らしく、不足なく、大きな整った形に。」(Kirkwood
> 1693)

　おそらくこの時代において、子どもがどのような姿で産まれてくるかを説明
する最もわかりやすい原理は神の摂理であった。外からは見えない子宮の中で
行われる子どもの形成は、万能の神の仕事であり、それゆえに完全に子どもが
形作られていくと説明される。つまり貞節を守り、肉欲の罪に溺れなかった夫
婦のもとには形成異常や障害のない子どもが産まれ、産まれてくる子どもに何
らかの形成異常がある場合は、親が貞節を守らず不敬虔であるがゆえに、万能
の神の力が及ばないということになる。

　一方で家族の一員として生まれてくる子どもへの期待、特に内面的にもより
よい子どもを得たいという家族の期待が、子どもをつくる親（特に母親）に課
せられる。

> 「この世の善について教え、宗教上の善について教える。幼年期の最初を子

93

第Ⅱ部　〈産み〉の奨励と抑制

宮にいる時期と位置づける、よってその義務はまず母親のものである。母は自分自身を優しくケアしなければならない。」(Gouge 1622)

またこの時代は特に男の子を産むことが期待されていたという記述は少なくない。しかしながらそのような中でも、子どもの性にこだわらない考えが一方では見られた。

「まだ子宮にいるときに、どのように親は影響を与えるべきか……どちらの性別が産まれるのかに関して、親は無関心にするのが義務である。(中略)神の意志、喜びのこととせよ。親の幸せはあっちやこっちやの性にあるのではない。息子が時として世の役に立たないと明らかになることもある。深い嘆きとなる。親の苦痛となる。(中略)他方で、娘が、敬虔さ、熱狂、神への畏敬の大きな祝福となることもある」(Kirkwood 1693)

また良い産婆(midwife)が少なかったとされることから、産婆を選ぶことへの配慮も必要とする助言も見られる。そして必要ならば医師(physician)の助言を求めるように述べられている。

3）出産時・出産後の配慮

もちろん、安全な出産も神の御業である。カークウッドは「そしてついに安全に子宮から引き出すことにおいて、偉大で素晴らしい、神の力と素晴らしい仕事の一つ」(Kirkwood 1693)と神の御業に対して感謝の言葉を述べている。一方で無事に出産という大役を果たした母親にも賛辞が送られる。

「母は子宮の中にいた子どもを忘れることができると思うか？(中略)子どもが乳を吸うたびに、祝福しないだろうか。彼女の心臓から流れる血が、子どもを養うのを感じるときに」「そして実際に痛みを伴って子どもを産んだ母を、神が彼女の中に子どもを形作るまで彼女は働いたのだけれども、非難する男がいようか？(中略)それゆえに、どの男性も(中略)子どもの母親を非難してはならない」(Leigh 1663)

一般祈祷書(Common Prayer)には、出産した母への祝福の祈祷(The Thanks Giving of Woman after Child-Birth)がみられる。1675年の祈祷書の中には、出産

第4章　初期近代イングランドにおける妊娠・出産と家族

を終えた女性に対する出産感謝式における感謝の祈りが記載されている。

> 「すべての女性は子どもとともに苦労している。つまり運命づけられた出
> 産というものは大きな危険でありあまりにも大きいことなので、神の精霊が
> 最大の危険を置いた」「しかしながら神は喜んで呪いを和らげる。女性が子
> どもを産む運命をやり過ごすことができるように。しかし困難さや危険が無
> いようにではなく、女性に災いとなるこの呪いがそれほど重くならないよう
> に」(Elborow 1675)

　女性の出産の痛み、苦痛はなぜ完全に取り去られることがないのか。なぜ神
は女性に痛みを残したのか。多くの先行研究が指摘するように、神が与えた出
産の苦痛は、最初の女性が犯した罪に対する罰であると考えられていた。

　しかし助言書の作者によっては、母親と産婆、神だけが出産に携わることを
良しとしない者もいた。家政の統治を論じる助言書の筆者も、男性が出産に立
ち会うことの重要性を説いていたのである。[21]

> 「ここに私は二つの大きな間違いを見つける。一つは、家からいなくなる男
> 性である。まったく馬鹿げて思い上がった怠慢な者は、妻が困難な仕事をし
> ている時にいない。彼は家にいることが最も必要とされている。というのは、
> 誰が夫として妻の痛みを和らげるのか。祈りで妻を励ますのは誰か。あらゆ
> る必要なものを準備しておき、何かが起これば必要なものを提供し、悪を防
> ぎ、妻のためになるあらゆる善いことを進める。夫の愛は、キリストの教会
> に対する愛のようにあるべきである。」(Anon 1616)

　そして母親、神への感謝と同時に、生まれた子どもへの配慮も出産直後から
始まっている。その一つは授乳である。先述したようにイングランドでは母乳
育が中心であり、医者、家政論の執筆者、説教師や大司教までが初期近代のイ
ングランドにおいては実母による授乳の効用について述べている。[22]それは子ど
もが両親による education を通して、この世を生きていけるようにするための
配慮（ケア）の始まりである。

> 「子どもが産まれたら、彼女自身の母乳で養うのは、母の役目ではないのか。」

95

第Ⅱ部 〈産み〉の奨励と抑制

「良い母は他人のミルクによる汚染から守り、自分の母乳で育てる。ゆえに自然は胸に養い、やすらぐ力を授けた。そして二つの乳房を授けた（双子でも吸わせることができるように）」「というのは、母の乳の恩恵は大きな効果がある。母乳で育つと、優しい、自然な、従順な子どもとなる」（Batty 1581）
「（子どもを）世に送り出すだけでは十分ではない。より善く生きることと、彼らを教えることなしに、よき生に達する方法はない。」「自然は我々を同じように産む。人間の必須の部分である体と魂、肉と血を備えたものとして。しかし education は違いを作る。これで第二の自然を呼びおこす。」「人に産まれ（のよさ）や手段が欠けているなら、education がそれを補う。産まれつきにおいて間違っていることを修正し、完全にする。」（Gailhard 1678）
「大切な義務である education、もしくは永続的な世話（中略）誕生から、結婚の日まで続く」（Anon 1616：42）

かくして9か月の時を経てこの世に生まれた子どもは、次に生きていくための術として、親の配慮、すなわち education を受けることになっていたのである。

(3) 子どもの死、形成異常、妊娠・出産のトラブル

　妊娠・出産に関する知識の不十分さから、この時代の出産時の死亡が珍しいことではないことは既に述べているが、そのような場面に遭遇した時に、人々はどのように受け止めるべきであるとされたのだろうか。また生きて産まれてはきたものの、子どもの身体になんらかの形成異常がある場合——記録に残るものは結合双生児や四肢が大きく欠損した子どもなどであるが、そのことを人々はどのように受け止め、記録に残してきたのか。最後にこれらの点について史料を読み進めてみたい。

　まず出生時に亡くなっていた子どもに対して、親が大きな悲しみの中にいるであろうことが推察され、その慰めについて述べられている。それは神の意志で亡くなったということなので、そのように受け止め、理解するしかないのだが、親の深い悲しみや、子どもを待ち望んでいたこと、子どもに対する期待などがあったことなどが切々と述べられている（Anon 1616）。一方で生きて産まれたものの、わずかな期間に亡くなった子どもに対してまず気にかけられるの

は洗礼のことであった（Anon 1616）。

　子どもの形成異常は、monstrous child（以下、モンスター・チャイルドとする）などの言葉とともに当時のバラッド（当時のかわら版のようなもの）に度々現れている。このような子どもの形成異常も含め、身体がスペクタクル化する（興行、見世物としての身体ともなる）ことに焦点を当てた研究も見られ、「神の罰は国家（イングランド）に向けられた」ともされる（南 2001：136）。果たしてそのように考えられるだろうか。いずれも一枚ものであるが、まずは数編のバラッドを取り上げてみよう。

『形成異常児の形』（Anon 1562a）
「1562年、エセックスのクロチェスターの近くの村で産まれた子ども。両手両足全てが不完全で、腕は肘から下、左足は脛から下、右足は付け根からがない。」「この子どもは結婚外で妊娠、結婚してからの出産であった。」「「私は不完全な形は常に悪徳に満ちた気持ちと結びついていると言っているのではない。しかし産まれつきにおいて神が罪において形づくった子どもは……」「産婆が漏らす恐れとは、彼の両親の過ちであり、誠実さが欠けており、罪が過剰であったからだ、ということだ。」

『形成異常児の真実』（Anon 1564）
「1564年、ロンドンで出版されたバラッド。二人の子どもが描かれている。一人は人間の形をしているが、もう一方は人だとは想像しがたい姿である。」「この形成異常児の光景はとても奇妙だ。罪にあふれた生活が変化するように、説教させよう。というのもまさに昨今は、天の証として、神が奇妙な光景をお見せになる。」「このことが我々に、我々が生きている生活を示す。ここに見る形成異常児は、罪において宿った。」

『形成異常児の真の形・姿』（Anon 1562b）
「1562年、ノーサンプトンシャーのストーニー・ストラットフォードで産まれた子ども。いわゆる結合双生児である。顔と胴が結合した子ども。1月26日金曜日の朝6時から7時の間に産まれたと詳細に記述されている。両方とも女児。」「この子どもは婚姻外で産まれた。父はリチャード・サザン、逃亡

第Ⅱ部　〈産み〉の奨励と抑制

中。母はまだその街で床に伏している。この子どもは研究者や権威ある男女によって調べられるためにロンドンに送られる。真実であり、作り話ではないことを、しかしすべての人々が人生を正しくするようにさせる神の警告である証拠となる。」

この三編のモンスター・チャイルドのバラッドで取り上げられていることは、妊娠・出産が不道徳のうちに行われたことに対する罰である。特に『形成異常児の形』では婚外で得た子どもについては、たとえ後に結婚したとしても罪が認められており、それが「両親の過ち」であるとされ、さらに産婆がそのことを漏らしはしないかという心配までされている。このような罪と罰の関係を、これまで述べてきた家政論史料等の助言書と突き合わせるとき、そこに浮かび上がるのは「国家に対する罰」よりはむしろ、家族を形成する上での個々人の貞節を破ったことへの報い、肉欲の罪に溺れたことに向けられた罰ではなかろうか。

一方で、『奇妙にして奇跡的な出来事』（Anon 1599）では子宮にいる間から泣き声が聞こえたとされる子どもが、生まれた直後に死にかけたが息を吹き返し「おお神よ！」と三回話したという特別な才能を示した例があり、また別の史料では25年間母親の胎内にとどまった胎児の解剖所見（De Blegny 1680）など、妊娠・出産をめぐるトラブルについての記録も見られた。

3　子ども・家族・社会

これまで見てきたように、16、17世紀のイングランドでは、妊娠・出産に関する言説は、神学的認識と医学的認識が混ざり合う中で、特に家政論文献群においては神学的見地から子どもの妊娠や、子どもの外見的・内面的形成についても論じられるものであった。しかしそれは神学上の立場の違いや、家父長制を背景とした性のダブルスタンダード、福祉行政との兼ね合いを含み、いくつかの異なる見解を生み出している。

ピューリタンの説教師たちはしばしばより厳格な立場を持ち出しており、できることなら貞節を守ったままでいることがよいと考えている者もいる。中に

は結婚の厳しさを述べ立てて独身のままでいることを勧める家政書も存在する（Whatly 1624）。

　男性を頭、女性を身体になぞらえ、身体が頭の言うことを聞くのは当然であるという家父長制が理論的根拠とした性別観念はこの時代にはまだ強く、それが男女間のモラルの問題や、妊娠・出産をめぐる男女の役割だけでなく、婚姻に関する法にも影響する。

　厳しい社会経済情勢の中で、増えていく浮浪者や貧困者に対する政策は、よく知られたエリザベス救貧法（1601）やそれに続く福祉立法によって対応が図られるが、教区での救済を目指す立法は逆に婚外子やその母親を「教区の厄介者」として、処罰の対象として救貧院に囲い込む。

　おそらくはその中でそのような数々の問題のステークホルダーとして取り上げられたのが家族であり、主戦場となったのが家政なのであろう。

付記：本研究の成果は、令和2年〜6年度科学研究費助成金（基盤研究（C）：幼児教育の概念に関する歴史的研究　課題番号20K0247　研究代表者：柴田賢一）の研究成果の一部である。

注

(1) 初期近代イングランドの家政論については、柴田賢一、2018、「初期近代イングランドの家政論における家政の統治とこどもの「教育」」小山静子・小玉亮子編『家族研究の最前線③子どもと教育──近代家族というアリーナ』日本経済評論社、19-24頁参照。ライトソンは「一六四八年に書かれた遺言書に、二〇〇冊以上にものぼる本を載せたウォリングトンの本屋は、大量の「家事の書」（中略）を所蔵していた」と紹介している（ライトソン，K.／中野忠訳、1991、『イギリス社会史　1580-1680』リブロポート、332-333頁）。

(2) バイアー 1997：40-41参照。16、17世紀のイングランドでは、急激な人口増により労働力の供給が過剰になったことで、賃金の上昇率は食糧価格の上昇の2分の1程度にとどまった。

(3) ただし当時のイングランドにおける婚外子率が高かったわけではない。16世紀から18世紀を通じて婚外子の割合は2.5％から3％であり、高くても6％程度であった。（Wilson 2016：8-9、および安元稔、2019、『イギリス歴史人口学研究──社会統計に現れた生と死』名古屋大学出版会、186頁）。これは現代の日本の婚外子率2.11％と近い数字である。（厚生労働省「平成27年版厚生労働白書─人口減少社会を考える─」図表1-4-4「婚外子の割合の比較」https://www.mhlw.go.jp/wp/hakushoyo/kousei/15/backdata/01-01-04-004.html、2023年8月9日最終閲覧）

(4) Crawford 2004：84.

(5) 桑原洋子がピンチベックを参照して述べるところによれば1609年の「不良者・浮浪者・

第Ⅱ部　〈産み〉の奨励と抑制

　身体強壮な乞食・怠惰者強制法」により、「教区の厄介者になるような非嫡出子を産んだ女性を治安判事の命令により矯正院に入れ、労働に従事さすこと」が規定された。桑原洋子、1989、『英国児童福祉制度史研究』法律文化社、30-31頁。

⑹　Crawford, *ibid.*, p.85. 死罪とまではいかなくても、16世紀においても姦通は処罰の対象であったことを当時の史料は表している——「密通で子を宿すことは罰の対象となる。離婚の要求もできる」（Perkins 1609）。

⑺　Crawford, *op. cit.*, p.5. クロフォードによれば、17世紀後半には性の知識に関するパラダイムシフトが見られたという。紙幅の関係で本章では取り上げないが、産婆術書がこの時代の妊娠・出産をめぐる知あり方をよく示している。Hook, Christopher, 1590, *The Child-Birth or womans lecture*, London はわずか15ページほどの神学的な知識に基づく産婆術書であったが Anon, 1682, *The English midwife enlarged containing directions to midwives*, London は胎内の解剖図も掲載された300ページ以上の大著となっている。

⑻　フーコー 2020：355。ここでフーコーはクリュソストモスのテクストから次の部分を引用している。「結婚が与えられたのは、確かに子づくりのためでもあるが、しかしそれよりもはるかに、我々の自然本性に内在する欲望の火を静めるためである。パウロが『姦淫を避けるために、各々が自分の妻を持ちなさい』と語り、子をつくるために、とは語っていないことが、その証拠である。」（フーコー 2020：355-356）。初期近代イングランドで出版されたクリュソストモスの著作のなかで、特に結婚についての議論に関しては「『エフェソの信徒への手紙』についての説教」の英語訳 Chrysostom, John, 1581, *An exposition vpon the Epistle of S. Paule the Apostle to the Ephesians*, London を参照。

⑼　ヒュー・カニンガムによれば「今や、最も有名なルターによって、独身より優れているとして結婚が奨励され、結婚の主要な目的のひとつは子どもをもうけることとされた」とのことである（カニンガム 2013：63）。また15世紀初頭のヴェネツィアの結婚と家族に関する書物では結婚の目的は子づくりであったとされている（井上滉人、2022、「初期ルネサンスにおける〈母〉の顕彰——フランチェスコ・バルバロ『妻について』に着目して」『比較家族史研究』第36号、93-94頁。井上はバルバロのこの言説がプルタルコスやアウグスティヌスの引用であるとしている）。

⑽　「というのも出産時の死はごく当たり前のことだったからである。死の危険を別にしても、麻酔術や婦人医学の知識のない時代には、出産時の苦痛はぞっとするものであっただろう」（ライトソン・前掲注（１）、172頁）。また当時としては非常に高いとは言えないとしながらも、クロフォードは当時の女性の出産時死亡率が6～7％であったと紹介している（Crawford, *op. cit.*, p.92）。

⑾　エドワード・ショーターはヨーロッパの多くの地域で乳母慣行があり、産まれた子どもが生後間もなく乳母に預けられていた一方で、イングランドはその例外であったことを紹介している。またピーター・ラスレット及びライトソンも同様の見解を示している（ショーター, E.／田中俊宏ほか訳、1987、『近代家族の形成』昭和堂、184頁、ライトソン・前掲注（１）178頁、ラスレット, P.／川北稔ほか訳、1986、『われら失いし世界——近代イギリス社会史』三嶺書房、160頁）。

⑿　柴田 2010：76-78。一方で、多くの文献において男性にも「よく教育されている」などの目指すべき理想像は提示されていた。しかし「選ばれる」女性の側により多くの、か

つ具体的で詳細な条件が付けられたことは間違いない。

⒀　実際にはアリストテレスが結婚の適齢年齢としたのは、女性18歳、男性37歳であった（アリストテレス／山本光雄訳、1961、『政治学』岩波文庫、352-353頁（1335a））。一方でプラトンは、子どもをつくるのに適した年齢を女性20歳〜40歳、男性25歳〜55歳としていた（プラトン／藤沢令夫訳、1979、『国家（上）』岩波文庫、370頁（461A）。

⒁　「結婚の目的は子づくりではない」とフーコーは指摘する（フーコー 2020：355）。また家政論の中には姦淫・不貞（adultly）」を避けることを結婚の重要な目的としていたものもあったが、多くは最優先の位置を与えていなかった（柴田 2010：78-79）。

⒂　パウロは処女性（Virginity）を重視していた。「パウロによると、処女性が結婚生活にまさっているのは、それにより主に完全に献身できるからである」（レオン-デュフール，X.編／小平卓保・河井田研郎訳、1999、『新版　聖書思想事典』三省堂（初版 1973）447頁）。またクリュソストモスのこのような考え方は堕落する前の人間は、性的な結合が無くても増殖することが可能であったという考えによる。このような考え方を家政論著者であるウィリアム・グージも述べており、クロフォードによればグージは「性は罪の結果であり堕落するまでアダムはイブを知らなかった、性は恥を含む、裸は隠されるべき、出産の痛みは彼女（イブ）の罪への罰」だと述べていた（Crawford, op. cit., p.56）。

⒃　当時は初婚平均年齢が男女とも比較的高かった。17世紀の男性の初婚へ年齢はおよそ27歳、女性は25〜26歳であった（安元・前掲注（３）199頁）。このような結婚の遅さは、結婚外での性的交渉を必要とさせた、ゆえに売春婦の存在がほかの女性の安全につながったとの指摘がある（Crawford, op. cit., p.9）。またその他にも未婚の女性には、奉公に出ていた先の主人に性交渉を迫られるなど、婚外子を妊娠する恐れがあった（Wilson, op. cit., p.11）。

⒄　クロフォードによれば、17世紀には「性行為に少ししか、もしくは全く喜びが無ければ女性は妊娠しない」「もし妻が夫を嫌っていれば、彼女の子宮は開かない」という言説も見られたという。なお妊娠に関するこのような考えは、18世紀までには改められた（Crawford, op cit., p.59）。

⒅　肉欲の罪に溺れた性交は、医学的にも神学的にも罪と罰が結びつけられる。「モンスター」と呼ばれる子どもが生まれるのは、過度で不法な子づくりによってであり、しばしばその原因は女性の「種」にあるとの言説も見られた（Crawford, op cit., p.62）。

⒆　シノペのディオゲネス。紀元前４世紀頃のギリシアの哲学者。彼は「どのような年頃に結婚すべきかと問われて、『青年ではまだその年ではないし、老人はもうその年ではない』と答えた」という（山川偉也、2008、『哲学者ディオゲネス』講談社学術文庫、166頁）。

⒇　Anon 1616：28.「自然の摂理に従わなければならない」との後でこの一文が用いられている。ホラティウスの原典については以下を参照（Quintus Horatius Flaccus, B. C. 35, *Satyrarum librim*, https://www.perseus.tufts.edu/hopper/text?doc=Perseus:text:1999.02.0062、2022年12月25日最終閲覧）。

㉑　クロフォードは「主に文化的理由から医師であろうとあらゆる男性の存在や接触は隠された」（Crawford, op cit., p.42）としている。野々村によれば、男性産婆／医師が通常の分娩にも携わるようになるのは18世紀のことである（野々村淑子、2023、「一八世紀イギリスの助産救貧をめぐる産み育てる身体の科学化——子どもの生命への配慮と女性産

婆」土屋敦・野々村淑子編『医学が子どもを見出すとき——孤児、貧困児、施設児と医学をめぐる子ども史』勁草書房）。

⑿　柴田・前掲注（1）および柴田賢一、2017、「17世紀イングランドにおける子どもの〈教育〉——教育という授乳と教育概念を中心に」『研究紀要（九州教育学会）』第44巻、55-62頁を参照。授乳は単に栄養を与える食事としての役割だけではなく、母親の気質が母乳を通して子どもに伝わると考えられていた。また当時は education が現代の意味における「教育」とは異なった子どもの「生」全体を支えていく営みを意味しており、授乳は母親による education の始まりであると考えられていた。意外なことにこのような言説は、よく知られているジョン・ロックの『教育に関する考察』（1693）が出版されたころまで続いていた。

引用・参考文献

擬アリストテレス「経済学」／村川堅太郎訳、1969、『アリストテレス全集　第15巻　政治学・経済学』岩波書店。

カニンガム，H.／北本正章訳、2013、『概説　子ども観の社会史——ヨーロッパとアメリカにみる教育・福祉・国家』新曜社（Hill, C., 1964, "The spiritualization of the household", in *Society and Puritanism in PreRevolutionary England*, London）。

クセノポーン／田中秀央・山岡亮一訳、1944、『家政論』生活社。

柴田賢一、2009、「16世紀イングランドにおける家政・教育・統治——家長のために書かれた二冊の助言書から」『神戸大学大学院人間発達環境学研究科研究紀要』第2巻第2号、63-72頁。

————、2010、『初期近代イングランド家政論研究——家族と教育の関係史』（博士論文）神戸大学大学院総合人間科学研究科。

バイアー，A.L.／佐藤清隆訳、1997、『浮浪者たちの世界——シェイクスピア時代の貧困問題』同文舘出版（原著 1984）。

フーコー，M.／グロ，フレデリック編／慎改康之訳、2020、『性の歴史Ⅳ　肉の告白』新潮社。

南隆太、2001、「スペクタクル化する身体——一七世紀イングランドにおける「怪物誕生奇談」のゆくえ」末廣幹責任編集／圓月勝博ほか『国家身体はアンドロイドの夢を見るか——初期近代イギリス表象文化アーカイヴ1』ありな書房。

ロック，ジョン／服部知文訳、1967、『教育に関する考察』岩波文庫（Locke, J., 1963, *Some thoughts concerning Education*, London）。

Crawford, Patricia, 2004, *Blood Bodies and Families in Early Modern England*, Pearson Education Limited.

Flippini, Nadia Maria, 2021, *Pregnancy, Delivery, Childbirth : A Gender and Cultural History from Antiquity to the Test Tube in Europe*, Routlege.

Wilson, Adrian, 2016, *Ritual and Conflict : The Social Relations of Childbirth in Early Modern England*, Routledge（first published 2013 by Ashgate publishing）。

一次史料

Anon, 1562a, *Shape of a monstrous child*.

第4章　初期近代イングランドにおける妊娠・出産と家族

————, 1562b, *The true fourme and shape of a monsteous Chyld*.

————, 1564, *The true description of a monsteous Chyld*, London.

————, 1599, *A Strange and Miracvlovs Accident*, London.

————, 1616, *The Office of Christian Parents: Shewing how children are to be governed throughout all ages and times of his life*, Cambridge.

————, 1686, *An Account of the General Nursery or Colledg of Infants*, London.

Batty, Bartholomew, 1581, *The Christian mans Closet*, translated by Lowth, William from *De Oeconomia Christiana*, London.

Bullinger, Heinrich, 1541, *The Christen State of Matrimonye*, translated by Coverdale, Myles, London.

De Blegny, Nicholas, 1680, *A True History of a Child Anatomized: whichi remained twenty five years in his mothers belly*, translated according to the approved and priviledged copy of Paris, London.

Elborow, Thomas, 1675, *A guide to the humble or an exposition prayer*, London.

Gailhard, J., 1678, *The Complete Gentleman or Directions for the Education of Youth*, London.

Gentleman of good worth now resident in London, 1642, *Newes from New-England of a most strange and prodigious birth*, London.

Greenham, Richard, 1584, *A godly Exhortation, and fruitfull admonition to virtuous parents and modest Matrons*, London.

Gouge, William, 1622, *Of Domestical Duties*, London.

Heale, William, 1609, *An Apology for Woman*, Oxford.

Kirkwood, James, 1693, *A New Family-Book*, London.

Kyd, Thomas, 1588, *The Householders Philosophie*, London, translated from Tasso, Torquato, *Il Padre di Famiglia*, 1585?

Leigh, Dorothy, 1663, *The Mothers Blessing*, Oxford.

Perkins, William, 1609, *Christian Oeconomia*, translated by Pickering, Thomas, London.

Watts, Thomas, 1589, *The Entry to Christianitie, or, An admonition to Housholders*, London.

Whatly, William, 1624, *A Care-Cloth or The Cumbers and Troubles of Marriage*, London.

Woodward, Ezekias, 1640, *A Childes Patrimony. Laid out upon the good Culture or tilling-over his whole man*, London.

第5章

20世紀初頭フランスにおける出産奨励運動と母子衛生
──妊娠・出産の管理と「育児学」──

河合　務

1　人口増加戦の中の〈産みの親〉と母子衛生

　本章では20世紀初頭のフランスにおける出産奨励運動と母子衛生に焦点をあてて妊娠・出産の管理をめぐるフランス社会の動向を考察し、〈産みの親〉と〈育ての親〉の比較家族史というテーマに迫る。19世紀末から20世紀前半にかけて欧米や日本は競い合うように「人口増加戦」を繰り広げた。フランスでは19世紀に顕著になっていく少産化傾向を背景として多産な家族を奨励する出産奨励運動が展開されたが、これは堕胎の抑制や産児制限への介入を含めた産育習俗の変革と妊娠・出産の管理を目指すものであった。[2]

　フランス出産奨励運動に関するこれまでの研究では、出生率上昇を目指した運動という側面が注目され、死亡率や母子衛生に対する出産奨励運動の関わりについての学術的関心は、あまり高かったとはいえない。[3]本章では1911年に公表された報告書『死亡率の原因に関する総合的報告』や20世紀初頭の「育児学」著作を主な検討素材として出産奨励運動と母子衛生の関連性を明らかにする。

2　出産奨励運動と母子衛生

(1)　フランス出産奨励運動の背景

　フランス出産奨励運動の背景となった人口動態を概観しておきたい。フランスの出生率は1817年の31.8‰から1900年の21.3‰へと低下し19世紀を通じて少産化傾向が顕著となっていた。1900年の時点でのドイツの出生率35.6‰、英国（イングランドとウェールズ）の28.7‰と比べ著しく低い状況であった。[4]

第5章　20世紀初頭フランスにおける出産奨励運動と母子衛生

　また、フランスの死亡率は1891から1900年の平均21.6‰で、同時期の英国18.2‰、ドイツ22.2‰、イタリア24.1‰と比べ、とりわけ高いわけではないが、英国と比べれば未だ改善の余地があるレベルにあった。[5]

　こうした状況にあったフランスでは、自発的な産児制限を個人の権利と捉えて産児制限を推進しようとするネオ・マルサス主義のグループやフェミニストの論者たちがいる一方で、それらを抑え込んで人口増加を目指す出産奨励運動が特に20世紀前半に高揚した。その中心的グループが1896年に人口学者ジャック・ベルティヨンが設立した「フランス人口増加のための国民連合」(以下、「フランス人口増加連合」)である。[6]

　「フランス人口増加連合」は創設時、中央・地方の行政官、国会議員、弁護士、医者、中等教員、出版業者など128名でスタートし、機関誌の刊行、ビラやポスターの印刷、政治家へのロビーイングなどを通して少産化への危機意識を高め、多産な家族の理想像を広めようと活動を展開した。会員数は1914年に1321人、1939年には2万5335人に増加していく。[7]著名な小説家・ジャーナリストであったエミール・ゾラ(1840-1902)も「フランス人口増加連合」の設立当初からの会員であった。彼は新聞『フィガロ』紙(1896年5月23日付)に「人口減退(dépopulation)」と題する記事を執筆した。彼は自らも参加した「フランス人口増加連合」の設立時の会合や同団体の意図の素晴らしさなどをレポートしている。また、ゾラは1899年に小説『豊穣(Fécondité)』を発表し、多産な家族を礼賛している。ゾラをはじめとした「フランス人口増加連合」の関係者による著作物は、同団体の機関誌やビラ・ポスターなどと並ぶ人口言説を産出するメディアであった。[8]

　ここで、ゾラの記事のタイトルとなった「人口減退(dépopulation)」という用語について触れておきたい。先述のように19世紀を通してフランスの出生率は低下傾向を示していたが、総人口は1801年の約2750万人から1900年の約3890万人へ、約1.41倍に増加している。しかしながら、同時期のドイツの人口は2.24倍に、英国は3.72倍に増加していることと比べるとフランス人口の伸び悩みが浮かび上がる。"dépopulation"という用語には、隣国と比較した場合に浮き彫りになるフランス人口の伸び悩み(ないし停滞)についての危機意識が反映されている。「フランス人口増加連合」の主な活動目的も人口の伸び悩みの

105

第Ⅱ部　〈産み〉の奨励と抑制

状況を国民に知らせ、危機意識を共有するという点に向けられていた。[9]1930年代に「フランス人口増加連合」はフランス人口を年齢区分ごとに棒グラフで表示する「人口ピラミッド」を描いた学校用ポスターを作成し学校に配布するという活動を行っているが、これも自国の人口の伸び悩みを学齢期の子どもに知らせ警鐘を鳴らすことを目的とした活動であった。[10]

　さて、出産奨励運動と母子衛生の関連を考察しようとする際、とりわけ注目されるのが1911年に公表された報告書『死亡率の原因に関する総合的報告』という文書である（以下、『総合報告』と略記する）。この報告書はフランス議会に付設された「人口減退に関する委員会」の下位組織である「死亡率に関する小委員会」によって作成された。この小委員会で報告書の取りまとめを中心的に行った上院議員ポール・ストロース（1852-1942）が「フランス人口増加連合」の会員でもあった点は特に注目に値する。1902年にフランス議会に付設された「人口減退に関する委員会」の67名の委員の4分の1を超える18名が「フランス人口増加連合」の会員であったことは、「フランス人口増加連合」という運動団体の影響力の大きさを示している。また、これは「人口減退」への危機意識が民間の運動団体だけでなく国政レベルでも共有されていたことを示している。[11]『総合報告』は「人口減退に関する委員会」での約10年間の有識者による報告や議論を経てとりまとめられた。

　この報告書を考察する準備として、本節では以下のように、報告書作成に関わった2人の人物の問題関心を検討する。まず(2)で、出産奨励運動団体「フランス人口増加連合」の創設者で「人口減退に関する委員会」の委員でもあったJ.ベルティヨンが死産や母子衛生にどのような関心をもっていたのかを考察する。次に(3)で、同じく「フランス人口増加連合」の中心メンバーで『総合報告』とりまとめの中心となった上院議員P.ストロースが論点とした回転箱（tour）による捨て子保護の歴史を概観し、(4)で回転箱と母子衛生をめぐるストロースの立ち位置について検討する。

(2)　出産奨励運動の母子衛生への関心

　出産奨励運動が出生率に注目し、当初から出生率上昇を運動目的に掲げたことは確かである。1896年に設立された「フランス人口増加連合」の「綱領およ

106

び規約」にも次のように記載されている。

> 「フランス人口増加のための国民連合は、政治的・宗教的見解の相違を超え
> てすべてのフランス人に開かれたプロパガンダ団体である。その目的は、
> 人口減退がフランス国民に与える危険について、そして<u>出生率の上昇のた
> め</u>税制その他の適切な方法について、あらゆる人びとの注意を喚起するこ
> とである。(下線は引用者による。以下、同様。)(12)」

　このように出生率上昇は「フランス人口増加連合」の主たる運動目的に据え
られていた。一方、ここには明記されていない死亡率についてはどうか。注目
されるのは、「フランス人口増加連合」の創設者ベルティヨンが団体設立の3
年前の1893年にパリ統計学会で「出生前の期間の死亡について——胎児段階で
の死産」という講演を行い、同名の論文を同学会の機関誌に発表していること
である(13)。人口学者でパリの統計局長であったベルティヨンは1886年から1890年
までのパリの死産に関連する統計データを胎児の月数、男女、婚姻内の子ども
であったのか、婚外子であったのか、「娩出時に呼吸があったのかどうか」な
どの視点から分析し、婚外子の場合の妊娠4～6か月目の胎児の死産は、実際
には意図的に死産にする行為、すなわち堕胎が疑われるケースが多く含まれて
いると論じている(14)。4～6か月目という時期は胎動によって妊娠を自覚した妊
婦が堕胎を実行しがちな時期だとベルティヨンは捉えている。また、ベルティ
ヨンは婚姻外で出産するいわゆる未婚の母の経済的困窮が、このような意図的
な死産(堕胎)に大きく影響を与えているとも指摘している(15)。

　もっとも、この講演でベルティヨンは未婚の母を保護する施策には踏み込ん
だ言及をしておらず、この時点でベルティヨンは母子衛生の制度・政策には強
い関心をもっていなかったのではないかと推測される。ベルティヨンのそうし
た姿勢は、彼の主著『フランスの人口減退』(1911年)でも同様である。同書で
は、出産直前まで働いた女性から生まれた新生児と、出産前の2～3か月休暇
を取った女性から生まれた新生児の体重では、後者の新生児の体重が重いとい
うデータが示されるものの(16)、産児休暇など母子衛生の具体的な施策にはベル
ティヨンは消極的だった。

第Ⅱ部　〈産み〉の奨励と抑制

(3)　回転箱による捨て子保護から母子衛生へ

　このようなベルティヨンの姿勢とは対照的に P. ストロースは母子衛生の施策をめぐる議論に積極的であった。1897年から1936年まで約40年の長きにわたってセーヌ県選出の上院議員を務めることになるストロース[17]の問題関心と政策理念を知る手がかりとして彼の1896年の著作『不幸な子ども』[18]を参照すると、彼が捨て子の保護とともに妊産婦の保護に多大な関心を抱いていたことが分かる。とりわけ回転箱（tour）による捨て子の保護をめぐる議論に同書の１章を割いて自説を展開していることが注目される。章タイトルは「回転箱の再設置」である。

　このストロースの議論の背景にあった捨て子保護の歴史を若干補足しておきたい。フランスでは19世紀初頭の捨て子保護政策の一環として、捨て子養育院や孤児院に回転箱を設置することが義務化された。ところが、この回転箱は支持派と反対派による論議を呼び起こすこととなった。支持派は捨て子の生命を救うセーフティネットという側面を強調し、あるいは不義の子の誕生という悪評から家族の名誉が守られるという利点をあげたのに対し、反対派は、回転箱は捨て子行為を助長する不道徳なものとして回転箱を批判したのである。[19]

　こうした議論の背景に回転箱の匿名性という重要な特徴があった。つまり、回転箱という装置を用いれば、顔を見られず素性を明かすこともなく捨て子行為が可能だった。この回転箱の匿名性は2000年にドイツ・ハンブルクで設置された「ベビークラッペ」にも共通する特徴である。[20]

　19世紀フランスの場合、回転箱反対派が優位となって1830年代から回転箱は廃止される方向に向かい1860年代にほぼ消滅する。[21]そして、衰退した回転箱に代わって「受け入れ事務室」による捨て子保護が広がっていった。「受け入れ事務室」では、捨て子行為をしようとする者は顔を見られはするものの、質問に対して答える義務や出生証明の提出も免除された。[22]

(4)　回転箱と母子衛生に対するストロースの立場

　こうした19世紀の状況を踏まえつつストロースは「回転箱の再設置」について論じる。ただし、ストロースは単純な回転箱賛成派というわけではない。彼は捨て子保護に寄与してきた回転箱の役割を認めつつ、より広く子どもと母親

第5章　20世紀初頭フランスにおける出産奨励運動と母子衛生

を同時に保護する施策が必要[23]という立場をとる。具体的には、匿名で出産できる産院やシェルター、そして産児休暇制度による妊産婦の保護をストロースは重視し提言している[24]。こうした母子衛生の施策が捨て子を防ぐばかりでなく死産、堕胎、嬰児殺の防止にもつながると捉え、これによって「人口減退」を防ぐという立場をストロースはとっている[25]。

3　「人口減退に関する委員会」の母子衛生への関心

　ストロースが中心となってまとめた『総合報告[26]』が1911年に公表された。本節では(1)で、当時の文脈において母子衛生と関連が深かった論点である堕胎の抑制、(2)で死産・流産の回避、(3)で衛生教育と「育児学」、(4)で捨て子・乳母問題について考察していくこととしたい。

(1)　堕胎の抑制

　『総合報告』では、堕胎は「人口の割れ目」の１つと表現され注目されていた[27]。前節でみたように、堕胎についてストロースは、子どもと母親を同時に保護する施策を講じる方向を打ち出していたが、『総合報告』では堕胎の犯罪性が強調され、道徳面から批判する姿勢が濃厚であった。この立場は1908年に「死亡率に関する小委員会」で内務官僚 M. ドロワノーが行った「犯罪的堕胎の人口減退への影響とその対処方法に関する報告[28]」において特に鮮明に打ち出されていた。このドロワノーの個別報告の内容が『総合報告』に大きく反映されたものと考えられる[29]。特に、出産の介助に関わりながら堕胎をも実行する産婆に対する疑いの目は非常に強いものとなっており、産婆の広告規制や産院の行政監督の強化が打ち出されている。

　また、ネオ・マルサス主義の運動が堕胎を助長しているとの記述もみられる。ネオ・マルサス主義のプロパガンダを「子宮のストライキの説教師[30]」と形容しているのは印象的である。こうしたネオ・マルサス主義を敵対視し攻撃する姿勢は、出産奨励運動団体「フランス人口増加連合[31]」の立場を強く反映している。

　一方で、生活資力の不足や暴力から妊産婦を保護することが堕胎の抑制につながるという見解も『総合報告』には併記されている[32]。こうした記述にはスト

109

第Ⅱ部　〈産み〉の奨励と抑制

ロースの見解が一定程度反映されていたと考えられる。ただ、『総合報告』の堕胎に関する全体的な論調は、堕胎の犯罪性に対する道徳面からの批判が強調され、ストロースが打ち出していた妊産婦保護の姿勢は後景に退いていた。

(2)　死産・流産の回避

　『総合報告』では、生命のない状態で生まれてくる "mortinatalité" および "mort-né" が「人口減退」の原因のひとつとして取り上げられている。その件数は年間約2万5000件にのぼり、無視できない数だとされている。[33]『総合報告』は、妊娠週などによって「死産」と「流産」を区別しているわけではないので、ここでは "mortinatalité" と "mort-né" の訳語をともに「死産・流産」としておく。

　『総合報告』では、医学的な見地から死産・流産の主な原因が2つの方向から説明されている。1つは精子や受精卵の遺伝的な病気が死産・流産の原因になる場合で、両親あるいは片方の親が梅毒やアルコール中毒に冒されているケースが多いと指摘されている。[34]死産・流産の回避は親世代の男女の健康保持を支える公衆衛生の課題だと捉えられている。

　もう1つは受精卵が育つ母胎に原因がある場合であり、これには不十分な栄養状態や過労によって妊娠中の女性の体が護られていないという問題が関連してくる。また、貧困や明日の生活への不安、精神面での不安定さも大きく関わるとされる。[35]このように『総合報告』では、死産・流産の回避という課題が親世代の男女の公衆衛生、そして妊娠期の母子衛生と関連づけられたうえで、それらが「人口減退」の問題という枠組みの中で論じられていた。

　こうした死産・流産に関する『総合報告』の記述に大きな影響を与えたのは産科医でパリ大学医学部教授だったアドルフ・ピナール（1844-1934）の見解である。ピナールは「人口減退に関する委員会」で報告を行い、医学的・生理学的な知見を提供した。[36]『総合報告』には次のように記されている。

　　「生理学的な最終期限［分娩の時期］が近づくにつれて警戒を増やすことが必要である。経済的困難をすべて考慮したとしても、<u>委員会は報告者ピナール教授と同様に</u>、すべての妊婦は妊娠の最後の3か月の間、彼女と子どもの衛生状態に不可欠な扶助を受けるという意見である。公権力と私的・相

第5章　20世紀初頭フランスにおける出産奨励運動と母子衛生

　　互扶助的イニシアティブは死産・流産の原因を根絶するため、労働者の母
　　親の無知と過労と貧困に首尾よく対抗するように導き、救済し、名誉を与
　　えるために出生前の育児学（puériculture avant la naissance）を出産の基礎に
　　置いて、この一般的結論にできるだけ近づいていかなければならない。（［　］
　　内は引用者。）」[37]

　このように「人口減退に関する委員会」は、特に分娩前の3か月間の妊婦と
胎児の衛生状態を保つのに必要な扶助を提供するというピナールの見解に賛同
する立場をとる。堕胎をめぐる議論で妊産婦の保護が前面に出されなかったの
とは異なり、死産・流産をめぐって『総合報告』では産児休暇制度による妊産
婦の保護に積極的な立場がとられている。そして、労働者の母親の無知、過労、
貧困に対処するために「出生前の育児学」の知見を活用する方針が表明されて
いる。

　『総合報告』で重視された、この「育児学（puériculture）」とは何であろうか。
20世紀初頭フランスの出産奨励運動と母子衛生の関連性を解明しようとする際
には「育児学」の内実に踏み込んで考察することが必須である。

　『総合報告』では、死産・流産の回避に関する論点は「出生前の育児学」と
いう見出しのもとに論じられ、乳幼児死亡の回避に関する論点は「出生後の育
児学」という見出しのもとに論じられている[38]。

　『総合報告』とピナールの見解で特に注目されるのは、精子や受精卵の遺伝
的な病気が死産・流産の原因となるという論点に関連して、将来の親となる子
ども・若者は「苗木」を提供する「親株（porte graine）」のようなものだとし
ている点である[39]。また、ピナールは死産・流産の原因を説明する際、胎児と母
胎を種（graine）と土壌（terre）に喩えている[40]。こうした一種の農耕アナロジー
によって親世代の健康を保つ公衆衛生と母子衛生の必要性が強調されている。

(3)　衛生教育と「育児学」

　母親の無知は、死産・流産の原因であるだけでなく乳幼児死亡の原因でもあ
り[41]、「人口減退に関する委員会」では母親の無知を解消する手立てが模索された。
その際にも「育児学」が注目されている。

111

第Ⅱ部　〈産み〉の奨励と抑制

　「育児学」という用語は1865年にフランス人医師カロンが『育児学と低年齢児の衛生学入門』という書物を著したのが嚆矢である[42]。ラテン語由来で「子ども」を意味する "puéri" に「耕作、栽培、培養」を意味する "culture" を併せて造語されており、「子どもの健康に対する育児学の関係は、土壌の肥沃さに対する農業の関係に等しい」とカロンは述べている[43]。『総合報告』で取り上げられたピナールの「育児学」が農耕アナロジーで語られたのは、カロンの用語法を引き継いだものであった。

　フランス国立図書館（納本制度あり）のオンライン総合蔵書目録から「育児学」著作の出版状況を調査すると[44]（**資料 5 - 1 を参照**）、タイトルに「育児学」を含む書籍（雑誌・定期刊行物を除く）は19世紀後半には10年間に数冊（0 〜 4 冊）というペースでしか刊行されていなかったが、1900年代からは10年間に二桁台（26〜73冊）がコンスタントに刊行されるようになり、急増していることが分かる。20世紀初頭に「育児学」著作が急増する背景要因にはさまざまなものが考えられるが、ひとつには「人口減退」に対する人びとの懸念が20世紀初頭において母子衛生と「育児学」に対する社会的関心の高まりと結びついたことをあげることができるだろう。

　この「育児学」は1905年の政令を受けて規定された女子師範学校カリキュラムに「衛生」講義の一部として組み込まれていた[45]。F. ビュイッソン編纂『新・教育学・初等教育事典』（1911年）にも「育児学」という項目が立てられている。

同事典は「育児学」について「この新語（néologisme）は、新生児や低年齢の幼児の健康を保持する観点から、彼らに与えられる世話を意味する[46]」としている。ただ、この「育児学」項目の記述で注意が必要なのは、妊産婦と胎児の「出生前の育児学」への解説が丸ごと抜け落ちている点である。これは同事典の想定する対象読者層が教職希望者や現職教員であったことを考慮すれば納得できることでもあるが、そうであればいっそう『総

資料 5 - 1　「育児学」著作の出版状況

年代	冊数
1860-1869	3
1870-1879	1
1880-1889	0
1890-1899	4
1900-1909	55
1910-1919	26
1920-1929	60
1930-1939	73

（出所）　フランス国立図書館総合蔵書目録より筆者作成（2022年 3 月 4 日閲覧）。

第5章　20世紀初頭フランスにおける出産奨励運動と母子衛生

合報告』が「出生前の育児学」という見出しのもとに死産・流産の回避などの論点を正面から取り上げていた点が注目される。「育児学」は、妊婦の過労や健康状態への知見を提供し、胎児への悪影響を取り除く自覚を妊婦に促し、妊娠中の事故の回避も含めて家族や雇用主による妊産婦への扶助を促進する「出生前の育児学」を含んでいた。

　これに関連して、もうひとつ事例を付け加えてみよう。産科医 G. ユスタシュの著作『育児学——衛生と扶助』(1903年) にも報告書『総合報告』におけるピナールの見解と同様に、胎児と母胎の関係を「種 (graine)」と「土地 (terrain)」の関係で捉える農耕アナロジーがみられる。[47]「育児学」は妊娠期を含めた〈産みの親〉の保護を重視しており、出生後の新生児の世話に視野を限定した『新・教育学・初等教育事典』の「育児学」項目の記述は、そうした「育児学」の特質を読者に正確に伝えるものになっていない。

(4)　捨て子・乳母問題と実母授乳の奨励

　「出生後の育児学」に関して「人口減退に関する委員会」が特に重要視するのは実母による授乳 (allaitement maternel) であり、[48]逆に実母が子どもを育てずに捨て子をしたり、乳母に子どもを委ねたりすることをどのように減少させるかということが課題としてあげられている。以下、実母授乳の奨励と捨て子・乳母問題についてみていくことにしよう。

　まず、実母による授乳は新生児の死亡率との関連で焦点化されている。『総合報告』では、1歳未満の新生児の死亡原因となった病気の比率は胃腸炎・下痢 (384.70‰)、呼吸器疾患 (147‰)、先天性虚弱 (170‰)、結核 (24.70‰)、伝染病 (49.60‰)、その他 (222‰) と示されている。[49]そのうえで最大の死亡原因となっている胃腸炎・下痢について『総合報告』は、哺乳瓶や小瓶で育てられるより「乳房で育てられる」ほうが死亡率が低いと指摘している。[50]哺乳瓶や小瓶から主に加工乳を与えることが想定されているのだが、これは栄養過多や栄養不足になりがちであり、また、殺菌・消毒が不完全という問題もあった。[51]この点で実母の乳房からの授乳に優るものはない、というのが「人口減退に関する委員会」の見解である。

　『総合報告』では、実母授乳の奨励と関連して、産児休暇制度や困窮する家族、

113

第Ⅱ部　〈産み〉の奨励と抑制

多子家族への経済的援助（家族手当）という現代まで続けられる施策が提言されている[52]。こうした施策は20世紀初頭の文脈では、実母つまり〈産みの親〉が捨て子をしたり乳母に委託したりすることを回避する施策という含意をもっていた。出産直後から働く必要がないような経済的保証があれば実母による授乳は増え、捨て子や乳母委託が減るはずだという立場を「人口減退に関する委員会」はとる。そして『総合報告』から2年後の1913年に産児休暇法と多子家族扶助法が成立する[53]。

　『総合報告』では、乳母に預けられた子どもの死亡率の高さが問題視されている。1906年に生まれた子どもの生後1年以内の平均死亡率が147‰なのに対し、乳母に預けられた子どもの死亡率は199‰という高さであった[54]。

　ここでフランスの乳母慣習について補足しておきたい。乳母に子どもを預ける慣習は、パリでは14世紀頃から長く根付いてきた[55]。乳母の形態としては貴族やブルジョワ家族の場合には住み込みの場合もあったが、多くは都市部から農村部への委託という形態をとり、馬車による移動の途中で新生児が命を落とすケースも多かった。乳母を斡旋する仲介業者や公営の乳母斡旋所が運営されるなどの状況はまさに「乳母産業」と呼べる状況であった。1874年に制定された「低年齢児、とくに乳幼児の保護に関する法律」は、2歳未満の子どもが賃金と引き換えに親の住居の外に預けられる場合の行政当局の監視を強め、親による引き取りや子どもの死亡に関する届け出義務を課すなど「乳母産業」に規制の網をかけるものであった[56]。1874年から第一次世界大戦までの時期には乳母への委託は年間約8万人前後で推移し、新生児の約10％にのぼったとサスマンは指摘している[57]。『総合報告』では1906年の統計をもとに9万146人の子どもが乳母に預けられたとされている[58]。

　こうした乳母慣習については18世紀にルソーが『エミール――あるいは教育について』（1762年）で「悪しき慣習」として批判したほか[59]、近代の母性イデオロギーと対比される前近代の母親の子どもに対する無関心を示す歴史的事例として言及されることもある[60]。

　『総合報告』における乳母慣習批判は「育児学」をベースとして展開されている。この点に注目して「育児学」の内容にさらに踏み込んで検討していきたい。「人口減退に関する委員会」の委員であったピナールとストロースは、と

もに「育児学」著作を上梓していた。「育児学」著作の出版状況（**資料5-1**）
で1900年から1909年に出版された55冊のうちの2冊は、上院議員ストロースが
執筆した『人口減退と育児学』（1901年）と産科医ピナールが女学校の生徒向け
に執筆した教科書『育児学』（1904年）であった。

　まず、ストロース『人口減退と育児学』を検討してみよう。ストロースの
1896年の著作『不幸な子ども』で彼が論じた産院・シェルターの設置による妊
産婦の保護や産児休暇制度という施策は、母子に対する扶助（assistance）とい
う側面がやや前面に出た提言だったとも考えられるが、1901年の『人口減退と
育児学』においてストロースは、哺乳瓶の洗浄・消毒、ミルクの殺菌、乳幼児
検診などを論じ、母子の衛生（hygiène）という側面を鮮明にした議論を展開し
ている。同書では「実母による授乳」という一節が設けられ、ルソー『エミー
ル』の乳母批判が参照され肯定的に言及されている。

　また、ストロースは「子どもには生存権（droit de vivre）がある」という立
場から不衛生な授乳・育児環境全般を批判したうえで、ワクチン接種の促進や
産児休暇を含めた諸施策によって子どもの生命保護を提言し、さらには堕胎、
嬰児殺、捨て子を防ぐ必要性にも言及している。ストロースの考える生存権は
胎児段階から認められ、生存権の承認によって堕胎を抑止しようとする視点を
もつ。このようなストロースの立場は、女性の「身体への権利」を「堕胎の権
利」の基底に据えた主張を展開した同時代のアナーキスト的フェミニストのM.
ペルティエとは対照的である。

　次に、ピナールの『育児学』であるが、同書では「金銭目当ての授乳」とい
う一節が設けられ、乳母慣習が批判されている。乳母として雇われる者は、金
を稼ぐために他人の子どもに授乳するが、雇われて住み込み乳母になる場合、
乳母は自分の子どもを他人に預けるなどして手放す傾向があるという。結果的
にではあるが、これは〈産みの親〉による捨て子行為だとピナールは考える。
乳母が自分の子どもを連れて住み込み乳母として雇われるケースも想定され得
るが、ピナールはこれに言及していない。

　また、乳母が自分の家に引き取って授乳する場合、預けられた子どもは〈産
みの親〉から引き離される。ピナールは、住み込みの場合も、乳母の家に引き
取る場合も、〈産みの親〉から引き離される子どもがいることを指摘し、これ

第Ⅱ部　〈産み〉の奨励と抑制

を一種の「捨て子」だと論じている。ピナールは乳母慣習と捨て子問題を重なり合う論点として捉え、この捨て子・乳母問題への批判から実母授乳を奨励している。こうした乳母慣習への批判は〈産みの親〉がそのまま〈育ての親〉となって授乳する家族を理想とし、〈産みの親〉の母性を礼賛する性質をもっていた。

4　母子衛生と「育児学」

「人口減退に関する委員会」は、出生率を上昇させるという関心ばかりでなく、堕胎、死産・流産、捨て子・乳母問題と結びついた死亡率への関心を示し、母子衛生の観点を重視した。こうした産育習俗の変革を目指す対応が議論された背景には、19世紀以来続いてきた工業化・都市化にともなう労働者階級の母親の貧困、過労、無知という問題が横たわっていた。

19世紀末から20世紀初頭の時期に「育児学」というラテン語由来の新語が確立されていく一方で、ギリシア語由来の "pédiatrie" すなわち「小児科学」という新語も確立される。基本的には「育児学」は母親向けの知識、「小児科学」は医師向けの理論を提供し、産婆の影響力や乳母慣習の衰退を促進する役回りを果たした。「育児学」には母親の特に衛生面での無知を解消することが期待され、妊娠期を対象とする「出生前の育児学」と新生児の世話を対象とする「出生後の育児学」を女子教育の一環として普及させることで妊娠中の事故、栄養不足、過労を防ぎ、また、授乳や栄養など新生児の健康管理の改善が図られた。

20世紀初頭のフランスで高揚した出産奨励運動は多産な家族を理想とするとともに、妊娠期を含む母子に対して衛生的なまなざしを向け、実母授乳の規範化を推進した。そうした妊娠・出産の管理の基軸に据えられたのが「育児学」だった。

　謝辞：本論稿は科学研究費補助金（基盤研究（C）課題番号 21K02172）による研究成果の一部である。

　注
(1)　日本の場合、第二次世界大戦期の「産めよ殖やせよ」の人口政策がよく知られている。「人

口増加戦」という用語は日本人口学会、2002年29-30頁（吉田忠雄執筆箇所）に倣った。

(2) フランス出産奨励運動の堕胎抑制キャンペーンや学校における「多産化への教育」に関して河合 2018、参照。また、戦前・戦後を通じた出産奨励運動の動向について河合2015を参照。

(3) クニビレール・フーケ 1994では「フランス人口増加連合」をはじめとした出産奨励運動への言及があるが、母子衛生との関連性に踏み込んだ検討は行われていない（360-361頁など）。しかし、De Luca Barrusse 2009；Rollet 2017は出産奨励運動と公衆衛生および乳幼児死亡率を低下させる運動との関連性を検討しており、母子衛生との関連性を検討する際には参考となる。

(4) 河合 2018、特に176頁、参照。

(5) Bertillon 1911：3.

(6) 19世紀末から20世紀初頭にかけて多子家族の利益保護を主な目的とする「家族結社」が結成され20世紀初頭の時点で11団体が組織されていた。その中心団体「フランス人口増加のための国民連合」は「人口と未来国民連合」と名称を変え現在も活動を継続中である。河合 2015：4、45。

(7) 河合 2015：36、57、参照。

(8) 河合 2015：35。

(9) 同上。

(10) 河合 2015：92。

(11) 河合 2015：56。

(12) 河合 2015：35。原文は Alliance nationale pour l'accroissement de la population française 1896：3.

(13) Bertillon 1893：1-15.

(14) *Ibid.*, pp. 9-10.

(15) *Ibid.*, p. 11.

(16) Bertillon 1911：97.

(17) フランス上院のウェブサイト（https://www.senat.fr/）（2022年8月31日最終閲覧）。

(18) Strauss 1896.

(19) Musée Flaubert et d'Histoire de la Médecine 2008：21

(20) *Ibid.*, p. 31. 現代フランスの社会学者 N. ルフォーシェは匿名性を特徴とする回転箱の歴史の延長上に2000年ハンブルクに設置された「ベビークラッペ」（いわゆる「赤ちゃんポスト」）を位置づけている。

(21) 岡部造史の研究によれば1820年代末には約270あった回転箱はしだいに廃止され1862年時点で残っていた回転箱はわずか5つであった。岡部 2017：30。

(22) 岡部 2017：32-36。

(23) Strauss 1896：43, 117.

(24) *Ibid.*, pp. 45-107.

(25) *Ibid.*, pp. 24-33. こうした方針は1902年1月17日にストロースが上院で行った「母親と乳幼児の保護と支援に関する法案の趣旨説明」(Strauss 1902)に反映されている。ストロースは産児休暇、乳幼児検診、ミルク供給の衛生管理など産前・産後の母子に対する保護・

第Ⅱ部 〈産み〉の奨励と抑制

衛生・扶助を総合的に論じ、匿名での出産を認める条項を含めて全10条からなる母子保護法制を提示した。ただ、この法案は可決されず、1913年に産児休暇制度に絞った法律が成立する。

⒂ Strauss 1911.

⒄ *Ibid.*, p. 6 .

⒅ Drouineau 1908.

⒆ Strauss 1911：7－8．

⒇ *Ibid.*, p. 7 .

㉛ 河合 2015：36-40。

㉜ Strauss 1911：9．

㉝ *Ibid.*, p. 10.

㉞ *Ibid.*

㉟ *Ibid.*

㊱ ピナールは「フランス人口増加連合」の会員ではなかった。

㊲ Strauss 1911：13-14.

㊳ *Ibid.*, p. 10, p. 14.

㊴ *Ibid.*, p. 68.

㊵ *Ibid.*, p. 10.

㊶ *Ibid.*, p. 22.

㊷ ルロン 1960：7 には、「育児学」という用語の最初の例として19世紀の医師カロンが『育児学、もしくは子どもを衛生的・生理学的に育てる科学』という著作を1865年に著したとの記述があるが、これは誤りである。カロンの同書の出版年は実際には1866年であり、1865年のカロンの著作は『育児学と低年齢児の衛生学入門』という別の著作である。筆者はこの点をフランス国立図書館オンライン総合蔵書目録で確認し、1865年版の『育児学と低年齢児の衛生学入門』のコピーを入手した。

㊸ Caron 1865：14.

㊹ フランス国立図書館オンライン総合蔵書目録（https://catalogue.bnf.fr/index.do）（2022年 3 月 4 日最終閲覧）。

㊺ Buisson 1911：1711.

㊻ *Ibid.*

㊼ Eustache 1903：32–33.

㊽ Strauss 1911：17.

㊾ *Ibid.*, p. 16.

㊿ *Ibid.*, p. 17.

(51) *Ibid.*, p. 17, p. 25.

(52) *Ibid.*, p. 16, p. 23.

(53) 岡部 2017：22。

(54) Strauss 1911：24.

(55) Faÿ-Sallois 1996.

(56) *Ibid.*, p. 15.

第5章　20世紀初頭フランスにおける出産奨励運動と母子衛生

⑸7　Sussman 1982：182.

⒅8　Strauss 1911：24.

⒅9　ルソー 1962：38-40。

⑹0　バダンテール 1998：106-122。バダンテールは18世紀頃を転換期として〈子どもへの無関心〉と〈母性愛の不在〉から〈子どもへの強い関心〉と〈母性愛〉の時代への変化を強調したが、その論証には疑問が残る。

⑹1　Strauss 1901：90-106.

⑹2　*Ibid.*, p. 245.

⑹3　M. ペルティエの「堕胎の権利」論について河合 2018：178、参照。

⑹4　Pinard 1904：123-127.

⑹5　*Ibid.*, pp. 126-127.

⑹6　クニビレール・フーケ 1994：371-372。

引用・参考文献

岡部造史、2017、『フランス第三共和政期の子どもと社会──統治権力としての児童保護』昭和堂。

河合務、2015、『フランスの出産奨励運動と教育──「フランス人口増加連合」と人口言説の形成』日本評論社。

───、2018、「フランス出産奨励運動の子ども観と家族──20世紀前半における『多産化への教育』」比較家族史学会監修／小山静子・小玉亮子編著『子どもと教育──近代家族というアリーナ』シリーズ〈家族研究の最前線〉3　日本経済評論社、第7章（175-195頁）。

クニビレール，Y.・フーケ，C.／中嶋公子・宮本由美訳、1994、『母親の社会史──中世から現代まで』筑摩書房。

日本人口学会編、2002、『人口大事典』培風館。

バダンテール，E.／鈴木晶訳、1998、『母性という神話』ちくま学芸文庫。

ルソー，J. J.／今野一雄訳、1962、『エミール』岩波書店。

ルロン，M.／山本高治郎訳、1960、『育児学』白水社。

Alliance nationale pour l'accroissement de la population française, 1896, *Programme et status*, Société nouvelle de l'imprimerie Schiller.

Bertillon, J., 1893, "De la mortalité par âge avant la naissance（mortinatalité, selon l'âge du foetus）", *Journal de la Société de statistique de Paris*, pp. 167-180.

───, 1911, *La dépopulation de la France*, Felix Alcan.

Buisson, F., dir., 1911, *Nouveau dictionnaire de pédagogie et d'instruction primaire*, Hachette.

Caron, A., 1865, *Introduction à la puériculture et l'hygiène de la première enfance*, L'auteur.

De Luca Barrusse, V., 2009, "Natalisme et hygiénisme en France de 1900 à 1940: L'exemple de la lutte antivénérienne", *Population*, Vol. 64, pp. 531-560.

Drouineau, M., 1908, *Rapport sur l'influence des avortements criminels sur la dépopulation et les mesures à prendre*, Commission de la dépopulation, Imprimerie administrative.

Eustache, G., 1903, *La puériculture: Hygiène et assistance*, J. B. Baillière.

Faÿ-Sallois, F., 1996, *Les nourrices à Paris au XIXe siècle*, Payot & Rivages.

第Ⅱ部　〈産み〉の奨励と抑制

Musée Flaubert et d'Histoire de la Médecine, 2008, *Les enfants du secret*, Magellan & Cie.

Pinard, A., 1904, *La puériculture*, Armand Colin.

Strauss, P., 1896, *L'enfance malheureuse*, Bibliothèque-Charpentier.

————, 1901, *Dépopulation et puériculture*, Bibliothèque-Charpentier.

————, 1902, *Rapport fait au nom de la commission chargée d'examiner la proposition de loi de M. Paul Strauss, sur la protection et l'assistance des mères et des nourrissons*, Sénat. Session de 1902. N°4, P. Mouillot.

————, 1911, *Rapport général sur les causes de la mortalité*, Imprimerie administrative.

Sussman, G. D., 1982, *Selling mothers'milk: the wet-nursing business in France, 1715–1914*, University of Illinois Press.

Rollet, C., 2017, "Ligue contre la mortalité infantile et alliance pour l'accroissement de la population française: Deux familles de pensée et d' actions ?", *Revue d'histoire de la protection sociale*, No. 10, pp. 161–177.

第6章

近代日本の児童保護事業が表彰した子どもと排除した子ども
──赤ちゃん審査会と貰い子事件から考える──

大出　春江

1　望ましい子どもと望まれなかった子ども

　本章は、近代日本における児童保護事業が対象とした児童について、1920年代から1930年代の対照的な出来事を通じて明らかにし、子どもと産む女性の支援について考察することを目的とする。

　子どもの誕生は多くの場合、祝福され人びとに大きな喜びを与える。しかし、望まない妊娠は困惑と不安を関与する男女双方に与え、その後の人生や生活に影響を与えずにはおかない。さらに、子どもを自己の身体に抱え込む女性にとって事態は切実でありその影響は決定的である。人工妊娠中絶が合法ではなかった時代に女性は望まない妊娠によって人生に終止符を打つ決断をし、そうでなければ産んだ子どもを捨てたり殺したりすることもあった。この当時、妊娠した女性は自分が生き延びる手段として（あるいは地域の慣習にしたがって）捨て子または子殺しを選んだのだろうが、露見すれば陰惨な事件として報道され、そして女性たちは犯罪者となった。

　本章では、はじめに内務省が推進した児童保護事業の一環として全国的に広がっていく児童の健康表彰事業をとりあげる。これは衛生や健康の概念を伝え育児の模範となる子どもを選出し表彰する事業として、当時の植民地だった朝鮮や樺太、台湾においても開催された。日本児童愛護連盟主催第7回審査会に当時の文部大臣松田源治が寄せた式辞「子供は家の寶であると同時に國の寶であります。お子さん達を、あなた方の良き後継者として健かに育て、次の代の良き國民として強く、正しく、育て上げねばならぬ」（日本児童愛護連盟 1936）に象徴されるように、表彰される子どもは「良き國民」の代表だった。また母

第Ⅱ部　〈産み〉の奨励と抑制

親にとっては育児の成功であり成果として賞賛された。赤ちゃん審査会を伝える当時の新聞の写真や写真帖からは祝福される子どもとその親たちの晴れがましさが伝わってくる。

　これとはまったく対照的な出来事として、本章でとりあげるのは1930（昭和5）年4月に東京府下で起きた貰い子殺人事件である。この事件は、1933（昭和8）年に日本ではじめての児童虐待防止法成立のきっかけとなったとされるほど、社会的影響が大きかった事件である。[1]後述するが、望まれない子どもが仲介業者によって貰い子として取り引きされ、養育料という名のわずかな金銭とともに子どもは極貧地区の人びとに手渡されていた。多くは不十分な栄養と劣悪な衛生環境のなかで衰弱し死に至った。

　結論を先取りしていえば、児童保護や児童愛護が強調された時代に、望ましい児童とは法的な婚姻関係にある男女から生まれた子どもであるという認識の強化につながり、婚外子も産む女性もその存在はより一層、認められなくなった。その結果、養育費付きで周旋人の手を介して貰い子とするか、生まれなかったことにするか（出生届をしない、死産扱いとする、または堕胎などの方法で）、いずれかの選択が採用されたと考えられるのである。

　明治民法下において婚外子＝非嫡出子は私生児（子）、嫡出子は公生児（子）と呼ばれた。非嫡出子はさらに父親が認知する場合としない場合とに区別され、前者は庶子と分類され、男子であれば家督相続における優先順位が与えられた。以下、本章では、当時の統計や文献には「公生児」「私生児」が公式用語として使用されていることを踏まえ、便宜上、「　」をつけずに用いることとする。

2　児童保護事業が表彰した「児童」

　1920年代は日本において社会事業という概念が人々に知られ、その一環として児童保護あるいは児童愛護といった言葉も広く定着していった時代である。第一次世界大戦を契機とした、工場労働者数の急激な増加、工業生産額の飛躍的発展、輸出額の急増、重化学工業部門の成長など、日本の資本主義が構造的な変容を遂げ、都市化が急速に進んだことがその背景にある（木村 1964：68-70）。こうした急速な経済成長は貧困や社会的矛盾を表面化させた。1910年代

第6章　近代日本の児童保護事業が表彰した子どもと排除した子ども

末に全国で起こった米騒動はその代表である。社会事業のための社会調査が東京や大阪などの大都市ではさかんに行われたのもこの時期であるが、これらの現状把握を目的としたものだった。

児童保護は社会事業の一つとして内務省衛生局が率先して推進した。当時の児童保護事業の目的には、必ず乳児死亡率の「防遏」（防ぎとめるの意味）という課題が掲げられていた。とりわけ大都市における乳児死亡率の高さは大正期に入ってから多くの医師や学者によって繰り返し強調され、社会問題として認識されるようになった。

1928（昭和3）年の東京市政調査会の報告書によれば、日本の乳児死亡率が明治から大正期に入って低下せずに高くなる一方、こうした変化がイギリスやフランス、ドイツ、イタリア、スウェーデンなどヨーロッパ諸国では見られず、日本の乳児死亡率の特異性が示された。

国家的要請といってよい乳児死亡率の「防遏」のために、健康な乳幼児の表彰事業は1920年代から各地で進められた。この事業は衛生・栄養・健康という概念を人びとに定着させていくうえで、効果的な方法だと考えられたに違いない。というのも生きた子どもの現物展示をし、体重、身長、頭囲といった数値でランク付けし、優秀者を親子で表彰するというわかりやすい方法をとっていたためである。このイベントが地方都市や農村では

資料6-1　我国の乳児死亡率（出生千対）

1899	明治32	153.8
1900	明治33	155.0
1901	明治34	149.9
1902	明治35	154.0
1903	明治36	152.4
1904	明治37	151.9
1905	明治38	151.7
1906	明治39	153.6
1907	明治40	151.3
1908	明治41	158.0
1909	明治42	167.3
1910	明治43	161.2
1911	明治44	158.4
1912	大正1	154.3
1913	大正2	152.1
1914	大正3	158.5
1915	大正4	160.4
1916	大正5	170.3
1917	大正6	173.2
1918	大正7	188.6
1919	大正8	170.5
1920	大正9	165.7
1921	大正10	168.3
1922	大正11	166.4
1923	大正12	163.4
1924	大正13	156.2
1925	大正14	142.3

注　引用の際に西暦を追記し、表タイトルの一部を編集した。
（出所）東京市政調査会（1928：252-253）第一五表。

第Ⅱ部　〈産み〉の奨励と抑制

資料6-2　諸国に於ける乳児死亡率（1896〜1924年　出生千対）

	イングランド及ウェールズ	スコットランド	スウェーデン	ドイツ全国	プロシャ（旧プロイセン王国）	サクソニイ（旧ザクセン王国）	オランダ	ベルジウ　ム（ベルギー）	フランス	イタリイ	日本
1896-1900	156	129	100	—	201	265	151	158	158	168	153
1901-1905	138	120	91	199	190	246	138	148	139	160	152
1906-1910	117	112	78	174	168	198	114	141	126	152	158
1911-1915	110	113	71	160	163	176	99	135	126	139	157
1916-1920	90	99	66	145	139	123	84	115	118	152	174
1921	83	90	—	134	134	143	76	115	115	—	168
1922	77	101	—	130	129	139	67	107	85	—	166
1923	69	79	—	132	132	150	57	—	96	—	163
1924	75	—	—	108	106	119	51	—	85	—	156

注1　引用の際に西暦を追記し、表タイトルの一部を編集した。
注2　引用の際に、元の表に調整を施した。
注3　国名の（　）内補足は引用者による。
（出所）　東京市政調査会（1928：254）第一六表。

公民館、女学校、小学校など公的空間で実施され、他方、大都市では百貨店などで開催されることが多く、百貨店での開催の場合は政治家や皇族の「巡覧」もあり、全国紙に写真付きで紹介されたことも注目される大きな理由の一つだった（大出 2022：23-25, 45；日本児童愛護連盟 1936；朝日新聞 1941年7月20日夕刊）。

　審査会で選ばれる「次の代の良き國民」は身体の成長と健康がその基準だった。この審査会に申し込むためには両親の住所と氏名を書かなければならなかった。入賞すると、子どもの名前と誕生年月日だけでなく父親の名前が住所と共に発表された。堺市赤ちゃん審査会の場合は途中から母親の名前も記載されるようになった。このことは、児童保護事業を象徴する赤ちゃん審査会が両親のそろった公生児を審査対象としていたことを示している。

第6章　近代日本の児童保護事業が表彰した子どもと排除した子ども

3　乳児死亡率の「防遏」をめざした児童保護事業とその広がり

　日本における乳児死亡率は近代化とともに一貫して低下せずに、前述のとおり1910年代後半から1920年前半にかけて上昇するという特異な傾向が指摘されていた。乳児死亡に対する関心の高まりは子どもを産む場を医療者の管理下で監視し、育て方を指導することに結びついた。その一つが産院という近代システムである。妊婦が自宅ではない場所で産むことを選択していくこの時期に、これと重なる形で広がる赤ちゃん審査会について概説しておく。

(1)　産院の誕生と普及

　日本の各地にかつて産屋が存在し、産後の女性が一定期間、労働免除される機能を果たしていたことが民俗学の研究者によって報告されている。女性は自宅の納戸や土間で出産し、その後、産屋に移動するか、産屋で出産しそのまま子どもと滞在し、近隣または産婦の母親が食事や身の回りの世話をした。出産は一人で産むもの（一人で産めないのは恥ずかしいこと）とされている場合もあれば、出産援助の経験豊富な近隣の女性が呼ばれる場合もあった。地域によっては夫が協力し助産していた例も報告されている（松下 1981：吉村 1985：若狭路文化研究会ほか 2014：伏見 2016）。

　現代では出産の99％が病院（診療所も含む）で行われており、助産所または自宅等で出産する女性は合計 1 ％にも満たない。産む場所と立合者の変化は第二次世界大戦後、GHQ の占領期の医療改革によって急速に進められたという理解が一般的である（大林 1989）。それ以前は難産を除けば医師は立ち合わず医療的介入のない出産が大勢だったとされていた。しかし、東京や大阪といった大都市に注目すると、西洋医学教育をうけた医師や産婆が病院や産院に常駐し、女性が施設に入院し出産することは戦前からおこなわれていたのである。ここで重要なのは、これらの出産の施設化が大都市では貧困問題対策の一つとして開始され普及したということである。

　出産は自宅でするもの（多くは実家ではなく婚家）と考えられていた時代に、衛生環境が整い専門家の常駐する施設に女性を収容することによって母子の生

125

第Ⅱ部　〈産み〉の奨励と抑制

命を保証し、乳児死亡率を下げることがめざされたのである。

　東京市ではじめて医師が常駐する産院を建設したのは賛育会であるが、これは東京帝国大学基督教青年会の河田茂ら医学生が中心になり、木下正中の指導のもとに本所区（現在の墨田区）で医療活動をはじめたことがきっかけだった。1919（大正8）年に産院が設立された当時、東京朝日新聞は賛育会が「妊婦預り所」事業をはじめたと書いている（東京朝日新聞 1919年3月25日朝刊）。産院という呼称が十分定着しておらず、「妊婦預り所」という言葉の方が理解されやすかったことがわかる。賛育会が産院を設立した翌1920（大正9）年に大阪市立産院（通称、本庄産院）が建設されている。一方は学生有志が主体となり、他方は個人篤志家からの寄付を原資とした公立という違いはあるが、ほぼ同時期にともに細民地区に設立されたのは、産院というシステムが実質、ほぼ無料で貧困層を対象としたためである。

　産院の規模や構成については2、3床程度の小規模なものから、医師と産婆、薬剤師、看護婦が常駐する病院組織型のものまであり、いずれも産院と呼ばれた。詳細は省略するが、急速な近代化による都市への人口流入とそれに伴う都市の問題が顕在化していたことを背景に、産院での出産は産む側の需要を満たし、その結果、都市の人びとの間に定着していったのである。家族についていえば、夫婦または夫婦と子どもだけの小規模な世帯が都市で形成され、出産時に身の回りの世話をする人手がない場合、入院出産はたいへん便利だったのである。したがって東京や大阪などの都市では、産院の大部屋には貧困層の女性が無料で入り、新中間層の女性たちは有料の個室を積極的に利用するようになった（大出 2018：240-244）。産院という形式の普及には、さらに別の理由もあった。医師や産婆を養成するには臨地実習が必要だったから、より多く養成するために、実習先としての病院や産院を必要としたのである。貧困層の女性の出産が無料であったのは、社会事業としての意義だけでなく、医療者養成の実習のために身体が供給される意義があった。[2]

　それまで困難な出産でない限り、妊産婦が自宅を離れて別の場所で産むことはなかった。子どもを自宅で産むことが困難な状況か、子どもの誕生が社会的に知られたくない事情にある場合に限って、自宅ではない場所で産んだのである。[3]1920年前後の新聞には、産院と「妊婦預り所」が互換的に使用されており、

その後、次第に産院という言葉は社会に定着していった。自治体単位の取締法はあったが、戦時下の国民医療法（1940年）において、産院ははじめて医療施設の一つとして位置づけられた。こうして戦後の医療法（1948年）が成立するまで、産院という言葉は正式な公用語として存在していた。

　貧困層を対象として都市を中心に産院が設立された時期に、赤ちゃん審査会（または乳幼児審査会）事業、すなわち産婆や看護婦を多数動員するなかで医師が検診をおこない、優秀者を表彰する事業が日本各地に広がった。いずれも全国に「健康」や「衛生」を定着させ実践していくための方法だった。医師にとっては健康な子どもの身体情報が得られた。したがって、乳幼児の健康表彰事業と産院の時代が同時期だったのは必然でもあった。

(2)　赤ちゃん審査会というメディア・イベント

　発育状況を比較し「健康」のランク付けをすることで入賞者を決めて表彰するイベントは日本で盛んになっていったのは1920年代からといっていいだろう。ここでは赤ちゃん審査会がどのように始まったのかを簡単に述べておくことにする。

　赤ちゃん審査会というイベントを日本で一番はやく開催したのは教育者の西山哲治である。彼は「赤ん坊展覧会」という名称で、1913（大正2）年から1927（昭和2）年まで計14回開催した。2歳までの子どもを帝国小学校に集め、医師による身体検査をおこなった（西山 1913）。「赤ん坊展覧会」第3回目には教育学者の高島平三郎、医師の三田谷啓、順天堂医院の金原為春が熱心に参観したとあるから（読売新聞 1915年10月4日朝刊）、次に述べる内務省衛生局を含め多方面に影響を与えた可能性がある。

　1920（大正9）年にこれをより大規模に行ったのが内務省衛生局による児童衛生展覧会であった。展覧会は児童保護事業の一環として、東京教育博物館（通称、お茶の水教育博物館）で開催され、乳幼児審査会はその附帯事業として約1か月間、東京帝国大学医学部、慶應義塾大学医学部、千葉大学専門医学校その他の医員を動員し、6歳までの子どもを対象に実施された。

　内務省衛生局は児童衛生展覧会の「各地方に於て順次開催」する意思を地方長官に対し10日程度のうちに回答するようにと「通牒」し、回答のあった10か

第Ⅱ部　〈産み〉の奨励と抑制

所以上のなかから、大阪府が第一号に選ばれた。大阪府知事が会頭を務める大阪府衛生会主催によるもので1921（大正10）年３月に開催され、滋賀県、北海道室蘭市、広島県など全国を巡回した（東京朝日新聞 1920年11月21日朝刊、1921年８月31日朝刊）。地方の展覧会では内務省衛生局が展示に用いた品々を貸し出しするとともに、各地方の創意で地方のそれぞれの品を展示する形をとった。

　内務省衛生局による児童衛生展覧会の附帯事業としておこなわれた身体検査は、衛生の専門家である医師が６歳以下の児童を対象に身体の発育を確認するというものだった。児童衛生展覧会では「衛生」の意味を物品の展示によって人々に理解させ普及させることを目的としたのである。

　赤ちゃん審査会は病気や障害がなく、標準以上に順調な発育をみせている乳児を審査会という形式によって選別し、表彰するプロセスを通じて、生きた身体の展示をしたのである。見方を変えれば、親が自発的に乳児を審査会場という公共の場に連れていくという行為を生みだした。医師からすれば病気や障害のない子どもを診る機会がそれまでなかったのだから、審査を通じて数多くの乳児の計測結果を得る機会となった（大出 2017：23）。

　赤ちゃん審査会や健康な子どもの表彰事業は第二次世界大戦中に一度途絶えるが、戦後まもなく再開され、1970年代から1980年代まで続いた。この表彰事業は児童愛護、児童保護そして健康であることの価値を伝えるメディアの役割を果たした。

　1927（昭和２）年から1942（昭和17）年までほぼ毎年開催された大阪府堺市赤ちゃん審査会（堺市産婆会主催）の場合、第１回目には「コドモ愛護」というビラ10万枚あまりを空から飛行機で撒いた写真が残されている。この堺市赤ちゃん審査会の開催のために、堺市産婆会は大阪児童愛護連盟に全面的な協力を仰ぎ共催の形式で成功にこぎつけ、２回目以降は独自に運営し、その後15年間ほぼ毎年、継続したのである。協力した大阪児童愛護連盟の場合は内務省の慫慂にしたがうものではなく、大阪市独自の活動の一環として1921（大正10）年に「赤ん坊審査会」をはじめた（伊藤 1926＝2015）。その後、大阪児童愛護連盟は大阪と並行して東京でも実施するようになり、東京での開催は後に日本児童愛護連盟という名称となった。日中戦争以降、厚生省、陸軍省、海軍省、内務省、文部省、拓務省の協賛を得るようになると、官民の境は曖昧になり、実質的には

総力戦体制下の国家の広告メディアとなっていった（大出 2022：43-49）。

　「健康」な子どもとの出会いは医学や教育の専門家にとって重要な意味をもっていた。なぜなら、審査会とは特定の年齢層の子どもたちが自発的に集合してくれる場であり、その時間と場所も主催者が指定することができたからである。そのようにして医師は構成された「集合的身体」を対象に子どもの計測データを得ることができた。他方、教育者にとっては、健康で優良な子どもはどのような環境下で育つかという視点から、母乳・人工乳・混合のいずれか、母親の体重、父親の職業などが有用な情報として入手された。このようにして赤ちゃん審査会は、育てるべき子どもを人びとに提示する機能をもち、母親や家族に対してはどのような育て方をすれば優良と評価される子どもになるかを「啓蒙」する機会となった。

　1910〜1920年代は日本の資本主義が第一次世界大戦後、急激な発展を遂げ、地方から都市へと人口が流入し、新中間層の家族が成立していたから（沢山 1990：108-131）、赤ちゃん審査会が新中間層の主婦＝母親にとって「出口を塞がれた自己実現要求の、いわば代償行為として子育てに賭ける」対象としての役割を果たしたともいえるだろう（木下 1991：108-110）。そうだとすれば新中間層の母親たちにとってはより一層の「健康」や「衛生」を志向する契機を与えたことになる。しかしその層は日本社会の人口全体の一割程度だったことを考えると、児童保護事業の一つとして始まった赤ちゃん審査会の主要なメッセージは届けるべき対象にはほとんど届いていなかったともいえる。

　ではもっとも届けなければならなかったのは誰か。それは乳児死亡率の高い地域であり階層であったはずである。

4　望まれない子どものゆくえ　　堕胎から貰い子へ

　望ましい子どもの選出と表彰事業が官民両方でおこなわれた同じ時期に、これらとはまったく無縁な、行政の監視の目の届かない東京の周辺地域で、子どもが極貧の人々の生存を支える「貰い子」という商品として流通していた。それが「痛ましい事件」として社会に知られたのは、乳児の死が偶発的に露見したことがきっかけであり、子どもの「虐待」として社会的に注目された。

第Ⅱ部　〈産み〉の奨励と抑制

　犠牲となった子どもの多くは、望まない妊娠によって生まれたと推測される。望まない妊娠は、近代以前の社会では堕胎や間引き、あるいは捨て子や貰い子によって問題の解決が図られていた。『日本産育習俗資料集成』は当時の皇太子が誕生したことを祝って設立された恩賜財団母子愛育会の記念事業の一つとして行われた調査の成果である。全国調査の調査項目のなかには堕胎や間引きも含まれていた。それによれば、望まない妊娠の対処法として植物が用いられたり、母体を傷つけてまで胎児を外に出す方法から、生まれてから死なせる方法などが各地に伝承されていたことが記載されている（母子愛育会 1975：159-172）。

　近世における堕胎、間引きに関する禁止令は地域ごとに出されていたものの、人口抑制のための慣習的方法として各地で続いていた（太田 1997）。これを「堕胎の罪」として明文化したのが1907（明治40）年の改正刑法だった。大藤ゆきは間引きの習俗は「明治初年頃まではほとんど公然の秘密として行われていたという」と記し各地の民俗を紹介している（大藤 1967：16-17）。

　1910年代前半の妊娠・出産・子ども関連の報道についてみると、妊婦の轢死がしばしば登場し、また嬰児の圧死が乳房、布団、炬燵などが原因だとして伝えられることも多かった。そのほかに棄児、捨て子、堕胎といった記事が何度も登場していた。ところが、1920年前後になるとこうした陰惨な事件はほとんど報道されなくなるという変化が見られた（大出 2008：327-339）。もちろんこれらはニュースの報道傾向や雑誌の編集方針の変化が直接に影響しているわけだが、検挙される事件そのものの減少も考えられる。しかしながら、堕胎や間引き等が公然とおこなわれることは減ったとしても、事件として報道されることはそれ以降もあった。例を挙げると、1940（昭和15）年３月に行われた第75回帝国議会「国民優生ニ関スル法律案」の審議過程で、議員北浦圭太郎の質問に対する政府委員の鶴見祐輔の答弁では、近畿地区で広域にわたり堕胎が地域ぐるみでおこなわれており、これを警察が捜査し50名余りが検挙されたことの発言記録がある（厚生省 1940＝2001：136-138）。

　産婆を呼ばずに一人で産む女性もいたし、経験だけが頼りのトリアゲババの介助で産む女性もいた時代である。そのいずれかは不明のまま、堕胎については産婆の介在がしばしば記載された（厚生省 1940＝2001；母子愛育会 1975：159-

172）。そのことは教育を受けた産婆にとって不名誉には違いなかった。西洋医学を学んだ医師の下で教育を受け、免許をもった産婆を出産に関わらせることを近代日本はめざし、産婆が介在することで子どもの生存率を高めることが期待されていたからである。しかし、望まない妊娠は常に存在しており、医師であれ産婆であれ、善後策を相談される機会は十分ありえただろう。

　こうした中で多くの産婆と少数の医師が常駐する産院というシステムが1920年前後から普及していく。入院して出産ができること、難産にも医療者が迅速に対応し、産後の経過も観察し必要に応じて手当ができ、産院によっては母乳など育児相談にも応じるなどして、都市では社会事業の名の下に各地に設立されるようになった。大阪では1920（大正9）年から、東京では1919（大正8）年に賛育会による産院設立、1922（大正11）年に日本赤十字病院の産院、さらに関東大震災以降は東京市には市立産院が続々と設立されていった。次節ではこの時期に公表された乳児死亡率統計をとりあげ、出生の身分と死亡率の関係を中心に見ていくことにする。

5　身分別乳児死亡率の国内比較と国外比較

(1)　内務省衛生局の統計

　資料6-3 ～ 6-5は内務省衛生局が1923（大正12）年6月、官報の第3251号と第3257号において報告したものである。日本の乳児死亡率を1）人口規模別（**資料6-3**）、2）道府県別（**資料6-4**）、3）道府県別・出生身分（公生―私生）別（**資料6-5**）に示している。**資料6-4**と**資料6-5**は1919（大正8）年の数値と思われる。

表6-3　市町村の人口規模別にみた乳児死亡率（出生千対）

年次	人口5万以上の市	人口5万以下の市町村
1910（明治43）年	184	159
1911（明治44）年	189	155
1912（明治45）年	162	153
1913（大正2）年	168	150
1914（大正3）年	176	156
1915（大正4）年	187	157
1916（大正5）年	190	168
1917（大正6）年	193	171
1918（大正7）年	206	188
1919（大正8）年	180	169

注1　西暦の追記と表タイトルは引用者による。
注2　人口5万以下は人口5万未満と思われる。
（出所）官報1923a

第Ⅱ部　〈産み〉の奨励と抑制

資料6-4　道府県別の乳児死亡率（出生千対）
（1910～1919年の10年間平均）

道府県名	乳児死亡率	道府県名	乳児死亡率
東京府	172	京都府	197
大阪府	218	神奈川県	163
兵庫県	169	長崎県	130
新潟県	174	埼玉県	175
群馬県	159	千葉県	193
茨城県	199	栃木県	157
奈良県	168	三重県	169
愛知県	164	静岡県	149
山梨県	136	滋賀県	169
岐阜県	164	長野県	144
宮城県	169	福島県	157
岩手県	191	青森県	211
山形県	206	秋田県	204
福井県	194	石川県	195
富山県	190	鳥取県	140
島根県	154	岡山県	155
広島県	142	山口県	124
和歌山県	140	徳島県	156
香川県	164	愛媛県	137
高知県	163	福岡県	157
大分県	142	佐賀県	152
熊本県	127	宮崎県	113
鹿児島県	98	沖縄県	59
北海道	173	全国	161

注1　西暦の追記と表タイトルは引用者による。
注2　全国（平均）の引用元の数値の記載は165で
あるが、引用者が計算した数字に修正した。
（出所）官報 1923a

資料6-3は明治末期から大正初期にかけて漸減していた乳児死亡率がその後、上昇に転じたこと、都市の乳児死亡率が高いことを示している。ただし**資料6-4**に見るとおり、大阪府や京都府の乳児死亡率は確かに高いが、東京府の数値はそこまで高くない。むしろ北関東から東北地方、中部日本海側の地域の乳児死亡率が高く、また関西以西から九州、沖縄にかけては全国平均を下回る傾向にある。報告にはこのほかに乳児死亡の日齢・月齢別死亡の「明治四十三年～大正八年までの十年間の平均」が示されている。それによると生後1か月以内の死亡が全体の44.4％を占め、生後10日以内の死亡が全体の28.9％であること、したがって生後1か月以内の乳児死亡を減らすことが重要だと指摘されている。

資料6-5からわかることは公生─私生別にみると、沖縄県を除き、すべての道府県で私生の乳児死亡率が公生のそれを圧倒的に上回るということである。茨城県、山梨県、埼玉県、三重県は私生の乳児の3人に1人が死亡している。全国平均では私生の乳児の4人に1人が死亡している。出生の身分別乳児死亡率について、生江孝之は次に紹介する著書の中で1910年代前半のヨーロッパ諸国とアメリカの統計から同様な傾向があることを紹介し

表6−5　道府県別・公生－私生別にみた乳児死亡率（出生千対）（1910〜1914年の平均乳児死亡率）

道府県名	公生	私生	公生に対する私生の割合	道府県名	公生	私生	公生に対する私生の割合
東京府	164	240	1.5	京都府	181	258	1.4
大阪府	206	281	1.4	神奈川県	155	268	1.7
兵庫県	163	217	1.3	長崎県	121	196	1.6
新潟県	171	210	1.2	埼玉県	167	302	1.8
群馬県	152	229	1.5	千葉県	188	266	1.4
茨城県	187	346	1.9	栃木県	150	269	1.8
奈良県	167	234	1.4	三重県	163	344	2.1
愛知県	158	218	1.4	静岡県	144	264	1.8
山梨県	124	315	2.5	滋賀県	162	244	1.5
岐阜県	158	218	1.4	長野県	139	253	1.8
宮城県	165	298	1.8	福島県	147	213	1.4
岩手県	186	274	1.5	青森県	209	237	1.1
山形県	200	278	1.4	秋田県	200	270	1.4
福井県	191	227	1.2	石川県	192	227	1.2
富山県	187	227	1.2	鳥取県	133	186	1.4
島根県	149	189	1.3	岡山県	148	207	1.4
広島県	136	198	1.5	山口県	119	179	1.5
和歌山県	130	226	1.7	徳島県	150	207	1.4
香川県	156	210	1.3	愛媛県	130	204	1.6
高知県	153	232	1.5	福岡県	151	239	1.6
大分県	138	188	1.4	佐賀県	147	209	1.4
熊本県	123	211	1.7	宮崎県	107	151	1.4
鹿児島県	94	150	1.6	沖縄県	61	37	0.6
北海道	163	231	1.4	全国	155	231	1.5

注1　引用元の表では私生 - 公生の記載が反対だと判断されたため、修正した。また、引用元の記載を元にして公生に対する私生の割合を追加して作表した。
注2　道府県の並びは引用元の通りである。
注3　全国（平均）の引用元の数値は公生155、私生231であるが、引用者が計算した数字に修正した。
（出所）官報1923ｂ

ている。

第Ⅱ部　〈産み〉の奨励と抑制

表6-6　ヨーロッパ諸国における公生－私生別にみた乳児死亡率（出生千対）（1910～1914年の平均乳児死亡率）

国名	公生	私生	公生に対する私生の割合
オーストリア	188	274	1.5
ベルギー	136	213	1.6
デンマーク	90	167	1.9
イギリス	140	208	1.5
フィンランド	106	175	1.7
フランス	111	221	2.0
ドイツ	154	256	1.7
イタリア	134	223	1.7
ノルウェー	62	122	2.0
スコットランド	120	223	1.9
スウェーデン	66	109	1.7
スイス	99	169	1.7
オランダ	102	233	2.3
ヨーロッパ全体平均	116	199	1.7

注1　引用の際に、他の表と比較しやすいように元の表に調整を施した。
注2　公生に対する私生の割合の数値で計算の誤りと思われる場合は、引用者が計算した数字に修正した。
注3　ヨーロッパ全体平均は日本の全国平均と比較するため引用者が追記した。
（出所）　生江 1924：429-430

(2)　ヨーロッパ各国の身分別乳児死亡率——生江孝之『社会事業綱要』から

資料6-6は生江孝之が『社会事業綱要』（1924年改訂版）第5章「児童保護事業」に示した国別、公生—私生別乳児死亡率を再計算したものである。[5]ヨーロッパ各国の数値をみると日本と同様に、私生の乳児死亡率は公生のそれを上回り、フランス、ノルウェー、オランダは2倍以上であることがわかる。**資料6-6のタイトルにみる通り、乳児死亡率は1910年～1914年の平均である。先述の日本の数値はこれより数年後であるにもかか**わらず、日本は公生と私生いずれの乳児死亡率もヨーロッパ全体の乳児死亡率の平均を上回っている。

　生江は1914年現在のアメリカの州ごとの身分別乳児死亡率に言及し、公生児のそれが1割以下であるのに私生児が3倍の州もあると記している（生江 1924：430-431）。生江は私生児の出生数が戦争を契機にヨーロッパで増加したこと、イギリスにおいてはかつて日本と同様に私生児は女性の貞操性ばかりが問題にされ差別されていたが、1921年にそれまでの「私生児取扱法」の法律改正が行われ、アメリカでも同年春にシカゴおよびニューヨークにおいて私生児保護に関する協議会が開催され、「私生児は公生児と同じく相続権を有する

第 6 章　近代日本の児童保護事業が表彰した子どもと排除した子ども

こと、父は私生児の青年に達するまで扶養の義務を負ふこと、国家は公生児と同様に保護すべきこと」などを決議するに至ったと記している。合衆国の法律にはないがマサチューセッツ州など 3 州は法律を改正し、「公生児、私生児ともに同様の扱い」が受けられるようになっており、いずれ合衆国法律も変わるだろうと記している。これら欧米の状況を踏まえ日本の現状について生江は次のように述べる。

　　国家的見地よりするも、年々十五萬人内外の生産を見る庶子及私生児に対して、国家及社会が何等特殊の保護を試みないのみならず、反て之を虐待すると云ふ如きは、決して当を得たるものではない。この問題に対しては他の児童問題とともに充分考慮を要すべきの時期が将に到来しておる（生江 1924：436）。

　生江は日本においても、子どもがその出生の身分によらずに平等に保護されるべきだとしている。しかし、当時の状況については「新聞紙上散見する処に依れば児童虐待の事故決して少なからざるを認めるのである。況んや里子若くは貰子の中には残虐なる取扱を受け、遂に死亡する者少からざるを見るに於てをやである。」と述べ、その見通しは明るくなかった。

　日本における私生児の差別的扱い、里子や貰い子の「残虐なる取扱」を踏まえ、生江は欧米諸国のような児童虐待防止法が日本にも必要だと述べる。1920年代初頭の日本についての彼の認識にもかかわらず、この法律が日本に誕生するのは1933（昭和 8 ）年であった。児童虐待防止法の必要が社会的認識として高まる契機を与えたとされる「岩の坂貰い子殺人事件」が起きた 3 年後だった。次に引用する報告も事件の影響を読み取ることができる。

⑶　国際労働局東京支部「わが国に於ける児童保護事業の状況」

　国際労働局東京支部は官報にこのテーマについて 3 回にわたり報告している。報告の中心は貧困児童と児童労働にあるが、「その二」の結びに「これ等の児童のみならず、乳児の虐待事実が、しばしば暴露されるに及び、これ等の不遇児童の保護問題が、世の注目をひくにいたった。」（国際労働局東京支部、官報1245号付録、1931年 2 月25日、 2 頁）と述べ、「その三」の「乳幼児と児童の虐待

135

第Ⅱ部　〈産み〉の奨励と抑制

防止」において貰い子事件に触れている。

　養育料を添えて、他人に扶養を委託された乳幼児の数は、昭和四年中に於て
五,五四三人であって、男子二六四二人、女子二九〇一人であるが、これ等
の不幸な乳幼児の中には、往々虐待を受けて死亡する者すらあると見られて
いる（国際労働局東京支部、官報1251号付録、1931年3月4日、1頁）。

　これに続いて「かくの如き虐待を防止するために、これを取締り、もって不
遇なる幼少年を保護すべき法制は、甚だ不備のまま今日に至ってゐるが、この
痛ましい事実を看過しがた」いと述べつつ、しかし民間の活動をわずかに紹介
するにとどまる。ここでいう「痛ましい事実」が「岩の坂貰い子事件」を指し
ているであろうことは十分、推測される。

　もう一つ資料を紹介する。1931（昭和6）年官報1245号付録にある雑報「昭
和五年中の出産　東京市の状況」（東京市統計課長談）には東京市における身分
別の死産率が示されている。それによると東京市の出産率は1921（大正10）年
以降、低下し続け全国的にみても著しい傾向にある。具体的には、東京市在住
者の出産は5万785件（前年より1400件減少）、このうち死産3032件、死産率は
5.97％（前年5.5％）である。身分別でみると「私生子（庶子・私生子）」は出産
全体の6.59％であるが、死産全体の26.15％を占める。「私生子（庶子・私生子）」
の出生割合は1921（大正10）年の10.03％を頂点に減少傾向にある。「私生子」
の出生割合が減少する一方、東京市の死産割合が全国的にみてはるかに高いの
は「都市生活者の裏面を暗示」するものであると述べる。続けて「全国同様、
私生子出産が漸次減少してゐるが、なほ全国のそれよりもさらに低下してゐる
ことは、社会道徳上、よろこぶべきこと」としつつ、死産率の高さは「私生子
を生む都市の母親の不健全さを反映」しているとする（官報 1931：3-4）。報
告からは「私生子」と「母親」だけが道徳的判断と糾弾の対象であることが改
めて確認される。

　以上の統計から、1920年代から30年代の婚外子と乳児死亡や死産の密接なつ
ながりが示唆されたが、道徳的非難の対象となった女性や子ども、そしてその
子どもを貰い子として生活の糧にして死に至らしめた人びとについて、より具
体的にその内容や経緯は不明である。

そこで次節では婚外子と貰い子の結びつきを中心にみていくことにする。はじめに初期の産院で出産した人びとの婚姻関係と子どもの身分について紹介し、次に岩の坂貰い子殺人事件に関する座談会をとりあげる。出席者のうち、東京の貧困問題に詳しい草間八十雄と生江孝之の発言は事件と貰い子のつながりをみていく上で参考になる。最後に、初期の産院で出産した人びとの属性を踏まえ、産院の時代よりさらに以前からその必要を認め設立された2つの産院をとりあげる。これらを通して、貰い子事件が浮かび上がらせた当時の児童保護の限界と、子どもと産む女性に必要な支援について考察する。

6　貰い子が商品となった時代と産院

⑴　初期の産院に収容された人びとと婚外子

産院が貧困者救済の目的で開始されたことは先述の通りだが、産院に収容された女性や家族について記された資料は少ない。ここではその中から簡易保険局の「産院に関する調査」を用いる。報告では「公益的施設」として賛育会を含む5つの施設が紹介されるが、出産した女性や子どもの身分がわかるのは大阪市立産院だけである。

大阪市立産院の1920（大正9）年1月～3月の出産をみると「正婚者八十二名にして内縁関係に依るもの六十九名、其の他私通等に依る者十名」、子どもの身分は「嫡出子は正婚者と同数の八十二名にして私生子五十九名」と記載されている。内縁関係と私通の合計は79名であるのに「私生子」は59名と記されるのみで、20名の子どもの記載はなくゆくえは不明である（簡易保険局 1928：403-408）。

賛育会については東京府社会課による調査報告書を参照する。それによると、1923（大正12）年時点で調査が可能であった女性176名の婚姻関係は「正婚」132名、「内縁」35名、「其の他」9名、報告書は「正式の結婚が多い」と記している。「其の他」の子どもとは「私生児状態」をいい、9名のうち1名が死産、4名が死亡とある。大阪市立産院と賛育会産院の報告からは、初期の産院利用者は相対的に内縁関係が多く、そのなかに一定割合の私通が含まれること、経済的には中産以下の下層の人々だったことがわかる。東京の調査からは移動性

第Ⅱ部　〈産み〉の奨励と抑制

の高い居住傾向が示される。大阪市立産院は婚外子の1/4が行方不明であり、賛育会産院の婚外子は死産を含め死亡率が1/2を超える（東京府社会課 1926：1-41）。次に貰い子が商品になる仕組みをみていく。

⑵　貰い子が商品になる──岩の坂貰い子殺人事件が明らかにしたこと

　草間八十雄によると、東京では関東大震災後の「都市の急激なる外延的膨脹」により、東京市の旧市内から新市域へと人口が「溢出」し、東京市内の細民地区もまた新市域および東京府下へ移動している。東京市社会局の細民調査によれば、1929（昭和4）年から1933（昭和8）年の間に細民人口は5万9706人から47万3222人になっている。この極端な増大は経済不況と調査による実態把握の結果である。これに約2万人の「不定居的細民」を加えるとおよそ50万人となる。草間は「大東京の総人口」585万人の一割弱が「貧しい生活にもがく者で棄てては措けない要保護者」としている（草間 1987：242-262）。

　新市域の細民地区の一つである岩の坂で貰い子殺人事件が発覚し、急きょ「細民部落はどうしたら改善されるか──貰ひ子殺しのあった岩の坂を問題として」と題する座談会が企画され『婦人之友』に掲載された（生江・草間ほか　1930：67-79）。「あゝいうところに貰はれてくるのはどうしても私生児が多い」という草間の発言を受け羽仁説子は「つまり親は自分で手をかけないで、人に殺してもらうわけですね。」と述べている。

　生江は「私生児は一般的に見れば、（略）田舎から出たての何にも知らないやうな娘が、男にだまされて産むといふやうようなのが多い」と発言後、「最初、親が手放す時には100円か80円、少なくても50円位をつけてやるのですが、それが大部分仲介業者の手に入り、岩の坂に来た時には10円から15円位になってゐる」とも述べている。さらに「貰ひ子の死亡率は捨て児の場合と同じく、5割から6割」だとして、しかしそれは「必ずしも貰ひ親が子供を殺さうといふ意志で養育するからといふのではなく、その貰ひ親の手に渡るまでに、栄養不良とかその他種々の原因で、到底生育する見込のない子供が多いから」だと説明する。この生江の発言を受けてその実態について草間は次のように補足している。

138

第6章　近代日本の児童保護事業が表彰した子どもと排除した子ども

　生江さんのお話のやうに、最初から殺す意志で貰ふ場合は少く、育てれば売ることも出来るのです。乞食は子供を連れないと貰ひが少いので、乞食に子供を貸したり売ったりするのです。前に浅草で調べたことがあるのですが、47人の乞食が15歳以下の子供を101人も連れてゐました。その子供のうち27人が岩の坂の子供でした。

　同時期に草間は『文藝春秋』6月号でもこの事件に触れている（草間・安岡 1992：385-394）。その中で「どん底街には児殺しが多く、噂によると岩の坂だけで数カ年にわたり五十余人の児が殺されたそうである。」と書いており、岩の坂事件は当時の貰い子をめぐる事件としては氷山の一角であったことがわかる。むしろなぜ事件として発覚したのか、ということについての草間の説明は次の通りである。一般的には「（略）二十円、三十円というまとめた金を［養育費として］つけ児を呉れようとするものがある。怠けものでは乞食をしても十円とまとまる金を持ったことがない。そこで遮二無二貰い児をする。［不十分な食料を与え］栄養不良に陥らせたり消化不良に陥らせても別段と苦にするでもなく、死ねばまたいつでも金の付く替りの児がもらえるというたくらみをもち、一日延ばしに生かしている」（補足は引用者…注）。つまり「乞食はむしろ子供を重宝がらねばならぬ」ところを「こんどのような恐しい鬼夫婦は、もう面倒だ、早く締めてしまえ、とその児を圧殺するが如き手段に出」たことで事件として明るみに出たのである（草間・安岡 1992：390-391）。

　細民地区の貰い子は「鬼夫婦」のように殺されて死ぬのではなく、多くの場合はあくまでも仕事の道具として連れ回された結果だというのである。

　貰い児を道具に使えば儲かるのであるから、（略）消化不良と栄養不良とのいずれかで衰弱せる児を、（略）街頭に連れ出して、見るから痛々しいその児を道端で薄いござに寝かしてさらし物にする。こうして（略）弱い児はもろくも冥土に行くようになる。（草間・安岡 1992：391）

　座談会では住宅の改善や生活保障のための最低賃金の必要、家庭扶助法の必要が生江から提案され、また救世軍の社会部長である瀬川八十雄からイギリスでは「私生児の責任を男に全部負はせて」いる事例が紹介されている（生江・

139

草間ほか 1930：77頁）。しかし、草間の発言からは貰い子のルートは実はよくわかっておらず、貰い子事件は都市の貧困に根ざし、解決が簡単ではないことが示される。

(3) 婚外子と産む女性を支えた産婆と産院の取り組み

　3節では産院というシステムが1920年前後から社会事業の枠組みで都市を中心に広がったことを述べた。ここでとりあげる安生堂産院と愛生産院という2つの産院はそれ以前に設立されている。一つは村松志保子（1856-1922）が1890（明治23）年に本所区に設立した安生堂産院、もう一つは1907（明治40）年に荏原郡大井村に金子（小野寺）貞（出生年・没年不明）が設立した愛生産院である。いずれも産婆養成をしながら、貧困な妊産婦の分娩は無料とした。安生堂産院の場合、貧困妊産婦ではない女性の分娩は有料としたが、産院経営は厳しかったようだ。愛生産院は、大井村で産院を建設する際に篤志家の土地の提供があったことと、キリスト教（「組合教会」）に関わる篤志家からの援助があり、それと金子が産院を建設する以前から京橋区で運営していた愛生看護会の事業資金が主たる運営資金だったと考えられる。愛生産院は貧困だけでなく生活上の苦境に立たされた女性の出産を援助することを目的に始められている。両産院の設立時期には17年の隔たりがあるが、おそらく安生堂産院も同種の事業をおこなっていたのではないかと思われる。

　愛生産院の設立3年目に記念会が開催された。山室軍平らが会に招かれ講話をおこなったと当時の読売新聞（1914年10月24日朝刊）が伝えており、記事の見出しには「無料妊婦預り　健気な産婆　金子女史の述懐」とある。ここでも産院ではなく「妊婦預り」という言葉が用いられている。産院という言葉はまだ一般には定着しておらず、それだけ産む場所は自宅があたり前だったのである。

　安生堂産院について東京府統計を除くと公的資料がないため、ここでは前出の簡易保険局の報告と金子貞が語ったものをまとめた「愛生産院に就いて」（金子 1911）を用いる。

　まず、簡易保険局の調査報告における愛生産院の説明は以下の通りである。

　妊婦、産婦の保護を目的とし、妊婦産婦を収容し又出張診察助産を為す。入

第6章　近代日本の児童保護事業が表彰した子どもと排除した子ども

院妊産婦は概ね直接保護者なき為、産後自身の所置は勿論産児の養育方に付、困難を生ずる者多きを以て、乳汁を多量に分泌する者は乳母として奉公せしめ、産児は里預けと為す等の周旋をも為しつつあり。（簡易保険局 1928：411）

「産児は里預け」とし婚外子を出産した女性は乳母としての働き先やその他の奉公先を紹介する。キリスト教系雑誌の『新女界』にはこのあたりの事情が金子自身の言葉で、より具体的に説明される。

私の所に参ります大部分のものは此中流以上のもので、其家庭は相当に暮してをって、食ふには困らない人達ですが、何かの誤ちから道ならぬ事を致し、其結果妊娠となり、家のため父母のために死ぬに死なれず。遂に爰に参ると云ふ次第で、其間には随分悲惨な覚悟をいたし、小説よりも哀なるものが幾人あるか知れません。（金子 1911：40）

愛生産院に先立ち、1905（明治38）年、金子貞は京橋区に愛生看護会を設立し、妊産婦の診察と助産をおこなっており、そこでも、望まない妊娠で苦しむ女性支援を目的としていた。

「彼等は金の問題よりも、自分がどうしたら世間にも知られず、父母の名誉も毀損ずに、此を始末すべきかが、痛切なる彼等の問題」に対応するために、愛生産院の設立に踏み切ったのである。金子は「金銭を惜しまない」これらの女性や家族の弱みにつけ込み「普通の産婆とか開業医などの或ものは（略）不当に金を貪る者」もいると語っている。

金子によると夫が「典獄」だったことから女性犯罪者について見聞きし、入獄のきっかけが「堕胎であるとか、嬰児圧殺であるとか、大抵の女犯罪人は、殆ど皆其初めは不義の結果」だと知ったことにある。「不義のための妊娠でも其場相応の善後策を講じてや」り「生れた児は夫れ夫れに処置をつけて」子どもと女性を転落や死から救うこと、そして報道される「妊婦の鉄道往生や、入水する者を救ふことが出来るに違ひないと考へた事」が事業の設立理由だったと語っている（金子 1911：38-41）。

141

第Ⅱ部　〈産み〉の奨励と抑制

7　望まない妊娠と子どもと女性を支援する

　愛生産院を設立した金子貞は自分の仕事を「一種の周旋屋みたやうなもの」
としながらも、それもまた「一つの伝道」だと語っている。村松志保子は医学
を学び結婚後に産婆の資格をとり安生堂医院と産院を開設するが、妹が産褥熱
によって死亡したことがそのきっかけだった。村松も金子も産む女性の問題を
切実に受け止めた点においても共通している

　1933（昭和8）年3月一人の男による連続貰い子殺し事件が起きた。神近市
子は事件について、女性の視点から次のように述べる。

　　今度の事件では、26人の子供の中の大部分が、主人と雇い人（主として女中）
　　との間に生れた子供であった［こ］とが、一番私共の注意を引いた。経済的
　　に優位にあるものが経済的に無力なもののすべてを奪って当然としてゐる社
　　会の姿が、ここでも露骨にその一端を見せてゐる。（東京朝日新聞 1933年3月
　　20日朝刊）（注…補足は引用者）

　神近は「堕胎を公認したり避妊法を徹底させたりしたら性道徳は滅茶々々だ」
とする考え方を批判し、これらの必要と若い女性たちへの性教育によって、少
しでもこのような「悲惨事」を減らせると結ぶ。望まない妊娠の背景に男女間
の経済を含む力関係が存在することを指摘し、「悲惨事」を避けるには堕胎を
公認し避妊法を女性に教育することが必要だと、同記事で述べる。

　1920年代初頭の日本には当時15万人内外の「庶子及私生児」がおり、生江孝
之がこれらの児童の保護について「十分考慮を要すべき時期が将に到来して」
いると述べてから100年が経過する。法律的な婚姻関係だけが子どもの誕生に
正統性を与え、赤ちゃん審査会はこれらの中から選出した子どもを表彰した。
その一方、婚外子を産む女性は道徳的に非難され、生まれた子どもは商品とし
て貰い子になるか、さもなければ死産と扱われた。100年前のこの時代を振り
返ったとき、現代はどこまで子どもの人権と産む女性の人権を認める社会に変
わったといえるのだろうか。

注

(1) 高橋靖幸は社会構築主義の視点から児童虐待防止法の成立について検討している。貰い子殺し事件報道が法律制定の大きな動因になりながら、成立後は児童虐待防止法によって児童保護の焦点が児童労働に特化させたこととの断層を「ミッシング・リンク」と呼び考察している（高橋 2018）。「貰い子殺し事件」の社会的影響は大きかったにもかかわらず、この法律の成立がその後の貰い子問題の解決に貢献しなかったことの認識が前提にある。

(2) 東京市立産院は関東大震災以降、下町地区に設置された。完全な救貧施設であるうえ、初期には医員の人件費を市で負担せず、医務に関しては一切を病院に任せていたため、帝王切開が著しく多いなど、若手医師の実習場のような観を呈していたと医師の森重静夫は記している（森重 1971：201）。

(3) 1911（明治44）年の東京府統計書によると著名な産科医（濱田玄達、桜井郁二郎など）の開業した私立病院が確認できる。最先端の医療を希望してこれらの病院に入院し出産することを希望する妊産婦が明治末期にはすでに一定程度、存在していたことがわかる（大出 2022：65）。

(4) 戦前、日本の植民地行政を統括した中央官庁。1929（昭和4）年〜1942（昭和17）年まで14年間続いた。

(5) ここで紹介する統計は『社会事業綱要』第五章「第四節　特殊児童保護施設」からの引用である。「特殊児童」とは「棄児、孤児、貧児、窮児、遺児、私生児、病児等を初めとし、被虐待児、盲啞児、低脳児、白痴児又は不良児等」をさすと記載され、「私生児」の当時の位置づけがよくわかる。

(6) 当時の逓信省の一機構として1920年10月に誕生、1933年1月厚生省に組み込まれた。

引用・参考文献

伊藤悌二、1926、「新時代の意義ある年中行事　第四回赤ん坊審査会を終りて」『子供の世紀』第4巻（10号）、2-6頁［『子供の世紀　復刻版』第1巻、六花出版、2015年、316-317頁所収］。

太田素子、1997、『近世日本マビキ慣行史料集成』刀水書房。

大出春江、2008、「性と出産の近代と社会統制：雑誌メディアからみた衛生観念・家族規範・国民意識の形成とその回路」国立歴史民俗博物館編『国立歴史民俗博物館研究報告』第141号、323-354頁。

───、2017、「児童保護運動が健民運動に変わるまで　赤ちゃん審査会とその機能を通じて」『人間関係学研究──社会学社会心理学人間福祉学：大妻女子大学人間関係学部紀要』第19号、21-35頁。

───、2018、『産婆と産院の日本近代』青弓社。

───、2022、『赤ちゃん審査会というメディア・イベント──写真帖が語る近代日本の児童保護と社会事業』大阪大学出版会。

大藤ゆき、1967、『児やらい』岩崎美術社。

大林道子、1989、『助産婦の戦後』勁草書房。

金子貞子、1911、「愛生院に就て」『新女界』第3巻第10号、38-41頁。

第Ⅱ部　〈産み〉の奨励と抑制

簡易保険局、1928、『社会公共事業に関する諸調査　其1』簡易保険局。

官報、1923a、『「わが国の乳児死亡　その一（内務省衛生局）」（官報　第3251号付録、大正12年6月2日）』印刷局。

―――、1923b、『「わが国の乳児死亡　その二（内務省衛生局）」（官報　第3257号付録、大正12年6月9日）』印刷局。

―――、1931、『「昭和五年中の出産――東京市の状況」（官報　第1245号付録、昭和6年2月25日）』印刷局。

木下比呂美、1991、「新学校と赤ちゃんコンクール」阿部謹也・原ひろ子編『叢書「産む・育てる・教える」――匿名の教育史1　「家族」―自立と転生』藤原書店。

木村武夫、1964、『日本近代社会事業史』ミネルヴァ書房。

草間八十雄、1987、『近代下層民衆生活誌Ⅰ　貧民街』明石書店。

草間八十雄・安岡憲彦、1992、『近代日本のどん底社会』明石書店。

厚生省、1940＝2001、「国民優生ニ関スル法律案ノ帝国議会ニ於ケル審議ノ経過」『編集復刻版　性と生殖の人権問題資料集成　第19巻　〈優生問題・人口政策編5　1940〉』不二出版。

国際労働局東京支部「わが国に於ける児童保護事業の状況（その一）（その二）（その三）」『官報（1239号付録、昭和6年2月18日）（1245号付録、昭和6年2月25日）（1251号付録、昭和6年3月4日）』1931年。

沢山美果子、1990、「教育家族の成立」中内敏夫ほか編『叢書「産む・育てる・教える」――匿名の教育史1　「教育」―誕生と終焉』藤原書店。

高橋靖幸、2018、「昭和戦前期の児童虐待問題と「子ども期の享受」――昭和8年児童虐待防止法の制定に関する構築主義的研究」『教育社会学研究』102号、175-194頁。

東京市政調査会、1928、『都市に於ける妊産婦保護事業に関する調査』東京市政調査会。

東京府社会課、1926、「産院を通じて観たる母子の状態」『東京府社会事業協会報』第29号、1-40頁。

生江孝之、1924、『社会事業綱要（改訂版）』厳松堂書店。

生江孝之・草間八十雄ほか、1930、「細民部落はどうしたら改善されるか――貰ひ子殺しのあった岩の坂を問題として」『婦人之友』第24巻6月号、67-79頁。

西山哲治、1913、『赤ん坊展覧会――附・人形病院』家庭之友社。

日本児童愛護連盟、1936、『全日本児童愛護運動写真帖――聯盟創設満十五年記念』日本児童愛護聯盟・大阪児童愛護聯盟。

伏見裕子、2016、『近代日本における出産と産屋――香川県伊吹島の出部屋の存続と閉鎖』勁草書房。

母子愛育会、1975、『日本産育習俗資料集成』第一法規出版。

松下石人、1981、『三州奥郡産育風俗圖繪』国書刊行会。

森重静夫、1971、「小児保健研究会再発足へ」『小児保健研究』第29巻第5号、200-202頁。

吉村典子、1985、『お産と出会う』勁草書房。

若狭路文化研究会ほか、2014、『若狭湾沿岸の産小屋資料集成』若狭路文化研究会・げんでんふれあい福井財団。

補論 2
近世日本の農民家族と嬰児殺し

太田　素子

　近世日本における「危機に直面した妊娠・出産」といえば、まず問題になるのが「子返し」（東北地方）「間引き」（北関東と東北の太平洋沿岸地方）その他さまざまな呼称で呼ばれる嬰児殺しの習俗と捨子であろう。その解決策まで検討の対象とすれば習俗撲滅をめざす教諭や救済・養育に関わる人々の実践も対象となる。小論では多くは書けないので、嬰児殺しの習俗に限ってその原因や背景を考えておきたい。

　江戸時代の人口は、17世紀には「人口成長の世紀」と呼ばれるような人口増加、18世紀には一転して低成長、東北や北関東は人口減少の時代を迎え、幕末に至って再び増加に転じた。18世紀の低成長期に女性の出生力は低く、さまざまな方法で出生抑制が図られたと考えられている。避妊や中絶については技術的限界が大きかった中で、望まない妊娠や出産がもたらす悲劇を回避するために嬰児殺しは手段の一つとして選ばれていた。[1]在郷知識人の文書には、こうした習俗が多数書き留められている。

　「五六〇年以前」には家々が子どもを「五六人も七八人も」育てていたものだが、今では「一両人ノ外ハ多クハ生育不仕、モドス返ス抔ト申候テ、出生イナヤ其父母直キニ残害仕候」、また、このような民衆の習俗が影響して「富民」も「少子ノ労サキガ勝リ」と3−4人しか育てなくなったと述べるのは、仙台藩の儒者、蘆東山（蘆野東山とも。1696-1776）である。彼は18世紀初頭までは5−6人から7−8人育てていた、しかし18世紀後半当時、余裕のある階層で3−4人、民衆は1−2人しか育てないとみている（蘆東山「蘆東山上書」宝暦4年）。

　筆者は「少なく産んで（選別して）良く育てる」という響きを持つ「間引き」という言葉に衝撃を受けてこの習俗を研究しはじめたが、優生学的な意味での「間引き」ではなく、農作業の労働力など生活の質を求めて出産間隔を空けた

145

第Ⅱ部　〈産み〉の奨励と抑制

いとねがい、言いかえれば「教育的マルサス主義」ではなく経済的マルサス主義からこの行為が選び取られると考えるようになった。（「教育的マルサス主義」に基づく産児制限は1930年代を待つことになる。）その辺りの事情を、教諭書と村落指導者層の書いた地方文書や農書の文言で確かめてみよう。

　教諭書は政策意図に即した書き手の論理を表現するが、農民の価値観に丁寧に働きかけようとすれば、ある程度農民の言い分を受けとめた上で、反論する形が取られる。そこで農民の言い分をすくいあげ、農民の価値の世界を再現することはある程度可能だ。文化年間刊行と推定される教諭書『子そだてのおしへ』は、「神仏をそなへ生れたる子供を殺すハ是いかなる悪人あくかう深かきもののいたす事か」「仏心そなはる赤子を殺すハ鬼とも蛇ともちく生とも鳥にも劣ると戒しめて　人面獣心ととくなり」など、くりかえし赤子が「神仏」「仏心」と呼ばれる霊妙な精神活動を供えて生まれてくることを強調している。冒頭に阿弥陀教の注釈書を引用しているから、人間は生まれながらにして一人ひとりに仏になる本性が備わっていると説く如来蔵思想の表現であろう（高橋 1955：830）。

　また、広く流布した『子孫繁昌手引き草』には二つの系統が確認できる。一つは、塙代官領の名代官として名を残した寺西重次郎が、1793（寛政5）年に開版、領内に配布した寺西版『子孫繁昌手引き草』で、同じ文章と言葉をもつ版本が、幕末に白河の常ణ寺で、また会津でも施版された。もう一つの系譜は、現在の埼玉県秩父郡吉田町にある菊水寺が施版した菊水寺版の『子孫繁昌手引き草』であるが、菊水寺版も余所で開版されたものの再版だと断っているので元は一つなのかもしれない。しかし文言は相当変化している。菊水寺では参詣した人々にこの教諭書を配布したので、全国にこの系統の『子孫繁昌手引き草』が流布したと伝えられる。

　「貧乏人に子供の多きは身代のかせ」という俗信批判は両系統の『子孫繁昌手引き草』に共通していて反論はかなり詳しく、そのことが子どもは身代の枷という民衆の"経験的な確信"の強さを暗示している。反論には、子どもがなくとも貧乏な者もあるのだから、子ども数と貧困は無関係だという論理的には首を傾げたくなるものもあるが、種芋と子芋の関係を例にとって展開する説教は――その当否はともかくとして――農民の直感を捉えてわかりやすい。

146

補論2　近世日本の農民家族と嬰児殺し

　寺西系統本だけに言及されている庶民の言い分には「世話、費えなり」という包括的なものから、「先の子供へ乳がくれられず」「衣類かれこれ思う様にいかぬ」という具体的な事情にふれたもの、さらには「皆致す事なればくるしかるまじという」気持ちがあること、「生きて難儀に育たんよりは、一向心なきうちに返したるが産子も仕合せと思うべれ」というような民衆の処世観・判断などがすくいあげられている。寺西は注意深く民衆の心理を分析しているが、基本的な問題は子育ては「世話、費えなり」という思いであろう。

　このような「身代の枷」、「世話なり、費えなり」という思いは、地方文書にも共通して現れている。「南山御蔵入産子養育手当控」（松枝茂氏収蔵史料）という養育料支給関係の地方文書には、

「実躰難渋の者共、<u>子供余計ニ養育仕候而ハ御百姓勤も差支</u>、乍恐御手当被成下置候而も少し余分無之候而ハ、実躰養育及兼候義候……」（下線は引用者）
　「中通り以上之者共ニ候共、三人持より此度養育御手当被下置候義ニ御座候ハハ、産子出来次第取揚不申候而ハ御仁政之御趣意ニ背キ候義ニも相成、世間見聞と任役被仰付候者へも遠慮在可之義ニ奉存候……」（太田 1994）

　丁寧な口調で書かれているが、内容は農民の生活実態に触れて率直である。養育料をもらっても、多少の余裕がなければ実際には養育出来ないから中農以上なら多子奨励の実効が上がるだろうという。子返しの習俗との関係で興味深いのは、「余計」な子どもを養育しては農業に差し支えると、家族農耕と子育ての矛盾が子ども数制限の第一の理由に上げられていることだ。「余計」という言葉は「余分で不必要なあまりもの」という意味だが、この言葉が思わず使われていること自体、農事と家の存続から割り出された適切な子ども数が存在するという農民の生活意識を反映しているのではないか。中農以上でも嬰児殺しを行っているし、防止には世間体と遠慮という共同体的な規範に依拠するのが実際的だと考えている。

　仙台藩玉造地方の農民、平之助の書いた教諭書『もずの囀り』（文化11年）も農民の事情が具体的に語られている。「まとへる者　この多きハ子ふんけん（ふびんカ）といひ、世話かます、苦かますといひ、三四人の外いらぬ子供おほけれハ、今日のいとなミの、あしき手まとひとなりて、いよいよ貧苦か増といひ、

第Ⅱ部　〈産み〉の奨励と抑制

……」（高橋 1955：830）村落指導者の著作なので農民の意志が具体的だ。同じ現象は役人の側からは「強欲」と捉えられる。水戸藩大門村御山横目「黒羽次郎右衛門意見書」（高橋 1955：792）は、間引き（この地方では「間引き」）の要因を並べるなかで、年子の乳不足、極貧という二つに続けて、「分際ハ並々ニ而も強欲成者、産子より二三歳迄ハ女房之家業働之妨、之外之費ニ相成申事を嫌候類」つまり、妻の労働力を確保し出費を抑えて生活向上を計ろうとする農民の向上意欲は「強欲」だと捉えられる。

　近世は庶民まで家の経営主体としての力量が求められた。税は一定だから年貢皆済が果たせれば、剰余分は各家の収益になる。西谷正浩（西谷 2021）は、中世後期から近世前期にかけて小農が直系家族化し家の継承が民衆に一般化する様を集約農法の発展との関わりで論じている。そのような近世民の勤勉さが子育てにも影響した様子は、農書にも映し出されている。

　会津若松の近郊農村で、親とともに二代にわたる篤農家として知られる佐瀬与次右衛門『会津歌農書』は、次のような和歌が載せた（佐瀬 1704）。

　　親富て耕しけるをいたずらに　をとろふる子の世こそ悲しき／親の代ハともしかりしをいつとなく　富て耕す子こそかしこき／兼てよくをしへそだてよ農の道　子のをろかさハ親のはぢなれ（佐瀬 1704：下之本「二代農人盛衰」、1704（宝永元）年）

　この三首は、近世農民の家意識と子育ての規範の関係を良く表現しているように思う。家産と家業を親の代より少しでも豊かに次の代に継承するのが「賢い」ことであり、その為には子どもを「よく教え育てる」ことが大切で、子どもをうまく育てられないのは親の恥だという。

　このように少ない子どもを丁寧に育てようとする近世後半期の農民家族では継承に向けて「おだててはめ込む」（羽仁もと子）子育てが熟成したと考える。それは近代の能力主義社会における「教育熱心」——自我の確立や自己実現を目指す子育てとは性格が異なっている。しかし、両者が重なり合いながら明治から昭和初期までの日本の子育てと教育が成り立っていたのではないか。

　近世日本の嬰児殺しは、「危機に直面した妊娠・出産」がごく一部の深刻な事情を持つ人々の問題ではなく、広範な農民の中で起こり得る問題だったこと

に一つの特徴がある。そうだとすると、人口一万人に4-5か所の児童収容施設と、20か所の昼間保育事業を構想した佐藤信淵のユートピアのように、民衆家族に普遍的に開かれた社会的な保育につながる可能性を持っていたともいえる。しかし、実際には「堕胎罪」の成立と規範の説得によって、またわずかな孤児救済事業と、避妊の発明・発展によって、習俗は解決方法を探られるより撲滅・回避され忘れ去られた。

　近世を通じた子どもの命や人権に対する感覚の変化、幕末維新期の養育料支給願事業や養育事業の成立に関しては、また別の機会に紹介したい。

　注
(1) 伝聞史料が多いこの習俗について、その存在を断定するまでに長い時間がかかった。しかし、自らの「子返し」を記録した日記に出会い、最終的にこの習俗の実在を確信した。（太田 2007：82-83）
(2) 佐藤信淵の提案は著作によって変化しており、その変化に彼の思索の深まりを見ることができる。佐藤信淵『経済要略』（1822＝文政5）『農政本論』（1829-1832＝文政12-天保3）『垂統秘録』1833（天保4）など。引用箇所は『垂統秘録』による。

引用・参考文献
蘆東山、1997、「蘆東山上書（宝暦4年）」太田素子編『近世日本マビキ慣行史料集成』刀水書房。
太田素子、1994、「家族農耕と少子化への意志の発生──会津藩産子養育制度関係史料を手がかりに」『比較家族史研究』第9号、16-31頁［太田 2007：第3章所収］。
─────、2007、『子宝と子返し／近世農村の家族生活と子育て』藤原書店。
佐瀬与次右衛門、1704、「会津歌農書」［佐瀬与次右衛門ほか、1982、『日本農書全集20』農山漁村文化協会所収］。
高橋凡仙、1955、『日本人口史之研究』第二巻、日本学術振興会。
西谷正浩、2021、『中世は核家族だったのか』吉川弘文館。
水戸藩郡奉行岡野逢原編集『育児集』［高橋 1955所収］。

第Ⅲ部

コミュニティと〈育ての親〉

第7章

近世の日本の子育てと家・村・親族
――村は子育てをしていたか――

戸石　七生

1　昔の村は本当に子育てをしていたか？

⑴　本章の目的

「日本の伝統社会においては、家族だけではなく地域共同体も子育てをしていた」という現代日本社会の「常識」は本当だろうか？

2022年の『厚生労働白書』によると、「地域関係の希薄化や核家族化などにより、依然として負担や悩みを抱える子育て世帯が多くなっている」という（厚生労働省 2022：164）。調査や学術研究でも、同様の主張がなされている（日本都市センター 2022：ⅰ；遠山 2016：210）。これらは、裏を返せば、昔の日本は家族規模が大きく、農村部では地域共同体による子育て支援があったことを前提としている。

だが、「核家族化説」には疑問の余地もある。広井多鶴子によると、1920年の第1回国勢調査の結果における核家族率は6割近くで、日本の全人口の8割が農村部に住んでいた（広井 2006：3）。よって、農村部でも戦前から核家族の方が多かったといえる。「日本の伝統社会においては、子育て中の家庭は農村部では村落共同体に支援されていた」というステレオタイプは必ずしも正しくないということになる。

こうした伝統的な村落共同体の象徴である近世日本の「村」のある意味牧歌的なイメージは、一部の歴史研究者にも共有されている。太田素子は、近世農村について、「親族、近隣、村共同体の豊富な人間関係や、職住未分化な生活環境からくる父親の教育力、農家では児童労働から来る人間形成力、そして三世代家族の老人・子ども関係など、近代の都市家族は持たない豊かな資源を

第Ⅲ部　コミュニティと〈育ての親〉

持った子育て環境であったと考えられる」とする（太田 2017：50）。

　これに対し、松沢裕作は、近世後期の「養育仕法」で間引き（堕胎あるいは嬰児殺）防止のため、村による妊婦の監視と妊娠・出産の記録が行われたことに着目し、それを村請制のもとで領主に「強いられた共同性」と評価した（松沢 2019：31）。そして、「領主財政の観点からする人口増加策としての養育仕法は、結局、領主からの「押し付け」」であり、「近代的人権の観念を受容したわれわれには」、近世の家と村は「失われた可能性として直接に回顧しうるようなものではない」とする。松沢の近世のネガティブな村観は太田のポジティブな村観と対照的なものである。だが、松沢も家同様村を「子育ての主体」として認識していることに変わりはない。

　しかし、近世日本農村における地域共同体としての村は家と並んで「子育ての主体」と呼べるようなものであったのか。この章では、日本近世の村が具体的にどのように子育てに関わっていたのかを明らかにする。

⑵　本章の手法

　この章では、近世日本農村における「育て」の具体的な事例について論じる前に、まず「育て」の定義をする。なぜなら、先行研究においては、「育て」は「教育」から乳児のケアまで幅広い意味があるからである。

　カトリーン・マルサルは『アダム・スミスの夕食を作ったのは誰か？』で男性中心主義的な経済学の議論からは、食事の用意など女性が主な役割を担うケア労働が抜け落ちていると指摘する（マルサル 2021：27）。そのような観点から先行研究を読む限り、（成人していたアダム・スミスと異なり）子どもが自分で自分のケアができるようになるまで、日本近世の村落共同体が「産みの親」に代わる継続的なケア労働の主体になりえたと考えるのは難しい。子育てが教育から授乳まで、幅広い意味を持つことについては、筆者も先行研究に同意するが、「産みの親」に対して「育ての親」という場合、「教育者」ではなく、継続的に世話（＝ケア）をする「養育者」を指すのではないだろうか。

　近世の子どもの「教育」については、村の役割を大きく評価しながらも、家の経営という観点から近世農村の子育てにおける父親の役割に着目した太田の研究がある（太田 1994；2019）。

第7章　近世の日本の子育てと家・村・親族

捨子への対応における町や村などの地域共同体の役割については、沢山美果子の一連の研究や、成松佐恵子の研究がある。(沢山 2008；2011；2017；成松 2000)。そこでは、地域共同体の主な役割は捨子の里親探しである。村が授乳や世話をする乳母を手配しても、里親が見つかるまでの一時的な間だけである。よって、村を継続的な「養育」の主体とみなすのは難しい。

よって、この章では捨子ではなく、1人で生活できない年齢の子どものケーススタディをもとに、村が子育てにおいてどのような役割を果たしてきたかを明らかにする。具体的には、両親のいない子ども、片親がいない子ども、婚外子の3タイプの事例を対象に村の子育てについて議論する。

ケーススタディをするために、この章では一次資料と二次資料を用い、親を失った子どもがおかれた状況をそれぞれのケースについて再現する。使用する主な一次資料は、武蔵国秩父郡上名栗村町田家文書の一部である1804（文化元）年から1869（明治2）年にかけて毎年作成された「宗門改帳」と呼ばれる史料である。また、二次文献では両親／片親のいない子どもや婚外子について取り上げている先行研究に依拠し、村落共同体の行動を観察し、分析する。

この章では、まず第2節で両親を欠く子どもの養育に村がどのように関わっていたかを明らかにする。特に、引き取られた先が村内か村外かで差があるかどうかに着目し、子育てにおける村の具体的な役割を明らかにする。まず両親のいない子どものケースで基本的なパターンを把握してから、第3節と第4節で片親のいない子どもと婚外子について分析する。

(3)　注意点——家の歴史性

近世後期は日本農村において家が確立した時代である（桑原 2007：7)。近世の一次資料に記載される家族集団の最小の単位は家であり、同居する夫婦や血縁家族からなる現代の家族とは異なるケースもある（岡田 2000：51-52)。1軒の家が複数の家族からなる場合もあれば（内藤 1968：232)、1家族が複数の家からなる場合もある（尾脇 2020：61-62)。とはいえ、この章で使用する一次資料や二次資料の家のメンバーは、奉公人を除けば5人前後の少数の血縁者からなる直系家族である。よって、家＝家族であるケースが圧倒的であると考えられる。また、家の長については、本章に限り、便宜上「当主」と呼ぶことにする。

第Ⅲ部　コミュニティと〈育ての親〉

2　両親のいない子どものケース

(1)　和泉国大鳥郡富木村「うの」

　最初に、村内の親族に引き取られたケースとして、桑原恵の先行研究に依拠し、和泉国大鳥郡富木村の少女「うの」について述べる（桑原 2007）。「うの」は1854（安政元）年に父「庄蔵」を亡くした。「うの」の処遇について、1855（安政２）年に作成された「宗門改帳」の奥書には、「百姓庄蔵去寅御改後死失仕、娘うの幼年ニ付」、「村方親類太兵衛方江同居為致」と説明が記載されている（桑原 2007：5）。つまり、「庄蔵」が昨年度の「宗門改帳」の作成の後に死亡し、娘「うの」が幼いため、村に住む親族である「太兵衛」に引き取られたというのである。「うの」はその後少なくとも1859（安政６）年まで「太兵衛」家にいたことが分かっている。しかし、村にはまだ問題があった。

　奥書の続きを読むと、村は「庄蔵名跡当分休株」という処置を行い、幼い「うの」の数々の負担を免除している（桑原 2007：5）。村請制のもと近世の村は村全体で、年貢（地税）や村役（村に対して金銭や労働力を供出すること）を課されており、それはさらに村内で家単位にわりふられていた。桑原によると「家」の子どもが両親を失うということは、現代の家と異なり、プライベートな問題ではなく、村の問題でもあった（桑原 2007：5）。よって、「うの」には亡き父「庄蔵」に代わって年貢を納める義務があった。だが、年齢的に「うの」にその能力はないので、村は「うの」が成人し、亡父「庄蔵」に代わって家に課せられた数々の義務を負担する能力を備えるまで、「庄蔵」の「名跡」を「休株」とした。「休株」というのは、「百姓株式」（後述）を「休ませる」という意味である。そして、百姓株式は最後の所持者「庄蔵」の名を取って「庄蔵」と名付けられた。

　百姓株式（百姓株）という概念はあまり知られていないが、一義的には屋敷地と田畑と入会林野に代表されるコモンズ

資料7-1　和泉国大鳥郡富木村「うの」

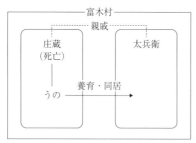

（出所）　桑原（2007）より筆者作成。

の利用権のセットを意味する（白川部 1999：38-39）。さらに、それには寄合や村落祭祀への参加を通じた村政への参加権も含まれる（内藤 1968：73）。

なぜ百姓株式が重要なのか。それを理解するには、日本近世社会の仕組みを知らなければならない。日本近世社会は、武士・公家・職人など様々な「地縁的・職業的身分共同体」によって構成されていた（朝尾 1981：38-43；尾脇 2020：439-440）。家とその構成員が（村や大工仲間などの）「地縁的・職業的身分共同体」に属し、その正規の構成員になろうとすれば、その「地縁的・職業的身分共同体」の「株式」を所持しなければならなかった。そして村こそ、農業を世襲の職業とする百姓身分の「地縁的・職業的身分共同体」であり、百姓株式の所持こそが村の構成員である証であった。

桑原が「家単位で年貢を始めとする様々な負担が課せられていた」とするのは、家が百姓株式の所持主体であるためである。したがって、「株」（＝百姓株式）を「休ませる」というのは、「屋敷地と田畑とコモンズ」に課せられた年貢や村役等の負担を村が免除することを意味する。だが、領主から村に課せられた年貢は免除にならないので、その分を誰かが負担しなければならない。先行研究を見ると、村の対応は、親族に百姓株式に属する「屋敷地・田畑・コモンズ」の管理を任せるパターン（内藤 1968：210）と、村が管理して耕地を小作に出すパターン（佐藤 1987：186-188）に大別できる。前者は備前国（岡山県東部）の慣例、後者は甲斐国（山梨県）の慣例である。

最終的に誰が百姓株式の管理をしたのか、「うの」のケースについては不明であるが、前述のように「休株」となったので、「うの」が亡父に代わって負担すべき年貢・諸役や村役を、親族ではなく村が負担していたと考えられる。

⑵　相模国高座郡小動村「八百八」

次に、村外に引き取られた両親のいない子どもの例として、煎本増夫の先行研究に依拠し、相模国高座郡小動村（現在の神奈川県高座郡寒川町小動）の「八百八」の事例を紹介する（煎本 2009：116）。

1757（宝暦7）年、同村で「長兵衛」という百姓が借金と11歳の息子「八百八」を残して失踪し、行方不明となった。「長兵衛」の帰村は難しいと判断され、ただ1人残された「八百八」の処遇が問題となった。これについて、相模国高

第Ⅲ部　コミュニティと〈育ての親〉

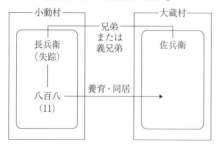

資料7-2　小動村「八百八」

（出所）　煎本（2009）より筆者作成。

座郡大蔵村（現在の神奈川県高座郡寒川町大蔵）に住む「八百八」のおじ「佐兵衛」は小動村に宛てて、五人組3人の他、証人6人と百姓代の加判した文書を出している。

その文書では、「佐兵衛」と大蔵村の方針として、次のようなことが判明する。a）「佐兵衛」は「八百八」を引き取り、成人まで養育するつもりであること。b）「長兵衛」の残した家財の処分は小動村に処分を任せること。c）「長兵衛」の田畑は借金のため質入れされており、「長兵衛」は年貢・諸役（雑税）を払っていなかったので、それに相当する金額を質取人が村に納めること。d）「八百八」成人後は「長兵衛」名義の百姓株式を相続させたい旨を大蔵村の村役人と自身の属する五人組に願い出たこと。

本項では、全て村内で完結している前項「うの」の事例に対し、親族が村外にいる場合、両親のいない子どもの養育を親族が担い、百姓株式に属する土地にかかる年貢・諸役は質取人を通して村が管理をするという役割分担のパターンが観察できると言える。「うの」のケースと異なるのは、c）の部分である。つまり、田畑が質入れされたため、年貢に関しては質取人の負担となり、親族や村の負担となっていない。屋敷地にかかる年貢や村役等、田畑以外の百姓株式に課せられる負担については、おそらく他の村人が分担して負担したと考えられる。さらに、d）の部分で、「八百八」が成人したのち小動村に返すと、小動村に断っているということも見過ごせない。換言すれば、「八百八」が養育先の大蔵村にもし留まれば、小動村の利害に反する可能性があるので、「八百八」の成人後の身の振り方について明記していると考えられる。

(3)　小　括

以上、両親のいない子どもについて、村内の親戚に引き取られる事例（「うの」）と、村外の親戚に引き取られる事例（「八百八」）を観察した。

どちらのケースでも、子どもの養育を担ったのは親族であり、村は関与しな

かった。これに対し、子どもが親から相続した財産、特に屋敷地・田畑のような不動産の管理については、村は積極的に関与したことが伺える。そして、前述のように、近世日本農村では、百姓株式の相続人が営農できない場合、親族が百姓株式を管理するパターンと、村がそれを管理するパターンがあった。「うの」の場合は村による管理、「八百八」は湿地主と村による管理の組み合わせであったと考えられる。

「うの」や「八百八」の事例はどれほど一般的であったのだろうか。司法省が1868（明治元）年に全国の慣習を調べ、その結果をまとめた『全国民事慣例類集』を見てみよう（生田 1880）。第9章「後見の事」では高座郡の西に位置する相模国足柄郡（現在の神奈川県足柄上郡または足柄下郡）の慣行として、「十五歳以下ヲ幼年トシ『ツブシ』ト唱ヘ組合協力ニテ納税ノ外村役ヲ除ク例ナリ富豪ノ者ハ奴僕ヲシテ代勤セシムルフアリ」としている（生田 1880：318）。つまり、「15歳以下を未成年とし、『ツブシ』と呼び、五人組の協力のもと、年貢と村役を免除する慣行である。富農の場合は、奉公人を雇って年貢の納入と村役を代わりに勤めさせる場合もある」というのである。よって、小動村や近隣の村々では、原則的に相続人の成人まで百姓株式を管理するのは親族ではなく、村であったと言える。

これは、日本の家の構造や、家族規模を考えると合理的なシステムである。日本では核家族または直系家族が一般的であった（岡田 2000：51）。平均的な家は親と子どもを併せた4、5人から構成されており、祖父母が長寿の場合は同居することもあった。それに比べ、当主のきょうだいが成人しても同居するケースは短期的かつ例外的であった。よって、親族が相続人のいない百姓株式の管理責任者となった場合も、労働力に余裕があるとは限らないので、実際には村が百姓株式に課せられた村役を免除したり、年貢負担を減らしてその分を村落財政から支出したりするなど、何らかの支援を行ったと考えられる。とはいえ前述のように、備前国で、親族の中から「請込」と呼ばれる者を平常時に指定しておき、百姓株式の所持者に何かあれば、「請込」に百姓株式の管理をさせるという慣行もあった（内藤 1968：210）。

要するに、日本近世の村では、百姓が死亡や失踪といった理由でいなくなった場合、親族による子供の養育者決定と財産の処分だけでは問題は解決しな

第Ⅲ部　コミュニティと〈育ての親〉

かった。百姓株式は近世の百姓身分にとって、家と村をつなぐ存在であり、両親のいない子どもの処遇についての問題は、親族からすれば「百姓株式を両親のいない子どもが相続する」ことだが、村から見れば、「百姓株式が両親のいない子どもを相続する」ことであった。

　村がその百姓に対していかに強力に干渉しただろうか。『全国民事慣例類集』で後見についての備中国上道郡の慣行を見てみよう。「若シ十五歳ニ至ラサレバ村中ニ判頭ト唱ヘ組合ニ頭アリテ之カ代印ヲナス別ニ後見ト云名義ノ者ナシ」とあり（生田 1880：324）、15歳以下の未成年の場合は「判頭」と呼ばれる村内の近隣組織の長が、当主である未成年男子の代わりに押印することで、書類に法的な同意を与えていたことが分かる。「判頭」というのは、10〜20戸からなる村内の近隣組織の事務業務に従事する役職であった。おそらく、印も「判頭」が保管していたのであろう。

　備中国上道郡の慣行から、村の下部組織が未成年の当主に代わって法的能力を行使していたことが分かる。つまり、備中国上道郡において法的には、親族ではなく村の下部組織が「後見」していた。村の下部組織を村に準じる「地縁的・職業的身分共同体」であると見なすならば、日本近世農村社会における両親のいない子どもの処遇については、親族が「養育」（＝ケア）、村が「後見」という役割分担を図式的に抽出することが可能かもしれない。

3　片親のいない子どものケース

⑴　武蔵国秩父郡上名栗村古組「太吉」

　それでは、片親のいない子どもの場合、子どもはどうなったのだろうか。武蔵国秩父郡上名栗村古組の宗門改帳から、片親を失った子どものケースを再現してみよう。

　1806（文化3）年、「太左衛門」（34歳）は妻「のよ」（33歳）と離婚した。当時、二人の間には太吉（12歳）ときち（5歳）という二人の子どもがおり、さらに「太左衛門」の母「さつ」（54歳）とも同居していた。翌年度の宗門改帳を見ると、「のよ」は娘「きち」を連れて村内の「吉五郎」（38歳）と再婚している。「太左衛門」は再婚せず、「太吉」を育てた。母「さつ」もおそらく子育てに関わったと思

160

第7章　近世の日本の子育てと家・村・親族

われる。「太吉」は1822（文政5）年、28歳で「きの」(19歳)と結婚し、2年後には娘「ちか」を儲けている。1826（文政9）年、「太左衛門」は54歳で当主の座を「太吉」に譲った。「太吉」の祖母「さつ」は曾孫の誕生を見届けて1835（天保6）年に83歳で亡くなった。

資料7-3　武蔵国秩父郡上名栗村古組「太吉」

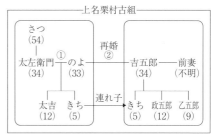

（出所）上名栗村古組宗門改帳より筆者作成。

このケースでは、離婚により母親がいなくなった時、父親は必ずしも再婚せず、自らの母親と協力して子を育てたことになる。年長の女性親族がそのまま母親に取って代わった最も単純なケースである。

(2) 武蔵国秩父郡上名栗村古組「喜代次」・「つや」

前項では、別の親族がいなくなった片親の代わりになったケースを見た。ここでは、「喜代次」・「つや」の事例を通してそうでない事例を見てみたい。1815（文化12）年、「しょう」(25歳)・助五郎（37歳）夫婦の間には、息子「喜代次」（10歳）と娘「つや」(5歳)がいたが、二人は離婚し、婿の助五郎は上成木村（現在の東京都青梅市成木の一部）の実家に戻った。そのため、「喜代次」が幼い身で記録上の当主となった。当時、「しょう」はその母親「まん」(46歳)と同居していたので、離婚直後は祖母と母の二人で子どもを育てていたと考えられる。

しかし、3年後「しょう」が村内の「伊之助」（51歳）に嫁ぐため、家を離れると事情は一変した。翌年「しょう」と「伊之助」の間には息子「福松」が生まれているので、「しょう」は結婚の前に妊娠していた可能性も高い。当時、「伊之助」には他

資料7-4①　武蔵国秩父郡上名栗村古組「喜代次」・「つや」(1815)

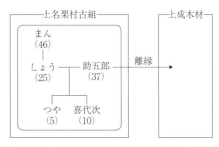

（出所）上名栗村古組宗門改帳より筆者作成。

第Ⅲ部　コミュニティと〈育ての親〉

資料7-4②　武蔵国秩父郡上名栗村古組「喜代次」・「つや」(1818)

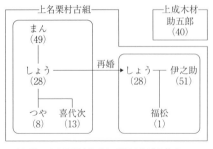

(出所)　上名栗村古組宗門改帳より筆者作成。

の子どもはいなかった。49歳の「まん」には、「喜代次」(13歳)と「つや」(8歳)の二人の孫が残された。すると、離婚した婿「助五郎」が実家から戻ってきたのである。おそらく義母である「まん」が孫を育てるために呼び戻したのであろう。「まん」は1837(天保8)年に68歳で死んだ。その時、孫で当主である「喜代次」は32歳で、5歳の子どももいた。「助五郎」は当主「喜代次」の「父」として1852(嘉永5)年に74歳で死ぬまで婚家で過ごした。

　このケースでは、一時的に家にいる成人が祖母のみという状況が出現し、それによって起きる問題を離婚して実家に帰った父親を呼び戻すという手段によって解決し、祖母と父親による子育てという前項のケースと同じ体制で子育てをしたことが分かる。

(3)　小　括

　本節における2つのケースでは離婚により子どもが片親を失った場合、残された片親は再婚しない場合も、一人だけではなく家の他の構成員と協力して子育てにあたったことが分かった。前述の通り、近世農村では核家族もしくは直径家族が多かったことから(岡田 2000：51)、片親のいない子どもの子育てに協力したのは祖父母である場合が多かったと考えられる。「宗門改帳」という史料に絞ると、村の介入については痕跡が認められず、後述の婚外子のケースと比較すると、その差は明らかである。よって、片親のいない子どもの養育については、村からの組織的なサポートはなく、片親と親族が自力で解決する問題とみなされていたと考えられる。

第 7 章　近世の日本の子育てと家・村・親族

4　婚外子のケース

⑴　武蔵国秩父郡上名栗村古組「たね」

　それでは、両親揃って育てることができないケースが一般的と思われる婚外子はどうであろうか。村はどのような介入をしたのだろうか。武蔵国秩父郡上名栗村古組の「たね」という婚外子を巡る騒動について、宗門改帳からは分からない事実が五島敏芳の研究で明らかになっているので（五島 2001：9-10）、本項ではそれに依拠して、村の振る舞いの詳細を見る。

　上名栗村古組の名主による「たね」の母「なか」への取調べによると、1830（天保元）年12月頃、13歳の「なか」は23歳の「常次郎」と「馴合」、つまり交際を始めた。1832（天保 3 ）年 8 月頃、「（「常次郎」は「なか」）をずっと妻にすると言っており、私は妊娠しました」と15歳の「なか」が妊娠 6 ヶ月であることが判明する。宗門改帳を見ると1828（文政11）年に、「常次郎」は21歳の時に久那村出身の「はま」（15歳）と結婚し、翌年息子「友次郎」を儲けたのち、1830年に離婚している。その原因は、「常次郎」と「なか」の交際であるという推測が可能である。

　しかしその 2 ヶ月後、「常次郎」は飯能町の市に出かけ、そのまま行方不明となってしまう。当時の慣習通り、180日間で捜索は打ち切られた。「なか」の話によると、「「常次郎」からしつこく言い寄られて妊娠してしまったので、しかたなく（「常次郎」の父）「瀧次郎」に預」かられることになった。だが、「瀧次郎」は「なか」を義理の娘として受け入れなかった。「瀧次郎」が「なか」のことで困っていると名主に申し出たので、「なか」は実家の兄「文右衛門」宅に戻されることになった。「瀧次郎」は、次々と年若い娘と問題を起こす息子に手を焼いていたのかもしれない。「なか」が生んだ子ども「たね」は翌1833（天保 4 ）年

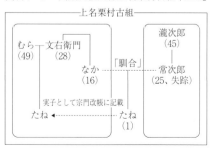

資料 7 - 5　武蔵国秩父郡上名栗村古組「たね」

（出所）　五島（2001）より筆者作成。

第Ⅲ部　コミュニティと〈育ての親〉

に作成された宗門改帳では、結婚はしているが子どものない伯父「文右衛門」の「娘」として記載されている。五島によると、本来は1832（天保3）年12月であるはずの「たね」の生まれ月が9月となっているのは、宗門改帳を作成した名主による可能性が高いという（五島 2001：10）。

　その後、「なか」は翌年の1835（天保6）年2月に記録上は未婚のまま、横瀬村の長吉に嫁ぐことになった。「たね」は「なか」の実家に残された。1835年時点で、当主は「文右衛門」（27歳）であったが、妻「むら」（25歳）の他、祖父「文弥」（71歳）、父「林之助」（51歳）、母「のぶ」（50歳）、叔父「為次郎」（29歳）、弟「徳次郎」（22歳）と同居していた。「林之助」や「のぶ」がおそらく「たね」の養育の上で大きな役割を果たしたと考えられる。その後、宗門改帳を見ると「たね」は22歳まで「文右衛門」家で育ち、母と同じ横瀬村に嫁いでいる。なお、五島によると、「たね」の実父「常次郎」は1836（天保7）年に帰村した（五島 2001：7-8）。さらに、1839（天保10）年には大宮郷出身の「やゑ」という20歳の娘と再婚している。二人の間には、子どもは生まれず、結局「たね」の異母兄である「友次郎」が成人して家を継いだ。

　「たね」の事例では、名主の判断で実父の家ではなく、母方の伯父に育てられることが決められた後、婚外子という事実や実父「常次郎」との血縁関係が、村の操作により公式記録である宗門改帳から抹消されたことが分かる。実父「常次郎」の家は異母兄「友次郎」が継いだ上、名義上の父母である「文右衛門」と「むら」夫妻には「たね」が5歳と9歳の時に男子が生まれたので、「たね」が家の跡継ぎであった期間は短かった。だが、もし、双方の家に適切な相続人が欠けた場合、「たね」がどの家に帰属するのか問題になった可能性も十分に考えられる。百姓株式の相続人を常に確保しておかなくてはならない村の立場としては、「なか」の婚外出産という醜聞はもちろんのこと、「たね」の養育を負担した「文右衛門」家の立場を重視して、実父「常次郎」との血縁関係を記録上抹消した可能性も考えられる。

(2)　武蔵国秩父郡上名栗村古組「かん」

　前項では、村の公式記録である宗門改帳から婚外出産という事実を抹消した事例を見た。これに対し、本項では宗門改帳からも明らかに婚外子と分かる事

第7章　近世の日本の子育てと家・村・親族

例を見ることとする。依拠するのは、同じく上名栗村古組の宗門改帳と、戸石七生の先行研究（戸石2007）である。

1816（文化13）年、「かん」は当主「しめ」（49歳）の家に「抱(かかえ)」として誕生する。「抱」という呼称は、上名栗村古組においては、村の住民ではあるが村の正式な構成員になり得ない人々、つまり百姓株式の相続権を持たない人々を指す。その中には、越後杜氏の集団のように独立し

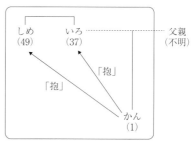

資料7-6　武蔵国秩父郡上名栗村古組「かん」

（出所）戸石（2007）より筆者作成。

た一軒の「家」を形成し、商売上の理由で村の有力者メンバーの「抱」として村に居住する者もいるが、同居する当主の家族であるケースもあり、村に居住する期間が契約によって限られている奉公人とは歴然と区別されている（戸石2007：22）。

「かん」の場合は、同居する「しめ」の「抱」であるので、当主の家族であるケースに当てはまるだろう。当時、「しめ」の唯一の同居人は妹「いろ」（37歳）であった。2人の年齢を見ると、当主「しめ」ではなく、妹「いろ」の娘である可能性が高い。宗門改帳にも「去四月中出生」とあり、出生月まで記録されているので、村が「かん」の出生の経緯を把握していたことはほぼ確実だと言える。にもかかわらず、「かん」は、「抱」とされており、不明である父親はおろか、同居している母親との関係すら公式の記録では認められていない。その後、「かん」が17歳になり、婿を取った際、夫が当主になり、さらに「いろ」の続柄が「母」となったことで「かん」が「いろ」の娘であることが判明する。同時に、「かん」と当主である夫との続柄が記録上、当主―「抱」ではなく、当主―家族の関係となることによって、「かん」は百姓株式の相続権を持つことになった。

「かん」の事例は、婚外子に対する村のダブル・スタンダードを示している。まず、「かん」は婚外子という事情のために、正式な村の構成員ではなく、「抱」と呼ばれ、名義上百姓株式の相続から排除されるという社会的な制裁を受けた。しかし、「かん」は同時に「しめ」とその妹である「いろ」の唯一の血縁者で

165

あり、実質的な百姓株式の相続人候補であるという事実を村役人は認識していたことから、その出生を正式な村の構成員と同じ精度で記録し、家の一員であることを毎年の宗門改帳で記録し続けた。最終的に、実質的な女相続人である「かん」に婿を迎え、それを当主とし、「かん」と母「いろ」をその視点から家の構成員として位置づけることによって、「かん」は正式な村の構成員としての地位を獲得したのである。実際の生活では、「かん」が「いろ」の実の娘であり、実質的な家の相続人であることを村人も認識していたと思われるため、「抱」という身分は「かん」が百姓株式の相続人でないことを示すというより、婚外子であるために与えられたものだと言えるだろう。

(3) 和泉国大鳥郡富木村「いし」

　これまで、本項では父親のいない婚外子について2事例を見たが、最後に桑原の先行研究に依拠し（桑原 2007）、母親のいない婚外子「いし」のケースを見る。

　桑原によると、和泉国大鳥郡富木村の百姓「武右衛門」（34歳）の家は、1805（文化2）年の宗門改帳では、「武右衛門」とその父（75歳）との2人から構成されていた（桑原 2007：4-7）。ところが、4年後の1809（文化6）年の宗門改帳では、娘「いし」（2歳）と長女（4歳）と3人の家となっている。「武右衛門」の父は年齢からして死亡したと考えるのが妥当であろう。だが、娘2人については、差出先の領主に不審に思われたのか、「いし」らの母についての質問が書かれた付箋が宗門改帳に貼られている。これに対し、宗門改帳の作成者である庄屋は別の付箋に「「利三郎」家に『同居』している（「利三郎」の）母の「やす」が「いし」たちの母親で、武右衛門と『内縁』関係を結んでいるうちに生まれた」というのである。

　ここまでの情報では、「内縁」が一時的なものかどうか、「武右衛門」と「やす」に結婚の意思があったの

資料7-7　和泉国大鳥郡富木村「いし」

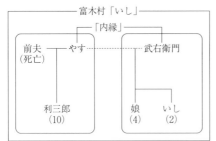

（出所）　桑原（2007）より筆者作成。

かどうか分からない。しかし、さらに貼られたもう一つの付箋を見ると、庄屋は「いしの母は、「利三郎」家の「やす」で、「武右衛門」のところへ『嫁』いだものの、「利三郎」がまだ幼年なので、まだ『婚姻』の「ひろめ」（＝披露宴）をしていない」とし、それを、宗門改帳で「やす」を「武右衛門」家の構成員としておらず、「いし」とその姉の母親の記載がないことの理由としている。

つまり、「武右衛門」と「やす」は結婚の意思があるどころか、「やす」は「武右衛門」に「嫁」ぎ、実質的な夫婦生活を送っていた。また、「やす」の息子「利三郎」は1809年時点で10歳であったので、1人で生活できたとは考えられない。まして、異父妹である「いし」とその姉は幼児と乳児である。3人は「やす」と共に「武右衛門」家に同居していたと考えるのが妥当であろう。

にもかかわらず、宗門改帳の上では、「やす」は「武右衛門」と正式に結婚し、「武右衛門」家の一員となることよりも、息子「利三郎」家の一員として、後見をすることを優先した。桑原は、これを「家」の意思ではなく、家（＝百姓株式）の数を一定に保つための村の意思によるものとする（桑原 2007：4-7）。筆者も桑原の主張に賛成する。家の当主「利三郎」含めて「利三郎」家の構成員も「武右衛門」家に同居しているのであれば、「利三郎」家が「利三郎」が成人するまでは、生活実態はないということは他の村人にとって明白だっただろう。よって、「家」にとっては、「やす」の再婚を隠すメリットは特にない。むしろ「内縁」関係を続け、村人に不審に思われるデメリットの方が大きかったと考えられる。にもかかわらず、夫婦が正式に披露宴を行わなかったのは、村の圧力があったからではないか。ならば、「いし」とその姉はそのような村の利害と家の利害が衝突した結果生じた婚外子だと言える。

(1) 小 括

「いし」の事例から分かるように、村の利害と村人の利害が衝突したときは、村の利害が優先された。そのため、村人は村の意向に沿った家の運営を強制され、実質的に結婚生活を送っている男女でも、正式な結婚を許されず、「内縁」とされ、子どもは公式な記録で婚外子とされた。

さらに、母親のいない婚外子である「いし」に対し、「たね」や「かん」のような父親のいない婚外子は、村も社会的規範から外れる存在と見なしていた

第Ⅲ部　コミュニティと〈育ての親〉

と考えられる。とはいえ、村にとっては父親のいない婚外子も、百姓株式の潜在的な相続人として重要な存在であった。「たね」が村の公式記録上母方の伯父文右衛門の娘とされたのも、「かん」が「奉公人」ではなく「抱」とされたのも、百姓株式の正式な相続人がいなくなった場合に備え、村が父親のいない婚外子を管理していたからであろう。

5　百姓株式相続人の管理から農繁期託児所へ

　これまでの節では、近世日本で村落共同体が、ケア労働という意味での子育てにおいてどのような役割を果たしていたかをケーススタディを通じて明らかにした。具体的には、1人で生活できない子どもに村がどうかかわったかを、両親のいない子ども、片親のいない子ども、婚外子に分類して観察し、分析した。

　結論として、村は捨子への対応のような緊急事態を除いて、子どものケアを徹底的に親族に負担させた。そこから見えるのは、子どもの保護やそのケアへの積極的な姿勢ではなく、百姓株式の所持者にふさわしい成年の人材を確保することへの執念である。

　近世日本の村役人の最も有名な業務手引書である『地方凡例録』によると、幕府や藩による百姓身分への規制を村が記録した「五人組帳前書」という文書には多くの場合、「素行の悪い実子よりも、村役人や五人組の許可を得たうえで素行に問題ない他人養子を優先すべき、あるいは長男が病身の時は、その弟に百姓株式を相続させるべき」と述べている箇所がある（大石 1969：99）。これは支配者側の都合であるとは言いきれない。村が農業を本業とすべき百姓の「地縁的・職業的身分共同体」だからである。村の運営の観点からは、能力のある人材に百姓株式を相続させれば充分であった。生まれた子どものうち5歳までに4割近くが死んだ当時（鬼頭 1981：21）、成人するかどうか分からない子どものケアを村という組織がすべきであるという発想にはならなかったと考えるべきであろう。

　平野哲也の先行研究では、下野国芳賀郡給部村（現在の栃木県芳賀郡芳賀町給部）で、百姓株式の女相続人である娘「やす」が他村の百姓に嫁ぐ際、給部村の他

家の当主となっていた「やす」の実兄「常左衛門」が百姓株式の管理を引き受けて年貢諸役を負担し、加えて「やす」の息子が15歳になれば「やす」が相続するはずだった百姓株式を相続させることを約束したことが明らかになっている（平野 2004：452）。つまり、給部村は「やす」が百姓株式の女相続人だからという理由で、その血を引く息子の1人に対する権利があると主張すると同時に、その子を成人年齢である15歳まで育てることを「やす」に対して期待している。ここからも、百姓株式の相続人として求められるのは、子どもではなく、あくまで成人であることが分かる。

　もし、近世日本の村に子育てという機能があるのであれば、それは、子どもの成人後の相続に備えた百姓株式の管理という形での「後見」という性格が強かったと言える。もっとも、百姓株式の管理による家の組織化が進んでいない村であれば、同族団の力が強く、子どもの「後見」は村でなく同族が行っていた可能性もある。そのような村の具体的事例の分析は今後の課題である。

　近代に入ると、農繁期託児所という形で、村も定期的なケアサービスの提供を行うようになった（福田 2013：56）。1890（明治23）年に地主の筧雄平によって設立された鳥取県気高郡美穂村下味野における農繁期託児所がその嚆矢と言われる。近代の農繁期託児所には、寺院・神社、小学校など村有の建物が活用され、住職の妻や婦人会の幹部、小学校の女性教師などが子どもの世話をした。

　だが前述のように、近世の村によるケアサービスの提供は、里親が見つかるまでの捨子への対応など一時的・緊急的なものに止まっていた。もし、近世日本の農村でケアも含めた「育て」のサポートがあったとすれば、その主体は組織としての村ではなく、小規模な隣人の集団だったと考えられる。

　　謝辞：上名栗村古組の宗門改帳の分析にあたっては、故速水融先生と成松佐恵子先生はじめとする BDS 作成チームの作成したデータベースをお借りした。また、この章の執筆のもととなった2022年の比較家族史学会全国大会では、太田素子先生と加藤彰彦先生をはじめとする先生方に多くの貴重なアドバイスをいただいた。報告準備に当たっては、東京大学農学生命科学研究科農業史研究室の近藤諒一郎さんにスライド作成や図の清書等のサポートをしていただいた。この場を借りて皆様に深く感謝する。

引用・参考文献
朝尾直弘、1981、「近世の身分制と賤民」『部落問題研究』68、37-55頁。

第Ⅲ部　コミュニティと〈育ての親〉

生田精編、1880、『全国民事慣例類集』司法省。

煎本増夫、2009、『五人組と近世村落』雄山閣。

大石久敬原著／大石信敬補訂／大石慎三郎校訂、1969、『地方凡例録　下巻』近藤出版社。

太田素子、1994、『江戸の親子——父親が子どもを育てた時代』中央公論社。

———、2017、「＜家と村の子育て＞からの離陸——幕末維新期における子育て・保育の改革構想」『幼児教育史研究』12、43-58頁。

———、2019、「子育ての歴史と現在——17世紀から21世紀へ」『和光大学現代人間学部紀要』12、226-236頁。

岡田あおい、2000、「近世農民社会における世帯構成のサイクル」『社会学評論』51（1）、136-152頁。

尾脇秀和、2020、『近世社会と壱人両名』吉川弘文館。

鬼頭宏、1981、「歴史人口学からみた生と死（二）」『幼児の教育』80（2）、13-21頁。

桑原恵、2007、「近世農民の「家」と家族——和泉国富木村宗門改帳の分析を通して」『徳島大学総合科学部人間社会文化研究』14、1-14頁。

厚生労働省、2022、『令和4年版厚生労働白書』。

五島敏芳、2001、「帳の内と外」『歴史と地理』1-18頁。

佐藤常雄、1987、『日本稲作の展開と構造』吉川弘文館。

沢山美果子、2008、『江戸の乳と子ども』吉川弘文館。

———、2011、「「乳」からみた近世大坂の捨て子の養育」『文化共生学研究』10、157-181頁。

———、2017、『江戸の捨て子』吉川弘文館。

白川部達夫、1999、『近世の百姓世界』吉川弘文館。

戸石七生、2007、「幕末南関東の地縁共同体と『抱』」『村落社会研究ジャーナル』13-2、13-23頁。

遠山景広、2016、「大都市における子育て家族の社会的孤立要因」『北海道大学大学院文学研究科　研究論集』16、209-230頁。

内藤二郎、1968、『本百姓体制の研究』御茶ノ水書房。

成松佐恵子、2000、『庄屋日記にみる江戸の世相と暮らし』ミネルヴァ書房。

日本都市センター、2022、『子育て家庭の孤立を防ぐ——公民連携に着目して』公益財団法人日本都市センター。

平野哲也、2004、『江戸時代村社会の存立構造』御茶の水書房。

福田いずみ、2013、「農村における共同保育」『生協総研レポート』73（0）、55-61頁。

広井多鶴子、2006、「核家族化は「家庭の教育機能」を低下させたか」『クォータリー生活福祉研究』57、4-22頁。

松沢裕作、2019、「近世日本における子育ての制度的枠組み——子育ての場としての家と村」『保育・子育て総合研究機構平成29年度委託調査研究・研究成果報告書』1-34頁。

マルサル，K.／高橋璃子訳、2021、『アダム・スミスの夕食を作ったのは誰か？』河出書房新社。

第8章

植民地朝鮮の婚外子・棄児をめぐる法と社会のまなざし
——1910〜1920年代を中心に——

岡崎まゆみ

1　可視化される婚外子・棄児

(1)　スティグマとしての戸籍

　「生まれ」、すなわち出自はきわめて他律的な要素であるにもかかわらず、出生した子の社会的生存に重大な影響を及ぼしてきた。本章は、婚外子という出自がその子に与えた影響を法史的側面から観察しようとするものであり、特に1910〜1920年代植民地朝鮮の司法・行政資料を主な分析対象とする[1]。

　「家族」——実態ではなく法が想定する家族——の枠組みの中での自らの地位を可視化し公示する機能を持つ戸籍は、朝鮮では民籍法（1909）、朝鮮戸籍令（1922）を通じて運用された。同時代の慣習尊重主義や朝鮮社会の特殊事情を背景に[2]、朝鮮の戸籍実務は日本のそれと必ずしも同一ではなかったが、戸籍上に表される嫡出子や婚外子（庶子、私生子）という地位が対社会的な立場を大きく左右した（そして多くの場合、婚外子は社会的に冷遇された）ことに変わりはなかった。

　戸籍によって婚外子を可視化し、彼らに対するいかなる法的処遇を通じて朝鮮総督府当局は何を達成したかったのか？　それに対して社会はどう反応したか？　また「家族」の枠組みから逸脱した棄児の発生には、婚外子が受ける社会的冷遇の反作用としての一面があった。その構造を明らかにするとともに、棄児が収養子や「里預け」となって「家庭」に再包摂される際の婚外子との異質さにも注目する。

第Ⅲ部　コミュニティと〈育ての親〉

(2)　親子関係の分類化

　旧慣及制度調査委員会（1921〜1924設置）は、特に親族相続法の立法化・裁判
の基礎資料の提供を目的として朝鮮総督府内に設置された、代表的な「慣習」
調査機関の１つである。1921年におけるこの委員会の決議（以下、決議）で、
朝鮮の伝統的な「実親子」について言及したものがある。それによると、実親
子における子の地位は（１）嫡子（２）庶子（３）私生子に分類され、（１）
嫡子は「妻ノ所生」の子（婚姻中に懐胎した子は原則夫の子と推定）、（２）庶子は
「妾ノ所生及父ノ認メタル婚姻外ノ子」、（３）私生子は「私通又ハ姦通ニ因リ
テ生レタル子」（母との関係における呼称）で（朝鮮総督府中枢院編 1933：9-10）、
朝鮮時代には「姦生子」とも呼ばれていた（同 36-37）。（１）〜（３）のうち
婚外子に該当するのは（２）と（３）である。このほか準親子における婚外子
の一類型として収養子がある。収養子は「棄児其ノ他父母ノ不明ナル幼児ヲ養
育スル為其ノ家籍ニ入ル」子をいう（同9-10）。これらの類型が朝鮮総督府によっ
て認識された婚外子の枠組みであった。

　婚外子の地位を含む親族相続に関する全般的事項について、朝鮮民事令
(1912、以下、民事令）第11条では「慣習」を法源とすることが定められていた（本
章中カギ括弧で表記する「慣習」は、本条の対象となり得る慣習を指す）。「慣習」上
の家族制度は、宗族制度にもとづく厳密な男系血統主義が念頭に置かれ、子の
地位は祭祀承継人（相続人）としての資格可能性と常に紐づけられていた（岡
崎 2020）。日本による統治初期に編まれた『慣習調査報告書』によると、嫡子
が不存在の場合には「庶子ヲ承嫡セシメ以テ相続ヲ為サシムル」（朝鮮総督府取
調局編 1912：319）例もあったとされるが、この意味では（２）庶子と（３）私
生子は同じ実親子たる婚外子であっても、前者は祭祀承継人になり得ることか
ら、親族相続法上の地位の差は明らかであった。

2　庶子の地位

(1)　祭祀権者の可能性

　前出『慣習調査報告書』によれば、朝鮮では「法制、慣習共ニ妾ヲ畜フルコ
トヲ認」め、「妾腹ノ子ハ父ノ認知ヲ待タスシテ当然庶子」（317、傍点は筆者に

よる）になるとされ、庶子は嫡子と同様に父の家籍に入った。父の妻との関係について、前出の決議によれば「庶子ヨリ見テ父ノ妻ヲ嫡母ト称」して「嫡母ト庶子トハ母子ト看做」され（朝鮮総督府中枢院編 1933：9-10）、さらに父が死亡した場合の庶子の親権は、原則として嫡母にあるとされた（朝鮮高等法院［以下、朝高］大6.12.26判決、判決録4巻1178頁）。

　ただし父がすでに死亡している場合であって、未成年の庶子が嫡母と「多年遠隔ノ地」で生活する例（前掲朝高大6.12.26判決）、「多年十数里ヲ隔ツル場所ニ居住」する例（大6.6.6京城覆審法院民事第一部裁判長照会、同6.26朝枢発第156号政務総監回答）、嫡長子と「別居シ実母ト同居」する例（明44.6.14京城地方裁判所民事第一部照会、同6.19調発第222号取調局長官回答）で嫡母の親権行使の妥当性に疑義が呈された際には、いずれも事実上の養育を含む生母の親権行使が認められた。庶子を取り巻く養育環境は一義的ではなく、各家庭の個別事情に左右されていたようである。

　庶子が嫡子に次ぐ祭祀の承継順位にあることは朝鮮時代より法制化されていた。例えば、朝鮮末期に編纂された『大典会通』(1865) 礼典・立後条には「嫡妾倶無子者告官立同宗支子為後……私自立後者論罪……」とあり、祭祀権の相続順位は、嫡子→庶子→（同宗の）養子とされた。[7]また1894〜1895年間に実施された甲午改革以降には、旧制打破の一環として庶子の地位向上が目指され、『刑法大全』(1905) 第582条2・3号で、庶子がいるにもかかわらず養子縁組を行なった者の罰則が規定されている（田中［美］2018）。このことは日本による統治初期より裁判所で「嫡出子ナキトキハ庶子相続権ヲ有スルコトハ韓国ニ於ケル法則ナリ」として繰り返し確認された（朝高明43.2.19判決、判決録1巻69頁ほか）。

(2) 養子に対する庶子の位置づけ

　他方、朝鮮高等法院の判決録には立後条の原則と矛盾する事例もみられる。すなわち嫡子不存在の場合の祭祀相続をめぐって、特に庶子がいるにもかかわらず養子縁組（生前・死後養子を問わない）を行ったために、庶子と養子との間で相続争いが生じ訴訟に発展したケースが複数登載されているのである。さらに前出『大典会通』礼典・立後条について、「右ノ規定ハ実際ニ行ハレス嫡子

第Ⅲ部　コミュニティと〈育ての親〉

無キ場合ニ庶子アリトスルモ礼斜［筆者注：官衛が発給する養子縁組の裁許］
ヲ受クルコトナク養子ヲ為スニ妨ナキハ庶人タルト宗親国戚タルトヲ問ハス朝
鮮一般ノ慣習」（朝高大2.5.20判決、判決録2巻200頁、下線は筆者による）として、「慣
習」における立後条の実効性を真っ向から否定する判決も現れた。

　庶子の地位をめぐる法制と実態の乖離については、1914年当時に次のような
記録が残されている。

　　朝鮮ノ法制ニ於テハ庶子アル者ハ養子ヲ為スコトヲ得サリシモ実際ニ於テハ
　　庶流ヲ卑ムヨリ家系ヲ重スル者門閥アル者等庶子アルニ拘ハラス養子ヲ為ス
　　コトアリ慣習上有効ト認メシカ甲午改革後此ノ慣習ハ殆ト革マレルモ今尚一
　　部ニ行ハレ必スシモ無効ト視ルコトヲ得サル状況ニ在リ（大3.1.22光州地方
　　法院木浦支庁照会、同2.6参第10号政務総監回答、下線は筆者による）

　「庶流ヲ卑ム」社会通念から庶子より養子を優先する実態について、総督府
当局はそれを「必スシモ無効ト視ルコト」ができないという。ここに空文化し
ていた立後条の実際、そして庶子の法的地位の不安定な現実がみえてくる。
　相続人の地位（特に朝鮮では祭祀承継）をめぐる“庶子か？　養子か？”とい
う問いに、裁判所や総督府当局は次のように対応を変化させていった。**資料8
−1**は嫡子不存在の場合で、庶子と養子が相続権をめぐり対立したケースにつ
いて、朝鮮高等法院および総督府当局の主な対応を一覧にしたものである（原
則として時系列に並べている）。1910年代前半までは庶子相続権の規範が存在する
ことを認識しつつも、事実上養子優先の相続を「慣習」として追認せざるを得
ない傾向が窺える。1910年代中盤〜1920年代になると、徐々に庶子に対する養
子優先の相続を制限し、従前よりも庶子相続を保護するような姿勢がみえる。
ただし養子優先の相続の制限は、あくまで死後養子だけを対象にしていること
には注意を要する（生前養子は制限していない）。

(3)　庶子の「既得ノ権利」保護の意味

　裁判所や総督府当局の対応の変化は、外形的には庶子の法的地位に対する保
護を前進させたようにみえる。(8) その反面、**資料8−1**でみたように（嫡子に対し
てはいうまでもなく）生前養子に対する庶子の劣位を改善する動きが依然として

第 8 章　植民地朝鮮の婚外子・棄児をめぐる法と社会のまなざし

資料 8 - 1 　（養子に対する）庶子の主な処遇方針

（養子に対する）庶子の主な処遇方針	高等法院判決日	各裁判所等の問合せへの当局回答日（カッコ内は問合元裁判所を示す）
庶子の相続権を認める。	朝高明43.2.19判決	
庶子がいる場合の養子を事実上認める（養子縁組は無効とならない）。		政務総監大 1.10. 8 回答（第 2 審／京城）
嫡庶の遺産分与の割合は嫡長子が 2／3 以上、庶子が 1／3 以下（庶子の同居・別居による差異はない）。		政務総監大 2.5. 7 回答（第 3 審／高等法院）
庶子がいる場合の養子を事実上認める（特別な手続きを必要としない）。	朝高大 2.5.20判決	
庶子の相続権を認める（承嫡手続きは不要とした）。	朝高大 2.7.25判決	中枢院大 2.6.19回答（第 3 審／高等法院）
庶子がいる場合の養子を事実上認める。		政務総監大 3.4.14回答（第 1 審／京城）
庶子がいる場合の養子の嫡子としての相続権を認める。	朝高大 4.1.29判決	
嫡庶の遺産分与の割合は嫡長子が 1／2 、残余を他の嫡庶子間で分配（通例庶子より嫡子がやや多い）。	朝高大 4.7. 9 判決	政務総監大 2.5.30回答（第 1 審／京城）、政務総監大 2.6.19回答（第 3 審／高等法院）
庶子がいる場合の養子を否定。		法部長官大 6.3. 3 回答（慶尚北道知事）
庶子がいる場合の死後養子を否定（生前養子は認める）。	朝高大 6.11.27判決	政務総監大 5.9.22回答（第 1 審／京城）、政務総監大 5.11.12回答（第 2 審／京城）
嫡長子以外の嫡庶子の分家の際に遺産分配を受けることができる（通例庶子より嫡子がやや多い）。		政務総監大 7.1.19回答（第 1 審／京城）
嫡庶の遺産分与の割合は嫡長子が 1／2 、残余を他の嫡庶子間で分配（通例庶子より嫡子がやや多い）。		政務総監大 9.1.20回答（第 1 審／大邱）
庶子がいる場合の養子を否定。		法務局長大12.8.23回答（第 1 審／京城）
相続開始当時に胎児の嫡長子は相続開始と同時に戸主相続権を有し、庶子は相続が認められない。		法務局長大14.9.28回答（第 1 審／京城）

（出所）　主に高等法院書記課編纂、馬場 1926をもとに作表。

175

第Ⅲ部　コミュニティと〈育ての親〉

みられないことは何を意味するのか。この点、朝鮮高等法院は相続人としての
庶子の地位について、保護が必要とされる理由を次のように説明している（朝
高昭２.２.15判決、判決録16巻65頁）。

> 仮令庶子ナレハトテ、直ニ相続ヲ為シ被相続人ノ権利義務ヲ承継スルニ至ル
> モノナレハ、其ノ後ニ至リテハ相続ノ為ニ養子［筆者注：死後養子］ヲ為ス
> ノ要ナシ……尚養子ヲ為シテ相続人トヲサムトスルカ如キハ既得ノ権利ヲ剥
> 奪セムトスルモノニシテ其カ不合理ナルハ勿論之ヲ許スニ於テハ相続ニ因ル
> 地位ヲ不安定ナラシメ延テ之カ法律関係ヲ永ク不確定ノ状態ニ置クノ弊ヲ生
> シ社会生活ノ実情ニ適セサルニ因ルニ外ナラサルヘシ……（下線は筆者による）

被相続人から承継した庶子の「既得ノ権利」を保護する目的は、「相続ニ因ル
地位」の安定を図り、「法律関係ヲ永ク不確定ノ状態ニ置クノ弊」を排除する
ためであるという[9]。確かに、死後養子として予期せず現れた正統な相続人が、
当然に従前の庶子相続を覆してしまっては、庶子が当事者となる「法律関係」
の法的安定性は保たれない。その意味で、庶子に対して死後養子を優先させる
ことは「社会生活ノ実情ニ適」さないというのである。一方、被相続人から直
接相続される嫡子や、生前養子にはこの問題が生じ得ない。

　親族相続に関する訴訟のうち、「慣習」よりも（財産法上の）権利義務関係の
法的安定性を優先すべきとする朝鮮高等法院の判示は、1920年代後半～1930年
代前半に頻繁にみられる現象であった（岡崎 2020：198）[10]。上掲朝高昭２.２.15
判決もこの現象の一環として位置づけられよう。このようにみると、裁判所や
総督府当局による庶子の処遇方針の変化は、甲午改革期に目指された旧制打破
としての庶子の地位向上とは異なる文脈であったといえる。「庶流ヲ卑ム」価
値観を払拭し、真正面から庶子の権利向上を目的とした変化だったとは考えに
くい。

3　私生子の地位

⑴　「生まれ」をめぐる言説

　1920年代の朝鮮社会では農村経済の疲弊や度重なる災害、それらを受けた都

第8章 植民地朝鮮の婚外子・棄児をめぐる法と社会のまなざし

市部への急激な人口流入と不景気が重なり、多岐にわたる社会問題と貧困が深刻化した。[11]とりわけ治安維持は総督府当局、朝鮮社会いずれにとっても重大な関心事であり、[12]当時の新聞雑誌に掲載された事件報道や犯罪者の傾向・処遇に関する記事は枚挙に遑がない。例えば、大正後期に日本で議論された「庶子私生児それにえたいの知れない子供」であること（そのような子どもたちの戸籍未登載率の高さ）と犯罪率の高さとの関連性が同時代的に朝鮮でも紹介され、「女の親だけで育てられたものに犯罪者が多い」のは「女親のみは甘やかして育てるものだからそうした育て方を受けた人間は犯罪したり悪い誘惑を受け易い」（東亜法政133、1926.5.15付）として、婚外子という出自やそれに起因する「育ち」が犯罪と結び付けられた。さらに日本の状況を紹介する形で掲載された「（研究）少年囚と親との関係：庶子私生児は嫡子の二倍」（東亜法政60、1923.5.1付）は、犯罪と出自、「育ち」の結びつきについて次のように分析している。

　統計上私生児や庶子は一般に身体が虚弱であり、それに親の遺伝や胎内にゐた時のいろいろの影響などで、どうも精神的にも欠陥が多いらしい、その上に彼等の生れるやうな家庭は大抵乱倫で不規律だから、先天的にも後天的にも、家庭から悪い素質や感化を受けてゐるのである、また其の家庭は多くは生計が困難で貧乏である、中には富裕なもの、児もあるがそれらは大多数は里子にやられるとか貰ひ子になるとか幼年時代から経済的に良い境遇にゐないのが普通である……（下線は筆者による）

（朝鮮社会を対象とした記事内容ではないものの）私生子や庶子による犯罪は、「家庭から悪い素質や感化を受け」、かつ多くの場合は「生計が困難で貧乏」、つまり貧困が原因であると記されている。「庶子私生子それにえたいの知れない子供」に向けられたこのような社会的スティグマは、戸籍の届出にも少なからず影響を与えたものと考えられる。姜恩和の研究によれば、『東亜日報』（1927.5.11付）に掲載された、1926年度の京城における出生届総数のうち私生子の届出数は全体の0.27％に過ぎず、同時期日本の3.2％に比べ格段に低い値であったという。姜はこの低い値の要因について、私生子の実際数の少なさだけでなく、私生子として届け出ることへの抵抗感があったのではないかと指摘している（姜 2015：96）。この点は後でもう一度触れたい。

177

第Ⅲ部　コミュニティと〈育ての親〉

(2)　夫妾関係の入籍否定

　朝鮮における妾の地位は、朝鮮前期に編まれた『経国大典』（1485完成）以来、長らく妻に準じた身分として制度化され、民籍法の施行細則である民籍法執行心得（1909）でも同様に規定されていた（第3条2号）。また「妾腹ノ子ハ父ノ認知ヲ待タスシテ当然庶子」（前出）とされたから、少なくとも法的には、婚外子にとって親が夫妾関係であることは、（私生子に比べると）自己の養育扶養の不確実性をはじめ、戸籍上父が不在であることで生じる様々な社会生活上のリスクを軽減させる効果があった[13]。ところが1915年、公序良俗に反するという理由から夫妾関係の新たな入籍申告を不受理とすることが決定された（大4.8.7官通牒第240号「民籍事務取扱ニ関スル件」）。これにより、以後庶子と私生子の区別はもっぱら父による認知の有無に依ることとなった。すなわち「妾ノ生ミタル子ハ父ニ於テ之ヲ認知セサル限リ生理上ハ父トノ間ニ親子関係ヲ生スヘキモ法律上ハ此ノ関係ヲ生スルコトナシ従テ父ノ認知セサル子ハ父ノ家ニ入ルコトヲ得サル」（朝高大13.4.11判決、馬場 1926：215）[14]ものとされた。

　認知の手続について、「慣習」では父が「自ラ進ミ若クハ其ノ母ノ申出ニ因リテ自己ノ子ト認メ又ハ之ヲ認メタルモノト看做」せる場合に認知が認められたが、法定の手続は定まっていなかったようである（朝鮮総督府取調局編 1912：317-318）。これに対し、民事令第11条改正（1922）による明治民法（第827～836条）の「依用」および朝鮮戸籍令（1922）の実施に至り、1920年代前半には朝鮮で届出による認知が制度化された。これにより父の認知は、地方首長である府尹または面長へ届出を提出することで効力が発生し、また「軽卒なる認知を慎ましむる為」（東亜法政57、1923.3.15付）、一度認知すれば取り消すことはできないものとされた。

(3)　不確かな認知の届出

　認知手続の運用上、総督府当局が特に懸念したのは、「朝鮮ニ於テハ子ノ多キヲ福トシ血胤ヲ他ニ奪ハルルコトヲ頗ル恥辱トスルノミナラス子ヲ否認スルカ如キハ人道ニ戻ルモノ」（朝鮮総督府取調局編 1912：317）と考えられ、「父の判明せざる子と雖も、其の母の指定したる者に於て認知を為すの不当なる習俗すら行はれてゐた」（車田 1937：99）ことである。上述の「軽卒なる認知」と

はこうした事情を指している。さらに京城で弁護士をしていた中島長作も次のように指摘している。

　……此の届出［筆者注：出生届］の日附等は重大なる問題ではないが、甚しきことになると自身が事実出生せしめた子供にあらざるに自分の戸籍に長男として届出をして居る例も沢山ある。如斯き事の裏面には或は<u>不義の子であるとか、私生子とするが厭な為め</u>とか亦他人に依頼されて<u>止むを得ず届出をする様である</u>……（東亜法政174、1928.9.8付、下線は筆者による）

これは出生届の不実記載を問題にした記事だが、その一因が「不義の子であるとか、私生子とする」ことへの嫌厭にあるという。社会からのまなざしに対する「生まれ」の秘匿は、このような出生届の不実記載という悪循環を生じさせていた。また「不義の子であるとか、私生子」を秘匿するため、最悪の場合には子の殺害、遺棄に至ることもあった。1928年12月末現在の西大門刑務所をリポートした記事では、殺人罪による女性受刑者数は33名（女性受刑者総数74名）で、このうち多くは亭主殺、嬰児殺を犯した者であった。いずれも「性的関係と、醜行隠蔽が重なる原因」であったという（東亜法政179、1929.2.15付）。

4　棄児への対応

(1)　棄児の増加

　「生活難の反映か、捨子が多い」（東亜日報1923.6.11付）、「通洞に棄児、世間に決まり悪く捨てた模様、子どもは京城府で引き取る」（同1924.1.5付）等、子どもの遺棄、いわゆる棄児は1920年代以降、都市部への人口流入に伴って急激に増加し、1920年代前半～1930年代朝鮮の新聞各紙では、連日のように棄児の発見日時・場所・性別・推定月齢（年齢）の基本情報、場合によってはその後の対応が報道された。ここでいう棄児は、「父母ノ本籍不詳且出生後多クノ月日ヲ経過セザル幼児ニシテ出生届出義務者ノ不明ナル者」のことをいい、歩行や会話ができない乳児を指す（昭8.9.5乃至8、釜山地方法院管内戸籍事務協議会決議）。植民地朝鮮における当該時期の棄児の処遇について、これまで遠藤興一（1989；1992；1994；1997）や大友昌子（2007）、田中友佳子（2018）らによ

第Ⅲ部　コミュニティと〈育ての親〉

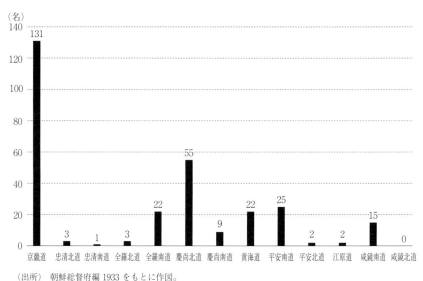

資料8-2　棄児数の変化（朝鮮人に限定）

(出所)　田中［友］2018：142を参考に、朝鮮総督府編各年版をもとに作図。

資料8-3　1933年度統計における地域別棄児数（朝鮮人に限定）

(出所)　朝鮮総督府編1933をもとに作図。

る通史的・個別事例研究が発表されている。本章では近年の田中友佳子の研究 (2018) に依拠して概要を捉えたい。

　資料8-2は、1910〜1933年間に保護された棄児数の推移を表したものである。1923年以降に増加するが、特に1923〜1924、1926〜1927、1931〜1932年間の急

増ポイントを中心に階段状に増加し、1932年にピークに達している。棄児の男女比をみると1920年代前半まではほとんど拮抗していたが、1925年以降は女児が恒常的に多く男児の約1.2～2倍にのぼった（田中［友］2018：142）。

　ピーク時（1932）の地域別棄児数（**資料8-3**）をみると、京城を含む京畿道、次いで慶尚北道の多さが目立つ。特に慶尚北道に位置する大邱は当時、「日本一の捨子都市」とまで評されていた。当地で児童保護活動に従事した藤井忠次郎によると、棄児増加の原因は「第一は生活難の為め、第二は不義の罪を隠蔽する為め、第三は分娩後母性の疾病及死亡に依る養育不能の為め」であるという（藤井 1926：201）。『朝鮮日報』を分析した田中［友］も、棄児は生後2、3か月の乳児が多く、その9割が生活難を原因とする棄児であったと明らかにしている（田中［友］2018：139）。こうした棄児は、富家の門前や朝鮮総督府済生院養育部（後述）、私立孤児院、教会の前に置かれることが多かったが、一方で梅毒や淋病に罹患した子も多く、保護後の死亡率が40％とかなり高い値であったという（田中［友］2018：139-145）。参考として、実際に棄児保護の過程を前出の藤井の記述から辿ってみよう（藤井 1926：203-205）。

　「元来朝鮮は昔から人の門前に棄児があつた場合は必らず其の家で養育をせねばならぬと云ふ習慣になつて居りましたから捨てる前に子供の有無を調べて置いて可成子供を欲しがつて居る家の門前に捨てるのが普通でありました。そして無断で捨てゝ置くのではなく大声で『福が這入る』とさけんで捨てゝ行く。勿論遠く蔭の方で拾ふのを見とゞけてからでなければ帰へつて行かないと云ふ事であります」「普通嬰児の哺乳時間は二時間乃至三時間置きであるとされて居りますが大抵捨てらるゝものは夜であり……朝まで発見されない事が多いのであります。仮に早期発見しましてもそれから警察に届出をするそれから又府庁へ移牒をする其の上で孤児院なり家庭になりに養育方を委託すると云ふ順序になるのでありますが此の間の時間は十五時間乃至二十時間を要するのが多い……」

棄児は警察→（大邱）府庁→孤児院・里親へと、約半日～1日で新たな養育者へ引き渡されたが、梅毒や淋病への罹患に加え、引き渡されるまでの長時間に衰弱する乳児も少なくなかった（田中［友］2018：227）。

第Ⅲ部　コミュニティと〈育ての親〉

(2)　異姓の「収養子」

　上記の棄児を保護する過程から窺えるとおり、里親が棄児を引き取り養育するケースがある。これを「慣習」では収養子という。朝鮮では異姓不養を原則としたが、『経国大典』の思想的基礎である『大明律』（1397完成）戸律戸役立嫡子違法「其遺棄小児年三歳以下雖異姓仍聴収養従其姓」（3歳に満たない棄児は異姓であっても養育を認め、その子には養育者の姓を名乗らせる）を根拠に棄児の収養、すなわち収養子が例外的に認められた（朝鮮総督府 1912：324）。このことは『刑法大全』第582条5号でも確認されている。

　総督府当局の方針では、棄児の姓名は発見保護の申出を受けた府尹または面長による設定が本則とされた（朝鮮戸籍令第65条2項）が、3歳未満の棄児で収養子となる場合は養育者（収養親）の姓に従わせた。ただし収養子は一般的な養子と異なり、収養者との血縁がなく収養家と親族関係が発生しないため、恩義上の喪服は生じても「養家ノ祭祀及ヒ遺産ヲ相続スルヲ得サルコト朝鮮ニ於ケル顕著ナル慣習」として収養親子間の相続は認められなかった（朝高大11.5.5判決、判決録9巻170頁）。

　棄児収養の目的については、『慣習調査報告書』（324）で「女子ヲ養フハ動モスレハ営利ノ目的……異姓ノ男子ヲ養フハ大抵老後ヲ托スルノ目的……」と示されたほか、（前出朝高大11.5.5判決の趣旨とは反対に）社会実態においては士大夫以外の階層で収養子による収養親の祭祀・遺産相続事例が指摘されており（吉川 2009：177）、上述の複合的な目的のもとに、子のいない家庭や妾・寡婦の女性等に棄児が引き取られたものと考えられる。他方で、収養子と収養親・収養家間で法的問題が生じることもあった。ここで2事例を紹介しよう。

　ⅰ（大9.12.6大邱地方法院民事部裁判長照会、大10.2.21朝枢発第49号政務総監回答）
　　A（12歳）は「収養子女」としてB（収養父）の籍に入り、15歳の時にBに命じられ「妓生稼業」に従事した。その後、Aは18歳の時に婚嫁しようとするもBが承諾しなかったため、Aが一方的な意思表示により当該養子関係を解消しようと、裁判所にその可否を求めたという事案である。大邱地方法院は本件について政務総監へ問い合わせ、その回答は次のとおりであった。す

第 8 章　植民地朝鮮の婚外子・棄児をめぐる法と社会のまなざし

なわち、「収養女ト収養父トノ間ニハ親子ノ関係ヲ生セス随テ特ニ親子ノ関係ヲ絶ツ必要ナシ又収養女ノ婚姻ニ付キ収養父ノ同意ヲ必要トスル慣習存セス」。

ⅱ（大 2．7．5 咸興地方法院照会、同 9．13 参第46号政務総監回答）

　子のいないＡ（李姓）は乳児のＢ（金姓）を養子とし、爾後Ｂに李姓を名乗らせた。その後、Ａの死後にＢ、Ｂの死後にＣ（Ｂの実子）がそれぞれ相続したが、Ｃは李姓の門中（姓および本貫［始祖の出身地］を同じくする一定範囲の親族集団）と協議せず、実父Ｂの本姓を復姓させる目的で民籍簿に金姓として登録し、金姓のままＡとＢの祭祀を行った。李姓の宗孫Ｄはこれをよしとせず、Ｃに対しＡとＢの墳墓（Ｄ購入地）を引渡すよう求めたという事案である。咸興地方法院は本件の対応について、①Ｃの復姓と李姓との関係、②復姓によりＣと李姓間の関係が断絶する場合の当該墳墓地のＤに対する返還要否、③Ｃの当該墳墓の所有・祭祀可否、これら 3 点を政務総監に問い合わせ、その回答は次のとおりであった。

　すなわち、①他姓の乳児を子として自らの姓を名乗らせる場合は収養子に該当する。収養子に祭祀承継する資格はなく、実際にＢが収養父Ａの祭祀を行っても「慣習」上の祭祀とは認められない。収養父死亡により収養子は収養家と別に「一家創立」すると考えるのが相当であり、Ｃはもっぱら実父Ｂ

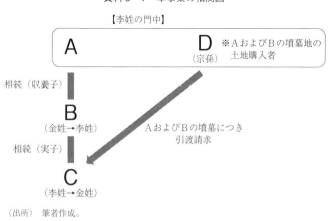

資料 8-4　本事案の相関図

（出所）　筆者作成。

の奉祭祀のみ行い、収養家（李姓）の祭祀承継は不可とする。②③Cは元来
李姓親族ではなく、復姓による親族関係の存滅はそもそも発生しない。Cは
李姓門中の異議があればAの祭祀を行えないが、Bの祭祀挙行は当然であり
Bの墳墓を掘移する必要はない。

いずれも政務総監回答として総督府当局の方針を明らかにしたものだが、大邱、
咸興地方法院も概ねこれに従ったものと推測される。ⅰ、ⅱとも収養親子の実
親子関係を否定する点は一致している。一方ⅱでは、本来実親子関係にないB
をAと共に李姓の墳墓に葬った上、復姓したCにBの祭祀を認めており（墳墓
地がD購入地であるにもかかわらず）、収養家における収養子の位置づけが看取で
きるとともに、墳墓地の土地購入者の権利よりもBC間の祭祀を優先させてい
る点で興味深い。

　他方で1915年には、夫妾関係と同時に、新たな収養子の入籍届出を向後不受
理とすることが示されていた（前出大４.８.７官通牒第240号「民籍事務取扱ニ関ス
ル件」）。この方針転換のはっきりした政策的意図はわからない。ただし戸籍実
務から戸惑いをもって迎えられ、「棄児ニシテ引受人ニ永ク養育セラレ子ナキ
ノ故ヲ以テ養子トナサムトスル者ノ如キハ事実上何等不都合ナシト雖……絶対
ニ受理セサルヲ可トスヘキヤ」（全羅南道長官伺大４.10.１官通牒、民籍例規238頁、
下線は筆者による）という伺まで出されている。これに対する回答は「御見込ノ
通」であり、ここにおいて棄児が収養子として収養家に法的に入籍する途は、
完全に閉ざされたのである。

⑶　「里預け」による養育

　1915年に収養子が入籍制度上の枠組みから除外されたこととパラレルに、
1910年代以降、総督府当局を主体とする棄児の保護・養育政策が展開された。
その嚆矢となったのは、朝鮮総督府済生院の創設（1911）である[19]。済生院では「家
庭的教養」の育成という目標のもと一定の基準を満たした子どもを収容し、特
に低年齢（０～５歳）の子どもには「里預け」いう家庭委託が試みられた[20]。里
親が満５歳以下の幼児を預かる場合には委託料として京城府内で月９円（他府
で月８円、郡で月７円）が支給され（1923年時点）、離婚・死別による単身女性や

第8章　植民地朝鮮の婚外子・棄児をめぐる法と社会のまなざし

子のいない夫婦に引き取られるケースが多かった（田中［友］2018：149）。

　『朝鮮総督府済生院事業要覧』によると、「里預け」の間に「死亡其他に依る解約」となった乳児数は、1920年代には概ね年間3〜4割台であったが、1930年代中盤には1割を切ることもあり、その他の子どもの多く（女児が9割程度）がそのまま里親に引き取られた（里親に引き取られなかった子どもは、他の院児に悪影響を及ぼす「不良児」を除き済生院で養育された）。1920年代中盤〜1930年代にかけての棄児急増に対し（**資料8-2**）、朝鮮総督府による方策のひとつがこうした「里預け」を通じた家庭への"還流"事業であった（田中［友］2018：145-159）。かつて収養親が担った棄児の保護・養育機能は、1920年代中盤以降には済生院主導の「里預け」という家庭委託制度へいみじくも代替されていったようにみえる。

5　「あるべき子」と漏れゆく子

　植民地朝鮮において、あるべき「家族」——実態ではなく法が想定する家族——の枠組みが戸籍によって可視化され、裁判等を通じて詳細が明らかにされればされる程、婚外子（庶子・私生子）は「家族」から漏れゆく存在となった。2（2）でみたように、庶子は祭祀承継資格があり、辛うじて「家族」に組み込まれたものの、「あるべき子」たる嫡子に対しては絶対的に弱く、その都合に自らの地位が左右された。他方、庶子と同様に婚外子として扱われた私生子は、夫妾制度が制度的に否定されたことで、もっぱら父の認知の有無により自らの地位が決定づけられ、あるいはいずれの「家族」からも排除され得る社会生活上の高いリスクを負うことになった。「不義の子」という出自のレッテルが忌避された結果、出生届の不実記載のみならず、殺害や遺棄（棄児）というその生命すら危険に晒されたのである。棄児は「家族」の枠外の存在として、収養子であっても収養親の祭祀承継者になり得なかった。さらに収養子が制度的に否定された後は、総督府済生院が介在しながら「里預け」を通じて家庭——やはり法的な「家族」の枠組みには組み入れられない存在として——へ"還流"される可能性があるのみだった。

　総督府当局や裁判所の記録に残された慣習としての婚外子や棄児の地位は、

185

第Ⅲ部　コミュニティと〈育ての親〉

一面的で精確性に欠く部分を含むものの、連綿と続いた朝鮮社会のシステムや価値観を少なからず伝えている。総督府当局や裁判所のフィルターを通じた慣習なるものが、実際社会をどこまでありのままに反映したものかは議論の余地があるが、ともかくも民事令第11条の「慣習」はそれらを原型とした。しかし庶子の地位や夫妾制度と私生子の地位、収養子、また子の認知のあり方をめぐる「慣習」は、裁判や戸籍、行政通達等を通じて徐々に周縁化されていった。その過程で婚外子や棄児はあるべき「家族」から漏れたマージナルな存在として可視化され、定置されたのである。（本研究は JSPS 科研費17K13596の助成を受けたものです。）

注

⑴　本章は婚外子・棄児をめぐる朝鮮総督府の関心の志向を中心に論じる。そのため総督府による編纂資料を使用するが、これらには統治権力側のバイアスが含まれる点に留意する必要がある。また法政策・運用への社会的な反応として婚外子・棄児の関連裁判も取り上げるが、元来「もめごと」が裁判に至るか否かは紛争当事者の法的リテラシーや訴訟コストの負担能力に依るため、裁判事例は社会全体から見ればむしろごく一部の現象であるとも考えられる。したがって、裁判の判決をもって当時の朝鮮社会を一般化することには限界があるものの、朝鮮高等法院（植民地朝鮮の最上級裁判所）が「朝鮮に於ては親族、相続に関し種々の慣習があるので之等の調和等に関し［筆者注：大審院と比較して］又別異の意義を有」し、判決によって「社会の規範亦茲に制定せられる」（朝鮮総督府法務局法務課編 1936：29）意義がある以上、その審理過程や判決内容の社会に対する一定の波及効果は無視できないと筆者は考えている。

⑵　筆者は以前、植民地朝鮮の裁判所においてどのような場合に「慣習」が尊重され、あるいは否定されるのか、裁判所の法運用における「慣習」判断の基準について『高等法院民事判決録』の判例をもとに分析した（岡崎 2020）。

⑶　「男性と他男の妾との間の子」「婚姻中の女性と夫以外の間の子」等の意味で使用される場合もある。

⑷　朝鮮民事令は民事に関する大部分について、明治民法を原則「依用」（第１条）しており、「慣習」を法源とする第11条はむしろ例外規定であった。ただし、1921、22、39年の３度にわたる民事令の大幅な改正で、親族相続に関する明治民法の依用範囲は徐々に拡大し、本章との関係では、1922年改正で私生子に対する認知制度も依用対象とされた。

⑸　血統を基盤とする実態としての朝鮮の相続は、明治民法が想定した観念的な「家」の家督相続とは異質であることが同時代的に朝鮮高等法院の裁判官によって指摘されていた（岡崎 2020：109-110）。戸籍に基づく戸単位よりも上位の親族集団（宗や門を基礎とする宗族制度）こそ朝鮮社会の基盤であったから、それと紐付けられない婚外子は、朝鮮の社会的地位において排除されたのではないか。

⑹　「承嫡」とは「祠堂ニ告クル慣例」のこと（馬場 1926：426）。

186

第8章　植民地朝鮮の婚外子・棄児をめぐる法と社会のまなざし

(7) 「慣習」上の養子制度はもっぱら宗族制度を前提としている。養子の目的は血統の断絶を防いで祭祀承継することにあるため、原則として養子は同姓の男系血族の男子に限定され、昭穆の序（父子長幼の序列）を乱さないことや他家の長男（戸主）でないこと等が求められた。

(8) この間、婚外子（庶子・私生子）の地位に影響をあたえる法的前提が変化した。例えば、1915年に夫妾関係の入籍不受理の通達（大4.8.7官通牒第240号）、1922年に私生子の認知に関する明治民法の依用が決定された（本文で後述）。

(9) 死後養子は養親（父）たるべき者の死後、その妻や門中（親族会）等によって養子が選定される養子縁組のあり方で、縁組が成立すれば養親（父）の死亡時に遡って縁組の効力が生じる。ただし死後養子が選定されるか否か、また選定されるとしても選定時期は不確定であり、相当期間を経過した後に養子が選定されることもあり得た。(7)で述べたように、祭祀承継者の男系血統と昭穆の序を維持するために適当な人物の誕生を待つことは、慣習において珍しいケースではなかった。

(10) 高等法院判事を務めた野村調太郎は、祭祀承継者たる宗孫の身分について「法律上ノ利益」を否定し、祭祀承継を「道義上ノ責任」と判示した理由について、「朝鮮の家族制度と財産法の法的整合性を重視した結果」であるとした。植民地朝鮮の民事裁判は概ね80％以上が財産関係を争うもので、裁判所の判断では財産法秩序の維持・法的安定性が優先して求められた。そのため親族相続に関する裁判の現実的な対応として、「慣習」尊重はあくまで財産法秩序（明治民法の依用）に抵触しない範囲で許容する方針が採られたと考えられる（岡崎 2020：198）。

(11) 朝鮮総督府は対応策として窮民救済事業を展開し、このうち救済事業として災害救助や行旅病人・死亡人の対応とともに「孤児ノ教養」が組み込まれた（遠藤 1994（3）：98）。「孤児」対策は伝染病のほか、「将来の盗人」の予防を目的とした（朝鮮日報 1921. 2. 7付）。

(12) 総督府当局は特に少年保護法制の整備等に関心を向けた。例えば、朝鮮感化令（1923）の実施に伴い、総督府直轄の感化院として永興学校（1923）が設立された。「朝鮮は内地とは稍々事情を異にし、保護者または親権者を持たぬ不良児が割合に多い様な傾もある」ため、簡易な職業教育を行うなど自立支援が企図された（東亜法政66、1923. 8. 1付）。また1922年以降には金泉・開城等に相次いで少年刑務所も設置された。

(13) 父の認知が得られない場合、私生子が母の家籍に入籍するためには、その家籍の戸主の同意を得る必要があったし、その戸主の同意が得られなければ、私生子自身が一家を創立しなければならなかった。当然に庶子となれない場合、扶養義務者の確定において婚外子は不利な立場に置かれる。なお私生子の姓は、"父たる者"の姓を母が任意に付すことができた（大12. 7.19京城地方法院長問合、同8.23法務局長回答）が、父による認知手続とは無関係に行われた。

(14) これ以前に入籍した夫妾関係は従前どおりとされた。なお、本章では紙幅の関係から夫妾の婚姻入籍に関する問題は分析対象外とした。稿を改めて論じたい。

(15) 新たな入籍申告を受理せず理念的に否定した夫妾関係であっても、現実社会の「蓄妾」実態まで全面的に否定されたわけではなかった。このことは朝鮮高等法院判決で「蓄妾ノ弊風今尚一部ノ社会ニ行ハレ一般ノ之ニ蓋ムニ寛容ノ態度ニ出テ未タ之ヲ以テ甚シキ

第Ⅲ部　コミュニティと〈育ての親〉

　　　　非行ト目セス」、「蓄妾ノ一事」が「同居ニ堪エサル重大ナル侮辱」として離婚請求事由
　　　　に該当すると認められなかったことが物語る（朝高昭3.10.26判決、判決録17巻178頁）。
　⒃　姜恩和の研究によると、1920～1939年間の朝鮮における私生子に関する新聞記事では
　　　　私生子の殺害事件が目立ち、その多くが未婚女性・寡婦による子殺しであった（姜 2015：
　　　　96）。
　⒄　大邱における棄児保護活動の事例は、田中［友］2018：207以下が詳しい。
　⒅　3歳以上の子を養育する場合は慣習上「侍養子」と呼び、本姓のままであった。
　⒆　済生院には孤児養育部と盲唖看護部があり、中心的な事業は前者であった。創設当時
　　　　の孤児養育部には80名が収容され、多くは私立京城孤児院（1906設立）から引き継いだ
　　　　児童だった。当該時期の児童保護は主に私立施設（例：京城保育院［1919］や鎌倉保育
　　　　園京城支部［1918］、救世軍育児ホーム［1918］等）が担った（遠藤 1994（3）：115-
　　　　118）。
　⒇　対象は扶養義務者のない者であり、かつ6歳以上の院内保育では次の条件（「済生院養
　　　　育部孤児収容に関する件」）があった。すなわち「遺児棄児迷児等扶養者なき可憐の孤児
　　　　を収容養育すべきは勿論の義に候へ共現に乞丐の群に投し又は乞食を常習となす不良児
　　　　にして院児に悪感化を與ふる虞ある者は収容養育の限りに無之候」（済生院 1923：43）。

引用・参考文献

李正善、2009、「韓国近代「戸籍制度」の変遷――「民籍法」の法制的特徴を中心に」『韓国史
　　論』55、275-328頁。(李正善、2009、「한국 근대 ʻ戸籍制度ʼ의 변천：ʻʻ民法ʼʼ의
　　법제적 특징을 중심으조」『한국사론』55)
李英美、2004、「韓国近代戸籍関連法規及び改正過程――「民籍法」を中心に」『東洋文化研究』
　　6、1-30頁。
遠藤興一「植民地支配期の朝鮮社会事業（1）～（5）」『明治学院論叢』449（1989（1））
　　107-178頁、499（1992（2））1-60頁、534（1994（3））97-150頁、542（1994（4））1-
　　61頁、546（1994（5））23-87頁。
　───、1997、「植民地社会事業の基礎動向について――朝鮮総督府施政年報（明治43～昭
　　和16年）研究序説」『明治学院論叢』592、149-268頁。
大友昌子、2007、『帝国日本の植民地社会事業政策研究』ミネルヴァ書房。
岡崎まゆみ、2020、『植民地朝鮮の裁判所――慣習と同化の交錯・法の「実験」』晃洋書房。
外務省条約局、1971、『外地法制誌――第4部の2 日本統治時代の朝鮮』外務省条約局法規課。
姜恩和、2015、「私生子法と母子保護法を通した日韓比較の試み――養子制度における未婚母
　　の位置づけをめぐって」『社会イノベーション研究』10-2、85-104頁。
車田篤、1937、『朝鮮戸籍令義解』朝鮮地方行政学会。
沈義基、2003、「日帝強占初期「植民地慣習法」の形成」『法史学研究』28、5-23頁。(심희기、
　　2003、「일제 강점 초기 ʻ식민지 관습법ʼ의 형성」『법사학연구』28)
高等法院書記課編纂『朝鮮高等法院判決録』（判決録）司法協会（各年版）。
田中美彩都、2018、「旧韓末における養子行政・法制の変容」『朝鮮史研究会会報』56、163-
　　189頁。
　───、2019、「旧韓末における養子制度の運用実態――新聞記事の分析を中心に」『韓国朝

188

鮮の文化と社会』18、88-131頁。

田中友佳子、2018、『植民地朝鮮の児童保護史——植民地政策の展開と子育ての変容』勁草書房。

崔弘基、1977、『韓国戸籍制度史研究』ソウル大学校出版部。

朝鮮総督府編『朝鮮総督府統計年報』朝鮮総督府（各年版）。

朝鮮総督府済生院『朝鮮総督府済生院事業要覧』（済生院）朝鮮総督府済生院（各年版）。

朝鮮総督府中枢院編、1933、『民事慣習回答彙集』（附録：旧慣及制度調査委員会決議）朝鮮総督府中枢院。

朝鮮総督府中枢院調査課編、1939、『朝鮮祭祀相続法論序説』朝鮮総督府中枢院。

朝鮮総督府取調局編、1912、『慣習調査報告書』朝鮮総督府取調局。

朝鮮総督府法務局法務課編、1936、『朝鮮の司法制度』朝鮮総督府法務局法務課。

朝鮮総督府法務局編纂、1943、『昭和18年新訂　朝鮮戸籍及寄留例規』朝鮮戸籍協会。

『東亜日報』東亜日報。

『東亜法政新聞』（東亜法政）東亜法政新聞社。

馬場社編纂、1926、『朝鮮親族相続慣習法綜覧』大阪屋号書店。

藤井忠治郎、1926、『朝鮮無産階級の研究』帝国地方行政学会朝鮮本部。

藤田東三、1933、『朝鮮親族相続法』大阪屋号書店。

村上一博、2020、『日本近代家族法史論』法律文化社。

吉川美華、2009、「朝鮮における民籍法制定と改正——慣習をめぐるポリティクス」東洋文化研究11、157-178頁。

第 9 章

アフリカの「自然な」要素に基づく親子考
——ナイジェリアの〈里親養育〉慣行と授乳文化を対照させて——

梅津　綾子

1　親族論における1980年代以降の「自然」対「文化」論

　筆者はこれまで、ナイジェリア北部、ムスリム・ハウサ社会の[1]〈里親養育〉[2]慣行（ハウサ語でリコ（*ri'ko*））を人類学的観点から研究してきた。そして、生みの親（生親）[3]の親交・協力関係は維持される一方で、〈里子〉（〈子〉）の一義的かつ永続的な親には育ての親（育親）がなりうることを、拙著『親子とは何か——ナイジェリア・ハウサ社会における「里親養育」の民族誌』（2021）において明らかにした。現地での調査過程では、母乳が親子関係において重要な役割を果たすという語りもまた聞かれた（cf. 梅津 2021：74-76）。しかし授乳文化について、筆者がこれまで深く掘り下げることはなかった。

　本章では、リコによる構築的な親子関係が尊重されている点を踏まえつつも、母子関係を構築する上で母乳・お乳[4]が重視されるというハウサの民族（あるいは民俗）生殖観・親子観に着目する。それにより、筆者が以前から違和感を抱いていた、2000年代以降の人類学の親族論において顕著になりつつある、「生物学上あるいは自然な要素」(Alber 2013：100) を否定する論調を批判的に検討する。

⑴　「自然」は自然ではない

　まず前提として筆者は、「生物学上あるいは自然な要素」は、人類学者の清水昭俊が述べる「文化的自然像」（清水 1989：50）の範疇にあるものと考える。清水が述べているように、そもそも自然は人間の営みにおいて存在しない。そのような「野生動物の生態」における自然を、本章では清水に倣い「本源的自然」と称する。そして私たちが用いる自然と文化の対比は、あくまで文化の範

囲内で用いられる対立概念とする（清水 1989：50）。文化が内包するこうした「文化」および「自然」を清水はそれぞれ「文化の自画像」、「文化的自然像」と表現する（清水 1989：51）。それに倣い、本章でも「文化の自画像」を「文化」、「文化的自然像」を「自然」として表記する。

(2) 「自然な」つながりの相対化へ

　次に、生物学上のいわゆる「自然な」つながりと社会的・文化的つながりに関する親族論の流れを押さえたい（cf. 梅津 2021：34-37）[5]。本章では、両者の関係が問い直される契機となった、デイビッド・M・シュナイダーの『親族研究批判』（Schneider 1984）が公表された後の流れを見ていく[6]。アメリカの人類学者シュナイダーは、ミクロネシア・ヤップ島民の「親族集団」について、土地を媒介として結びついた集団であり、西洋的な生物学的親子関係を基礎とした親族ではないと指摘した。そしてそれまでの親族論に通底していた二つの原則——親族を生殖や生物学的過程と関係があるものとして定義する原則、及び血縁は他の関係より親密とする考え方が自明とされているという原則——は一般的に適用できないと指摘した（Schneider 1984：197-199）。これにより人類学では親族論は崩壊し、以降「失われた10年」の時代に入ったといわれている（河合 2012：26）。

　「失われた10年」を終わらせた代表的な研究者が、イギリスの人類学者で西太平洋のマレー諸社会をフィールドとするジャネット・カーステンである。カーステンによれば、マレー諸社会の民族生殖観では、母子は胎内では母の血を通してつながり、出産後は血の素となる食べ物を母が子どもたちに与えることで、母と子、キョウダイ同士が肉体的につながる（Carsten 1995：227-228）。彼女はこの調査結果を基に、親族の生物学的要素と社会的要素は連続しており、生物学的要素だけが親族を構成するのではないと主張する。そしてマレー社会ではこのように、血などの「身体構成要素」（サブスタンス）（栗田 2012：139）が共食により共有されることで、「関係性（relatedness）」が構築されると分析した（Carsten 1995：234）。

　その後も、ジャネット・カーステン編の『関係性に関する諸文化——親族研究に対する新しいアプローチ』（Carsten ed. 2000）に見られるように、親族の社

第Ⅲ部　コミュニティと〈育ての親〉

会的・文化的側面が強調される論調が続く。例えばイギリスの人類学者ジャネット・エドワードとマリリン・ストラザーンは同書で、家族と地域を連結させる感覚について、次のように述べている。イギリスのある街のイギリス人居住者は、「特定の家族に帰属（belonging）することによって、街への帰属意識を広げている」。そして街の人たちは、街を、個人としてではなく、家族の一員としての自分たちのものであると主張しているとする（Edwards and Strathern 2000：151）。

　こうした流れを受けて、西アフリカ・ベナンをフィールドとして〈里親養育〉を研究するドイツの人類学者アードミュート・アルバーは、「belonging とは原則として想像上の帰属（imagined belonging）[7]であり、生物学上あるいは自然な要素に基づいているのではない」（Alber 2013：100）とまで指摘する。

⑶　西アフリカ〈里親養育〉論の変遷とアルバーの「自然な」要素否定説

　〈里親養育〉研究が盛んに行われてきた地域のひとつである西アフリカの、アルバー論を含むこれまでの研究状況について少し言及しておきたい[8]（梅津 2021：28-31）。西アフリカでは〈里親養育〉が広く慣習的に行われており、その研究は1970年代より欧米を中心に進められてきた。当該地域の〈里親養育〉にはいくつかの共通点がある。その１つが、〈里親養育〉は〈子〉の不利益にならないという点である。1980年代〜1990年代の当該地域の〈里親養育〉研究をリードしてきたイギリスの人類学者エスター N. グディは、自身の調査地であるガーナのゴンジャ社会を事例に、〈里親養育〉は、生親に育てられた子と比較しても、〈子〉の人生の不利益にならない[9]と指摘する（E. Goody 2007：48-53）。ローカル・コンテキストにおける〈里親養育〉の社会的機能や理由・目的に関しては、生親の死亡・病気・貧困による子の危機対策としての養育（crisis fostering）や、当該社会の有力者（チーフ）との同盟、家事手伝いとしての労働力の確保、職業訓練（徒弟）、〈子〉の通学やより良い学校教育を享受すること、そして〈里親養育〉が、地方でも都市でも女性の生き抜き戦略の一手段[10]になりうること等が挙げられる（梅津 2021：28-29）。ここで留意しておきたいのは、西アフリカの〈里親養育〉は、「子育ての過程に関すること」（E. Goody 2007：23）であり、〈子〉の法律上の身分（出自）に変化を与えないものとされた点である。

そのため1990年代までは、〈里親養育〉がE. グディほかイギリスの構造機能主義者らによって、親子・家族の一形態として論じられることはほとんどなかった。

　出自を親子関係の基盤に据え続けたE. グディ論はしかし、2000年代に入り、親族の文化的構築性の重要性を評価する観点から批判の対象となった（e.g. Howell 2009；梅津 2021）。アルバーも批判した一人である。アルバーは、調査地ベナンのバトンブゥ社会では「本当の親は育ての親」（Alber 2004：33）とされていると、その題目をもって指摘し、構築主義的な親子研究を進展させた。そして西アフリカにおける子の引き取りを、「子どもの（想像上の）帰属が移行すること」と定義した（Alber 2013：102）。この場合の「想像上の帰属（imagined belonging）」は、血など「自然な」サブスタンス（身体的構成要素）から見出されるのではなく、象徴や行動、感情を必要とするものであるという（Alber 2013：100; cf. 2018：51–55）。

　このようにアルバー論は、「自然な」要素の親子関係への関与に一貫して否定的である。確かに子どもの帰属は、出産や「血」そのものを所与の根拠としない。親子関係は社会的に、すなわち「象徴や行動、感情」等により構築される部分が大きいだろう。一方で、少なくとも近代以降の欧米や日本ほか、それなりに広域にわたる地域社会において、「生物学上あるいは自然な要素」（Alber 2013：100）が、親子関係の強固な基盤とされ続けている文化現象もまた厳然として存在する。〈里親養育〉慣行リコが一般的に行われているハウサ社会においてもそうである。ハウサでは、リコによる親子の関係性が強調される一方で、母乳・お乳による「自然な」（サブスタンス上の）つながりもまた、家族関係を語る上で度々言及されている。こうした文化現象をどう捉えれば良いのか、アルバー論は解を示せていないように思われる。

(4)　本章の目的と調査概要

　そこで本章では、リコによる親子関係と、ハウサの母乳による親子関係（milk kinship）の観念を対照させ、そこに「呪術的な共感の関係」（清水 1989：63）という概念を補助線として用いる。それにより、親子の基盤を、「自然対文化（社会・構築）」という枠組みで捉えること自体を問い直す。カーステン（Carsten 1995）による「自然」から「文化」への連続論を含めて、「自

第Ⅲ部　コミュニティと〈育ての親〉

然な」要素も構築的な要素も否定せずに、親子・家族を考える新たな枠組みを
提示したい。

　ナイジェリアでは中北部のカドゥナ州ザリア地域の農村及び北東部ヨベ州等
において調査を行った。調査期間は2003年12月～2010年2月の間の合計約2年
間で、主な調査方法は英語と現地語であるハウサ語、そして一部日本語による
聞き取りと参与観察である[11]（cf. 梅津 2021：53）。リコに関する聞き取りの調査
協力者は約76名で、計100名強分の〈子〉のデータを収集した（梅津 2021：111）。
授乳文化に関するデータは、上記リコ調査の過程で副次的に得られたものである。

2　ハウサの〈里親養育〉慣行リコ

(1)　ナイジェリア・ハウサ社会の概要

　ハウサ人は、ナイジェリア北部からニジェール南部にかけて居住する一大民
族である。ナイジェリアの250以上の諸民族の中でも、ハウサは、南西部のヨ
ルバ、南東部のイボと並ぶ主要民族の1つであり、ハウサ語は同国の共通語の
ひとつとなっている。公用語は、イギリスの植民地支配の影響により英語であ
る。ナイジェリアの宗教については、南部には伝統宗教の信仰者やクリスチャ
ンが多いのに対し、北部地域にはムスリムが多い。なおハウサ文化やイスラー
ムは、北部諸民族に広く共有されている。歴史・行政面では、北部地域に12世
紀～19世紀には存在していたハウサ諸王国（cf. 島田 2019：18-22）の支配体制
の名残が今もある。かつての支配階級が、州の行政組織に組み込まれる形で存
続している。

　同国は有数の産油国であると同時に、農林水産業に従事する労働者が就業人
口の約7割に上る農業国でもある（cf. JICA）[12]。サバンナ気候の北部地域におい
ても、専業もしくは兼業の農民が多い。また伝統的あるいは近代的な地方都市
も散在している。

(2)　ハウサの家族の概要

　ハウサの親族関係は父系を基盤としながらも、双系的といえる。夫方居住で
あり、また「人は父親の名前を通してあなたを知る」[13]（梅津 2021：122）といわ

れる点などは父系的である。一方で日常生活や相続に関しては双系的である。一般に、三世代以上の単一直系世代よりも、広範囲の傍系諸親族を含む双系親族とのつながりの方が強調される（M. G. Smith 1981：21-22）。結婚と家庭に関しては、1人の夫が4人までの妻と婚姻関係をもつ一夫多妻婚が可能であり、筆者が滞在した村でも2～3人の妻をもつ夫が多い。一方で夫との離婚や死別などにより、再婚する女性もまた珍しくない。子守りや育児・家事は、妻仲間や義母とその妻仲間、年上の未婚の少女など、同じ屋敷に住む女性たちで助け合う。近隣の女性が子守りを任されることもある。

(3) リコの概要

リコは子の引き取りを意味するハウサ語の1つである。ハウサ語辞書（Awde 1996）及び現地で聞かれる説明としては、「子どもが与え（give）られること」、「誰かの家で子どもを養ってもらう（hold, keep）こと」、「保持する（hold）という意味で、自分に属さない子どもに対して責任をもつこと」等が挙げられる。

リコでは通常、養子縁組（養取）を禁じるイスラームの影響により法的な親子関係が変わらない。そのためリコは、養取（adoption）とは区別され、里親養育（fostering）と研究者らに英訳されることが多い。ただし現地ではリコは必ずしも養取と区別されずに用いられている。ハウサ語辞書においても、adopt と foster 関連のハウサ語訳として、共に *ri'ko* が使われている（Awde 1996：183, 257）。

リコはナイジェリア北部地域において一般的に行われている。ハウサ研究者の M. G. スミス（M. G. Smith 1955：21-24）と R. I. ピティン（Pittin 1979：168）の調査によれば、リコは1つの地区全体の1～4割の屋敷で行われている（梅津 2021：116）。また裕福な者に限らず、既婚者で衣食住を提供できれば、貧しい者同士でもリコは行われる。引き取られる時期は、産みの母が健在であれば1歳半頃～2歳の卒乳期以降となる。養育期間は数年～結婚までの10数年間にわたる。〈子〉から育ての母・父への呼称はそれぞれ、「お母さん」、「お父さん」が多い。育親になるのは〈子〉の1世代上（生みの親世代）や2世代上（祖父母世代）が多く、またかれらは〈子〉の親族であることが多い。なお父親同士が友人の場合にもリコが行われることがある。いずれにせよ、生親と育親は信頼

第Ⅲ部　コミュニティと〈育ての親〉

（ハウサ語でアマナ）関係にある場合が多い。

　リコが行われる理由として最も多いのは、生親の離婚や死別に伴う子の危機対策のためというものである。しかしそれ以外にも、「育親に実子[14]がいないため」、「育親に幼い子がいないため」、「子どもの教育・通学のため」、あるいは「（生父と育父の）友情の証のため」[15]など、育親や〈子〉にとっても積極的な動機が少なからず見受けられる[16]。

(4)　リコにおける〈生みの親〉

　リコが行われても多くの場合、生親と〈子〉のつながりは、法律的にも実際的にも切れることはない。まず〈子〉の法律上の身分は生物学上の親に属したままである。そのため名字が生父の名前のままの〈子〉はいる。〈子〉は生親からの相続権も保持するため、育親は生親について〈子〉に伝えねばならない。生親が存命であれば、育親は〈子〉を生親に時々会わせる必要もある。子の引き渡しにおいて、生親たちのなかには、子のいない親族に請われて、子を快く引き渡す者もいれば、子を手元に置きたいがために引き渡しの時期を先延ばしにする者もいる。また、託す相手を選別する産みの親や、自分たちの都合で突然リコを解消する生みの親もいる。なお、生親と〈子〉の関係は、〈子〉の結婚を機に強化されることもある。

(5)　リコにおける〈育ての親〉

　他方、育親は規範的にも実際的にも〈子〉を大切に育てる責任がある。そのため衣食住・教育・医療など、〈子〉の成長に必要なものは、基本的に全て育親が用意する。名字も育父の名前に変わる〈子〉[17]もいる。さらに養育期間が10年に及ぶような長期の場合には、生親による〈子〉の連れ戻しが社会的非難の対象になりうる。また〈子〉の結婚行事を取り仕切るのは伝統的に育親の務めであり、〈子〉（女性）の花婿も、花嫁の親に挨拶する際には育家を訪れるという[18]。

　育親との親子関係は〈子〉の結婚後も続く。例えば〈子〉（女性）が離婚したり、〈子〉（男性）が新居を建てるならば、かれらの居場所は育家であると語る育親は少なくない。財産についても、相続という形はとれずとも、遺贈という形で〈子〉にも分与されうる。あるいは養育期間中に〈子〉を厚遇すること

第9章　アフリカの「自然な」要素に基づく親子考

で、財産分与したとみなされる場合がある。結婚後も育親と既婚の〈子〉の間には、引き続き親交が見られるほか、〈子〉が男性の場合は育親への経済的支援が、〈子〉が女性の場合は育親の老後の世話が期待される場合がある。

⑹　リコにおける〈子〉

では、〈子〉は育親と生親についてどのように感じているのか。筆者の調査では、育家に関する不満等のネガティブな語りはほとんど聞かれなかった。むしろ育親への感謝や誇り、さらには自分も子を引き取りたいという語りすら聞かれた。例えば〈子〉と育親の立場でリコを経験し、実子もいる主要調査協力者アハメッド（仮名・敬称略、当時40代、理系研究者）は次のように語る。「親とは自分たちの子どもの世話をして守る人、つまり保護者のこと」。その意味で、彼にとっての親は育親である。生親については、アハメッドは「かれら（生親）もわが子を愛している。かれらは里親にわが子を育ててもらうことにより誇りを抱く[19]」、「私はかれら（生親）を二番目の親だと思っている」と語る（梅津 2021：285-286）。つまり、当事者の認識レベルでは、養育による親子関係が「生み（産み）」による親子関係を超える可能性をもつのである。

3　リコと結婚と母乳

ところでリコでは、「子ども」同士の結婚もありうる。例えば調査村の男性で主要調査協力者のハムザ（仮名・敬称略、当時推定40代、中高等学校の教員）は、通学上の理由で生父の友人の家に4年間居住したことがある。ハムザはそれも「リコ」とみなしていて、その期間に彼の育親が、自分たちの娘の1人を彼と結婚させたがったという。当時ハムザは、結婚するには自分は若すぎると考え、その誘いを断った。とはいえ、この事例は育親の実子とリコにおける〈子〉の結婚がありうることを示している。その一方でハウサには、後述のように、もらい乳を受けた赤子は、その子にお乳を与えた女性（以下、「母」）や彼女の実子と結婚できない規範もあるという。

母乳・お乳はハウサの親子関係にどのような影響を及ぼすのだろうか。エッセイ「授乳したら親子―ナイジェリア、ハウサ社会の授乳文化」（梅津 2023：

197

第Ⅲ部　コミュニティと〈育ての親〉

6-7）を加除修正した事例について（第1項）、イスラームの授乳に関する規定を参照しつつ（第2項）、以下に考察する。

(1)　母乳・お乳により作られる母子関係

母乳・授乳と出産は切っても切り離せない。ハウサでは、出産に関する言葉や、産婦が推奨される行為から、そのことがうかがえる。例えば産後40日までの産婦は、「授乳」（jego）をする人（mai）（Awde 1996：73, 111）を意味する「メイ　ジェーゴ（mai jego）[20]」と呼ばれる。なお、牛乳や粉ミルクも、母乳を補完するものとして用いられており、それらを与える期間も授乳期間に含まれるとされる。リコにおいて育親が子を引き取るのも、その後になる[21]。

とはいえやはり、産みの母からの（母乳の）授乳は、子にとってとても重要なものと認識されている。例えばハムザは、「誰も子がお乳を吸うのを遮れない」と語る。また「我々の文化では伝統的に、（粉ミルク等だけ飲んで）十分に母乳を吸わなかった子は、活動的でなくなる」という。さらに彼は、もし赤子が生後すぐに産みの母から引き離されて粉ミルクで育てられると、母乳を吸わなかったことで、その子は成長しても産みの母に優しくせず、また産みの母の体調が悪くても彼女の世話をしないだろうとも語る。なぜなら「子はお乳を吸うことをとおして、母親の性格や行動、体調等を（自分と）一体化させる」からである[22]。

これに関連して、母乳を血縁と結びつける生殖観も見受けられる。先述のアハメッドによると、ハウサにもいわゆる「血は水よりも濃い」という観念が存在する。ただしその「血」は、「母乳と生物学上の父の精子」から成るのだという。これらを両親から受け取ることで、子は生みの親と特別で排他的な「つながり」をもつと考えられているといえるだろう。

一方で、産みの母に限らず、お乳を与えた者と与えられた者の間には婚姻規制を伴う親子関係が発生するという観念もある。アハメッドの妻メムナ（仮名、当時40代）が、「1人の子に複数の女性がお乳をあげるのは構わない」と語るように、ハウサでは産みの母の代わりに別の女性がお乳を与える場合もある（もらい乳）。ただし、メムナによれば「その場合、彼女たちの息子・娘は（もらい乳を受けた子と）結婚できない」、「授乳したら娘（あるいは息子）」なのだという。つまりハウサでは、産みの母であろうと他人であろうと、彼女たちとのお乳に

第9章 アフリカの「自然な」要素に基づく親子考

よるつながりは、「血縁」と同程度の「自然な」サブスタンスによるつながりとして、リコを含む構築的な関係とは一線を画すものとして扱われているといえる。

(2) イスラームにおける「授乳によるつながり」

こうしたハウサの慣習を考察する上で、イスラームにおける授乳[23]に伴う婚姻規制を取り上げるのは有効であろう。オーストラリアでイスラーム学の研究に携わるレセップ・ドーガンは著書『古典イスラーム法における結婚・離婚・親権・養子縁組に関する裁定』で、イスラームと養取・里親養育（Dogan 2016：136-139）そしてもらい乳（Dogan 2016：118-124）について次のように述べる。

イスラームではリネージ（成員が明確に互いの系譜を辿れる出自集団）の変更を伴う養取は認められていない一方で、リネージ変更がない一定期間の里親養育は推奨されている。里子と育家の成員との間に婚姻規制はなく、イスラーム法上、里子は育親とも育家のキョウダイとも結婚可能である。なお里子には育親からの相続権はないものの、遺贈は一定の範囲内でありうる。

一方で、お乳によるつながりは、イスラームにおけるリネージ上の規制を一部受ける。具体的には、もらい乳は、それを与えられた子（以下、「子」）と、「母」・その夫・子どもたちとの間に婚姻規制を生じさせる。つまり「子」は「母」やその家族と結婚できなくなる。その一方で、例えば「母」からの相続権は「子」に与えられない等、リネージ上の親子とは異なる点もある。

このようなドーガンの見解は、中東カタールをフィールドとして授乳による親族関係（milk kinship）について人類学的調査を行ってきた、エジプト系アメリカ人のファドゥワ・エル・ジョンディの報告とも一致する（El Guindi 2021）。彼女は著書『授乳―親族関係はより流動的である』の中で、クルアーン（イスラームの聖典）、ハディース（預言者ムハンマドの言行録）、アラブの民族誌いずれにおいても、インセスト・タブーは出生と授乳に等しく適用されると述べている（El Guindi 2021：96）。かつてイスラームが、北方からの隊商に同行したアラブ人によって、ハウサ社会に持ち込まれたことを考慮すれば、ハウサの授乳文化がイスラームと共にアラブ世界から持ち込まれた可能性について検討されても良いだろう[24]。

なお、イスラームの里親養育、もらい乳、養取それぞれにおける婚姻と相続に関する規制と、ハウサのリコともらい乳における婚姻と相続に関する規制を

199

第Ⅲ部　コミュニティと〈育ての親〉

資料9-1　〈里親養育〉ともらい乳の規範に関するハウサ社会とイスラームの比較

	里親養育（リコを含む）		もらい乳	
	ハウサ	イスラーム	ハウサ	イスラーム
婚姻規制	なし	なし	あり（生）	あり（生） なし（加熱）
相続	なし （遺贈あり）	なし （遺贈あり）	— （未確認）	なし

（出所）　本表は、ハウサに関しては筆者の調査結果より、イスラームについてはドーガンの著書（Dogan 2016）より引用し、筆者が作成したものである。

以下に比較した（**資料9-1**）。その結果、イスラームとハウサにおける規制はほぼ一致する。このことは、イスラームでもハウサでも、お乳というサブスタンス、換言すれば「自然な」要素が、家族の範囲を決める基準として一定の役割を果たしていることを示している。

4　親子関係と「呪術的な共感の関係」

以上のように授乳という「自然な」（冒頭の清水論でいうところの「文化的自然像」の）要素がハウサの親子観においてそれなりの存在感を示しているとするならば、少なくともハウサの親子の観念について語る際に、「自然な」要素を排除することには疑問を覚える。この疑問を解消するべく、「自然な」要素の代表格である「血」に対する私たちのこだわりを人類学的観点から相対化した清水昭俊の論考「『血』の神秘——親子のきずなを考える」（1989）を援用しつつ考察する。

⑴　「呪術的な共感の関係」を作り出すための「血」、「霊魂」そして「お乳」

日本人（や西洋人）が親子関係における「血のつながり」にこだわってきた理由について、清水は次のように分析する。親子関係を「血のつながり」という「呪術的な共感の関係」（端的にいえば、呪術におけるそれのように、非合理に見出だされる共通性・連続性）として構成することで、「親子を強い親愛で結びつける」効果を得るためである（清水 1989：62-63、（　）内は筆者の加筆）。親と子の血液は科学的に同じではないため、いわゆる親子の「血のつながり」は観念

資料9−2　親子関係の基盤として想定される物質と行動

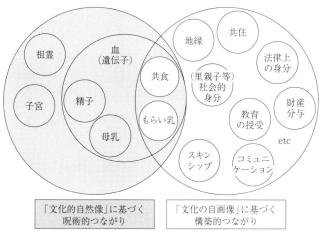

（出所）　本表は、本文で言及した先行研究（清水 1980；Carsten 1995；梅津 2021, 2023）を基に、筆者が作成したものである。

的なつながりということになる。つまり、親子間には「強い親愛」による結びつきが元々備わっているわけではなく、「強い親愛」を抱かせるために、親子間に何らかの「連続性」が感じ取れるモノが必要で、日本ではそれに血液が選ばれたということになる。なお「連続性」を感じ取れるのであれば、モノは血液に限らない。例えば母系のオーストラリアの民族社会やトロブリアンド諸島には、祖先の霊の分身たる精霊児が女性の身体に入ることで妊娠するという生殖観がある（清水 1989：58-59）。つまり霊魂により母子と祖先の「連続性」が認められていることになる。

　親子間に「呪術的な共感の関係」を作るために、身体・霊魂の「連続性」が求められるという清水論は、先述のカーステンによるマレー諸社会におけるサブスタンス論をも包含するだろう。母親が食べたものが血になり胎児に届くことで母子の身体には「連続性」が認められる。子が生まれれば、血から作られた母乳を摂取することで母子はつながり、さらに共食によって母子及び子のキョウダイ間にも「連続性」が認められる（Carsten 1995：234）。

　これらの生殖観・親子観に共通するのは、第一に、親子・キョウダイ関係には、「呪術的な共感の関係」を構成するべく、「血」や「お乳」、「霊魂」による

連続性が認められている点である。第二に「血」や「お乳」といった身体構成要素も、あるいは「霊魂」も、民族生殖理論に包含されている以上、「(文化的に)自然な」要素といえる点である。特に「血」や「母乳」は、東アジアや欧米、イスラーム世界の親子関係において中核的な要素といえるだろう。

　ではなぜ「呪術的な共感の関係」を構築する上で、「自然な」要素が求められるのか。考えられる理由のひとつとして、清水は、血液や母乳には「液体としての流動性」(清水 1989：46) があり、「分離や混合の関係を表現するのに適して」(清水 1989：46) いるために、親子の連続性を示しやすいという点を挙げる。母乳に関しては加えて、子を産んだ女性から供給され、子を育むものという点で、感覚的な分かりやすさ（母子の連続性の可視性）も併せもつといえる。もらい乳において婚姻規制が働くのも、リネージ規制が働く産みの親子間に特徴的な行為としての授乳と関連づけられることで、親子関係が部分的に成立しているとみなされるものと推察できる。[26]

　今日の日本において最も重視されることが多い遺伝子によるつながりに、親子関係の「連続性」を求める行為も、自分の一部（遺伝子）をもって、子との間に共通性を見るという意味において、「呪術的な共感の関係」を支持する（あるいは囚われる）行為といえるだろう（cf. 清水 1989：64-66）。つまり新生殖医療により遺伝子のつながりを求める行為は、「血」や「母乳」、あるいは「霊魂」に親子の連続性を求める行為と同類であり（cf. 清水 1989：64-66）、これら全てが「自然」にこだわる人間の営み（すなわち文化的行為）といえるだろう。

(2)　呪術的つながりと構築的つながり

　このように「自然な」要素に、親子の基盤的なつながりを認める社会は通時的・文化的に決して少なくない。親子の基盤を「文化的自然像」に求めがちになる点は、それはそれで人間の文化的側面を理解する上で重要な観点であると筆者は考える。一方で、ハウサのリコに見られるように、衣食住や教育の授受、財産分与、法的・社会的関係性、またスキンシップなどの情緒的な行為により構築される親子のつながりもまたある。

　このように親子の基盤的つながりが複数ある状況をどう捉えたらよいか。筆者は、従来の、「生み（自然)」対「育て（文化・社会)」という枠組みよりも、

第9章 アフリカの「自然な」要素に基づく親子考

文化現象の一環としての「(「自然」由来の)呪術的つながり」と「(養育・法等に基づく)構築的つながり」という枠組みを設定する方がより適切ではないかと考える。それを概念化したものが**資料9-2**である。暫定的に、オーストラリアとトロブリアンド社会、マレー社会、ハウサ社会そして日本(や欧米)における親子関係の構成要素を想定した。なお、共食ともらい乳の位置づけに示されているように、この「呪術的つながり」と「構築的つながり」の枠組みは両者の重なりを包含する。さらに、この枠組みにおける個々の「物質と行動」は、それぞれが、親子間の排他的で特別な「つながり」を生み出しうる要素として、一元的に捉えられると筆者は考える。

(3) 「自然な」親子のつながり──囚われるのでも、否定するのでもなく

1980年代以降の親族論は、親子関係の基盤に関する「脱・文化的自然」なつながりを目指す過程だったといえる。清水も、今日の新生殖技術が、卵子の親・精子の親・子宮の親などと生殖の過程を細分化することによって、親が子と身体的連続性を持ち「呪術的な共感の関係」をもつことに執着するようになったことを批判的に考察している(清水 1989：64-66)。

しかし筆者は、親子関係に呪術的つながりを求めるのは、人間社会にある程度普遍的な特徴として受容せざるをえないと考える。重要なのはこうした「自然な」親子のつながりへの執着を、人間の文化的特徴の一環として認めた上で、客観的に捉えることだろう。本章では、「呪術的な共感の関係」論を補助線として用いることで、「血」や「遺伝子」、「卵子」、「精子」、「子宮」、そして「お乳」といった、「自然」なサブスタンスを親子関係の拠り所とする観念を、リコのような文化現象のひとつとして位置づけることで、その相対化を試みた。

サブスタンスに基づく「呪術的なつながり」は、ともすれば構築的な親子関係よりも影響力が強いことが懸念されるかもしれない。しかし、例えばハウサ社会では、お乳が親子のつながりにおいて重視される一方で、リコに見られるように構築的な親子もまた、社会に尊重されている。それは当事者にとって一義的な親子になりうる程である。ハウサでは、「文化的自然」に基づく親子関係への志向と構築的な親子関係への志向の双方がともに社会に尊重されることで、両者がバランスよく保たれているといえるだろう。ハウサ社会は、〈生み〉

203

第Ⅲ部　コミュニティと〈育ての親〉

の親子関係がもつ、「自然な」要素に基づく「親子の共感的きずなの呪縛」（清水 1989：65）から、ある程度解放されているといえるかもしれない。ハウサのリコと授乳文化の事例は、脱・「自然」を掲げてきた研究上の方向性の見直し、および、新生殖医療に多額の資金が投入されて「自然な」要素に基づく「自分の」子ばかりが求められる一方で、里親や養親は不足する現代日本の偏った親子のあり方（なり方）の見直しの両方を、私たちに示唆しているようである。[28]

　　謝辞：本章は、財団法人日本科学協会の笹川科学研究費助成（研究課題19-138）、JSPS 特別研究員 DC2（研究課題08J06886）の成果の一部をまとめたものである。
　　　上記助成の成果をまとめた拙著（2021）に高田明教授（京都大学）から頂いたラディカルなご質問が、本章執筆へのモチベーションとなった。本書執筆に先立ち開催された比較家族史学会第 70 回春季研究大会シンポジウムのコメンテーターの太田素子名誉教授（和光大学）からも大変示唆的なコメントを頂いた。また調査地ナイジェリアでは主要調査協力者ほか、多くの方々のご協力を頂いた。心より感謝申し上げる。

注
⑴　以下「ハウサ（社会）」と表記する。本章ではこれを、ムスリム・ハウサ文化を共有する北部ナイジェリア諸民族やその地域社会を指すものとする（cf. 第 2 節第 1 項）。
⑵　本章では、西洋や日本あるいはイスラームにおける制度化された里親養育と区別して、〈里親養育〉と表記する。
⑶　「生親」は、子どもの誕生に生物学的意味において（従って父を含めて）関わった親を意味する。なおお分娩した親のみを示す場合には、本書の方針に沿い「産みの親」や「産みの母」と表記する。
⑷　本章では、産みの母か否かに関わらず、女性の乳房から分泌される乳汁を指す。
⑸　以下、第 3 節第 1 項までは、拙論（梅津 2021）の一部を加除修正したものである。
⑹　親族論において、それまで自明とされてきた出自原理の通文化的普遍性、さらには「家族」・「親族」の概念自体の普遍性が疑問視されるようになったのは、1970 年代以降のことである（cf. Needham 1971; リーチ 1985）。
⑺　この用語は、政治学者ベネディクト・アンダーソンの「想像の共同体」（imagined community）が基となっている（Alber 2013：100）。
⑻　なおアフリカを対象とする研究では、子の引き取り慣行が養子縁組（養取）としてみなされることは少ない。リネージ（成員が明確に互いの系譜をたどれる出自集団）制度があるアフリカでは子孫がいなくても男性キョウダイ等が財産を相続するため養取は稀とみなされてきたのである（J. Goody 1969：73）。
⑼　西アフリカではまた、核家族が子どもの最適な発達を阻害するような制約をもつ場合、親族であれ非親族であれ、子どもの世話（文脈上、里親養育を示唆）を求めることは不名誉ではないとも言われている（Fiawoo 1978：273）。
⑽　例えばハウサ社会では、子どもの養育が女性の重要な役割とされている。不妊や出産

第9章 アフリカの「自然な」要素に基づく親子考

年齢が過ぎた女性は、〈里親養育〉をすることで育児をする機会が得られると指摘されている（Pittin 1979：167）。

⑾ 現地以外にも、日本で対面（2005年）やEメールによる聞き取りも行った。本章との関連では、主要調査協力者アハメッド（仮名・敬称略）から2014年11月17日と22日、12月2日に受信したEメールの回答を引用している（cf. 本章第3節第1項）。

⑿ JICA「生計向上のための市場志向型農業普及振興プロジェクト」（協力期間：2020年8月31日から2024年8月31日）。https://www.jica.go.jp/project/nigeria/010/index.html（2024年11月4日最終閲覧）

⒀ ハウサ社会では、父親の名前が子の名字に相当する。

⒁ 本章でいう実子は、法律上の子（ハウサではほとんどの場合、生物学上の子）を意味する。

⒂ 実子がいても、かれらが既に成長している場合、既婚女性が幼い子を求めてリコに至る場合がある。その背景のひとつに「妻の囲い込み」があると考えられる。北部地域の村落では、妻が夫の許可なく外出ができない「妻の囲い込み」が行われている。既婚女性は、家の内外を自由に出入りできる幼児や未婚の少女に家事手伝いや小間使いをさせるのだが、そうした子がリコにおいて求められる場合がある。

⒃ 筆者が調査したリコの理由・動機の5割弱が、このような子の危機対策以外の理由によるものであった（梅津 2021：117-119）。

⒄ 育親の経済力が不十分な場合や、育親の離婚や死別等により両親が揃わなくなった場合には、生親が育親を経済的に支援したり、一次的に〈子〉を預かったりすることで育親を支えることもある。

⒅ 現在では、生親を重視する西欧近代的な価値観の流入のためか、生親が〈子〉の結婚行事を取り仕切る場合もあるという。

⒆ これは、信頼を寄せる親族や友人に、わが子を手厚く育ててもらえることを誇りに思うという意味であると考えられる。

⒇ Web上のハウサ語辞書の中には、「出産したばかりの女性」という訳もある。https://kamus.com.ng/hausa/mai_jego.html（2024年11月4日最終閲覧）

㉑ 卒乳前に子を引き渡すことは、産みの母が許さないだろうとハムザは語る。

㉒ このように母乳を特別視する言説は、あるハウサ女性の自叙伝的民族誌『カロ村のお母さん——あるムスリム・ハウサ女性』でも見受けられる。同書第9章内の「母のお乳」という項によると（M. F. Smith 1981：147-150）、母乳が乳飲み子の性器に垂れると、その子らの性器に大きなダメージを与え、将来にまでその影響を及ぼすとされる。また授乳中に妊娠すると母乳を駄目にするという理由から、2年間の授乳期間中は性交渉をすべきでないという。以上の記述からも、ハウサ社会では母乳が子の健康や人生に強い影響力をもつと考えられていることがうかがえる。

㉓ アラビア語で raḍā‘、英訳では suckling と表現される（Dogan 2016; El Guindi 2021）。

㉔ なおエル・ジョンディは、人類学者 A. R. ラドクリフ＝ブラウンによる下記の例（Radcliffe-Brown 2018：82）を引用し、アフリカでも milk kinship が見られると指摘する（El Guindi 2021：89）。南アフリカのある社会では、自分の属するリネージとは別のリネージの人が飼う牛の乳を男性が飲むと、彼はその乳と牛を通してそのリネージの親

205

第Ⅲ部　コミュニティと〈育ての親〉

族になるため、当該リネージの女性と結婚できないという。ハウサの授乳文化が、イスラームだけでなく、このようなアフリカの親族観に由来する可能性についても検討の余地はあるだろう。

⑵5　「呪術的な共感の関係」は、イギリスの人類学者ジェームズ・フレーザーが古典『金枝篇』で論じた「感染呪術」に由来する（清水 1989：61-63）。感染呪術とは、元のものの一部（例えば危害を加えたい相手の抜け落ちた毛髪）には元の身体との間に共通性・連続性があるとみなしてかける呪術である。加えて、元の物の一部（毛・歯・衣類等）が、元の身体の全体を代表する象徴へと高められる点を、「共感」の重要な特徴として清水は指摘する。

⑵6　もらい乳では、「自然な」・生物学上のつながりと異なり、他人による授乳という社会的行為を通して親子・キョウダイ関係を構築する。つまりそこには文化的・社会的要素も認められる。その意味で、もらい乳は「自然な」要素と「文化的」要素の両方を兼ね備えた行為であるといえよう。

⑵7　なお筆者は、「呪術的な共感」さえ得られれば、**資料 9 - 2**における「構築的つながり」の他の要素も、「呪術的つながり」と重なる部分に包含される可能性はあると考える。

⑵8　日本財団ジャーナルによれば、2016年時点で、生親と離れて暮らす子の 8 割以上が、乳児院や児童養護施設で生活している（「潜在的な里親候補者は100万世帯！なぜ、里親・養子縁組制度が日本に普及しないのか？」https://www.nippon-foundation.or.jp/journal/2019/17667?gclid=EAIaIQobChMIq42zx 8 Xx_QIVAGUPAh 1 lvAOkEAAYASAAEgKSkfD_BwE）（2022年 9 月29日配信、2024年11月 4 日最終閲覧）。子ども家庭庁支援局家庭福祉課による報告書「社会的養育の推進に向けて」（2023年 4 月 5 日発行、2 頁）においても、里親やファミリーホームに委託されている子の割合が、社会的養護を要する子全体の約19％に留まる結果となっている。

引用・参考文献

梅津綾子、2021、『親子とは何か──ナイジェリア・ハウサ社会における「里親養育」の民族誌』春風社。

───、2023、「授乳したら親子──ナイジェリア、ハウサ社会の授乳文化」『月刊みんぱく』47（2）（2023年 2 月号）、6 - 7 頁。

河合利光、2012、「家族・親族研究の復活の背景」河合利光編『家族と生命継承──文化人類学的研究の現在』時潮社、15-44頁。

栗田博之、2012、「生殖と身体──民俗生殖論のその後」河合利光編『家族と生命継承──文化人類学的研究の現在』時潮社、123-143頁。

清水昭俊、1989、「『血』の神秘──親子のきずなを考える」田辺繁治編著『人類学的認識の冒険──イデオロギーとプラクティス』同文舘、45-68頁。

島田周平、2019、『物語　ナイジェリアの歴史──「アフリカの巨人」の実像』中公新書。

リーチ，E. ／長島信弘訳、1985、『社会人類学案内』岩波書店。

Alber, Erdmute, 2004, ""The Real Parents are the Foster Parents" — Social Parenthood among the Baatombu in Northern Benin," *In* Bowie, Fiona ed., *Cross-Cultural Approaches to Adoption*, Routledge Talor & Francis Group, pp. 33-47.

───, 2013, "The Transfer of Belonging: Theories on Child Fostering in West Africa

Reviewed," *In* Alber, Erdmute, Jeannett Martin and Catrien Notermans eds., *Child Fostering in West Africa: New Perspectives on Theory and Practices*, BRILL, pp. 79–107.

―――, 2018, *Transfers of Belonging: Child Fostering in West Africa in the 20th Century*, BRILL.

Awde, Nicholas, 1996, *HAUSA: Hausa-English, English-Hausa Dictionary*, Hippocrene Books, Inc.

Carsten, Janet, 1995, "The Substance of Kinship and the Heat of the Hearth: Feeding, Personhood, and Relatedness among Malays in Pulau Langkawi," *American Ethnologist* 22 (2), pp. 223–241.

Carsten, Janet ed., 2000, *Cultures of Relatedness: New Approaches to the Study of Kinship*, Cambridge University Press.

Dogan, Recep, 2016, *The Rulings on Marriage, Divorce, Custody, and Adoption in Classical Islamic Law*, Independently published.

Edwards, Jeanette and Marilyn Strathern, 2000, "Including our own,". *In* Carsten, Janet ed., *Cultures of Relatedness: New Approaches to the Study of Kinship*, Cambridge University Press, pp. 149–166.

El Guindi, 2021, *Fadwa, Suckling: Kinship More Fluid* (Routledge Studies in Anthropology), Routledge Taylor and Francis Group（初版は2020）.

Fiawoo, D. K., 1978, "Some Patterns of Foster Care in Ghana,". *In* Oppong, Christine, Gemma A., Manga, B. and J. Mogey eds., *Marriage, Fertility and Parenthood in West Africa*, Australian National University, pp. 273–288.

Goody, Esther N., 2007, *Parenthood and Social Reproduction: Fostering and Occupational Roles in West Africa*, Cambridge University Press（初版は1982）.

Goody, J., 1969, "Adoption in Cross-Cultural Perspective," *Comparative Studies in Society and History* 11 (1), pp. 55–78.

Howell, Signe, 2009, "Adoption of the Unrelated Child: Some Challenges to the Anthropological Study of Kinship," *The Annual Review of Anthropology* 38, pp. 149–166.

Needham, Rodney, 1971, "Remarks on the Analysis of Kinship and Marriage," *In* Needham, Rodney ed., *Rethinking Kinship and Marriage*, Tavistock Publications Limited, pp. 1 –34.

Pittin, R. I., 1979, *Marriage and Alternative Strategies: Career Patterns of Hausa Women in Katsina City*, Ph.D., University of London.

Radcliffe-Brown, A. R., 2018, *African Systems of Kinship and Marriage*, Forgotten Books（初版は1950）.

Schneider, David M., 1984, *A Critique of the Study of Kinship*, The University of Michigan Press.

Smith, M. F., 1981, *Baba of Karo: A Woman of the Muslim Hausa*, Yale University Press（初版は1954）.

Smith, M. G., 1955, *The Economy of Hausa Communities of Zaria*, Ph.D. Published by Her Majesty's Stationery Office for the Colonial Office.

―――, 1981, "Introduction," *In* Smith, Mary F., *Baba of Karo: A Woman of the Muslim Hausa*, Yale University Press, pp. 11-34（初版は1954）.

207

第 IV 部

現代の〈育て〉をめぐる政策と法

第10章

新しい社会的養育ビジョン策定の経過と
社会的養護の推進方向

山縣　文治

1　子どもの権利条約および国連代替的養護に関する指針と社会的養護

⑴　子どもの権利条約および国連代替的養護に関する指針にみる社会的養護のあり方

　周知のことではあるが、児童の権利に関する条約（以下、子どもの権利条約）は1989年に採択され、1994年に日本も締約国となった。子どもの権利のうち、社会的養護にかかわる内容については、子どもの権利条約のみならず、それを基礎に、国連が採択した「児童の代替的養護に関する指針」(2009) に準拠して取り組まれることが期待されている。

　子どもの権利条約では、第20条において、社会的養護のあり方が示されている。また、児童の代替的養護に関する指針では、複数のパラグラフでこれを示している。両者を合わせると、子どもの権利条約における社会的養護のあり方は、**資料10-1**に示すような内容となる。

資料10-1　子どもの権利条約および国連代替的養護に関する指針にみる社会的養護のあり方

> ①できるだけ親子分離を避ける
> ②分離は短期的・一時的とすべきである
> ③分離後の生活は家庭養護、とりわけ3歳未満の子どもはこの原則
> ④施設養護を利用する場合、小規模施設、小集団の生活（小規模グループケアあるいはユニットケアなど）を前提とするも、発展的に解消を目指す
> ⑤再度親子が一緒に生活できるようにする親子の再統合あるいは親子関係の再構築を目指す

（出所）　筆者作成。

第Ⅳ部　現代の〈育て〉をめぐる政策と法

⑵　子どもの権利委員会が日本に求めているもの

　締約国の子どもの権利擁護の状況については、子どもの権利条約に基づき設置されている子どもの権利委員会から定期的にモニターを受けることになっている。

　これに基づき、日本に対して、これまでに4回の総括所見を提示している。紙幅の関係で、個々の内容を具体的に示すことはできないが、日本は、社会的養護に関連して、**資料10-2**のような指摘を複数回受けている。

資料10-2　子どもの権利委員会による日本の社会的養護への指摘

> 1．親子を分離しないための在宅福祉・地域福祉サービスの充実
> 2．社会的養護の質の充実と質の管理
> 3．施設養護から家庭養護への転換（予算の振り替え）
> 4．施設の小規模化・小規模ケア化の推進
> 5．分離期間の短期化の推進
> 6．分離された子どもに対する職員による人権侵害への対応
> 7．分離の決定時および分離後の生活において、親子再統合時における子どもの意見の尊重
> 8．行政から独立した人権擁護機関（子どもコミッショナー）の設置

（出所）　筆者作成。

　このうち、直近の総括所見（2019）は、以降で紹介する児童福祉法改正（2016）および「新しい社会的養育ビジョン」（以下、ビジョン）を含めた所見であるが、児童福祉法に子どもの権利を位置づけたこと、里親等委託率の目標値を掲げた[4]家庭養育優先の原則[5]などについては評価するとともに、計画の達成への期待が表明されている。

2　ビジョン発表に至る経緯

　国は、子どもの権利委員会によるこれまでの総括所見を受け、社会保障審議会児童部会内に設置された専門委員会で検討を行った。以下、簡単にこれを紹介する。

⑴　社会的養護の課題と将来像（2011）

　ここでは、「社会的養護においては、原則として、家庭的養護を優先する[6]とともに、施設養護も、できる限り家庭的な養育環境（小規模グループケア、グルー

第10章　新しい社会的養育ビジョン策定の経過と社会的養護の推進方向

プホーム）の形態に変えていく必要がある」と家庭養育優先の原則が明示された。目標値も掲げられ、家庭養育、小規模グループケア・地域小規模児童養護施設、中舎・大舎制施設を、１対１対１とした。

　厚生労働省では、これに合わせ、「里親委託ガイドライン」を発出した。その第２項は「家庭養育優先の原則」という見出しで、家庭養育優先の原則が示された。ガイドラインの現在の内容は**資料10-3**の通りである。

資料10-3　家庭養育優先の原則

> 　保護者による養育が不十分又は養育を受けることが望めない社会的養護のすべての子どもの代替的養護は、家庭的養護が望ましく、里親委託を優先して検討することを原則とすべきである。特に、乳幼児は安定した家族の関係の中で、愛着関係の基礎を作る時期であり、子どもが安心できる、温かく安定した家庭で養育されることが大切である。

⑵　新たな子ども家庭福祉のあり方に関する専門委員会報告（2016）

　この提言では、「現行の児童福祉法には子どもの権利に関する規定がない。そこで、今般の改正で子どもの権利擁護を児童福祉法の理念として位置付け、子ども福祉に係る法制度全体の基本的な性格と目的を明確にする必要がある」との認識を示し、子どもの権利委員会の指摘への積極的対応を求めた。この他にも、家庭支援・地域支援の強化、子ども虐待の予防的観点の明確化などが提言された。

　2016年の児童福祉法改正は、これを受けての改正である。具体的には、総則が大きく改正され、第１条において、子どもが権利の主体であること、第２条第１項において、年齢や発達に応じて意見が尊重され、最善の利益が保障されること、同第２項において、子どもを育成する第一義的責任が保護者にあること、を明記した。

　社会的養護に関しては、サービス適用の検討順位を示している（**資料10-4**）。検討順位は、「短期的・一時的」という視点を除き、子どもの権利条約が示している通りである。とりわけ、家庭養護については、家庭での養育が「困難であり又は適当でない場合」、施設養護については家庭養護が「適当でない場合」に、「できるだけ良好な家庭的環境」の施設に限定するなど、家庭養育優先の原則がより明確に規定されている。

第Ⅳ部　現代の〈育て〉をめぐる政策と法

資料10-4　児童福祉法（第3条の2）にみる社会的養護の検討順位

> 国及び地方公共団体は、児童が家庭において心身ともに健やかに養育されるよう、児童の保護者を支援しなければならない。ただし、児童及びその保護者の心身の状況、これらの者の置かれている環境その他の状況を勘案し、児童を家庭において養育することが困難であり又は適当でない場合にあつては児童が家庭における養育環境と同様の養育環境において継続的に養育されるよう、児童を家庭及び当該養育環境において養育することが適当でない場合にあつては児童ができる限り良好な家庭的環境において養育されるよう、必要な措置を講じなければならない。

3　ビジョンの発表（2017）

(1)　ビジョンの位置づけと意義

　ビジョンは、社会的養護の課題と将来像（2011）を全面的に見直し、2016年の児童福祉法改正の内容を実現するための工程を示したものである。ビジョンの冒頭では、「本報告書は、この改正法（筆者注：2016年児童福祉法改正）の理念を具体化するため、『社会的養護の課題と将来像』（2011（平成23）年7月）を全面的に見直し、『新しい社会的養育ビジョン』とそこに至る工程を示すものである。新たなビジョン策定に向けた議論では、在宅での支援から代替養育、養子縁組と、社会的養育分野の課題と改革の具体的な方向性を網羅する形となったが、これらの改革項目のすべてが緊密に繋がっているものであり、一体的かつ全体として改革を進めなければ、我が国の社会的養育が生まれ変わることはない」とその意義を示している。

　とりわけ、家庭養育優先の原則を実現するための目標値と目標期間を明示した内容は、子どもの権利条約の精神にのっとった内容であり、大きな前進であると評価された。一方で、現状とは大きくかけ離れた数値目標であること、施設養護の実績への評価が適切に行われていないこと、家庭養護の量的・質的内容に問題があることなどの視点から、とりわけ児童養護施設関係者の一部からは、厳しい批判が寄せられた。

(2)　ビジョンの内容

　ビジョンのうち、家庭養護や施設養護に係わる部分のポイントは、大きく以下の5点である。

第10章　新しい社会的養育ビジョン策定の経過と社会的養護の推進方向

1）里親への包括的支援体制の抜本的強化と里親制度改革

里親への包括的支援体制を構築するため、2017年度中に、国によるプロジェクトチームを発足し、ガイドラインの作成や自治体への支援を開始する。ファミリーホームの実施者を里親登録者に限定する。加えて、一時保護里親、専従里親などの新しい里親類型を、2021年度を目途に創設し、障害のある子どもなどケアニーズの高い子どもにも家庭養育が提供できる制度とする。さらに、里親の名称変更も行う。

2）永続的解決（パーマネンシー保障）としての特別養子縁組の推進

年齢要件の引き上げ、手続きを二段階化し児童相談所長に申立権を付与、実親の同意撤回の制限を速やかに進めるとともに、その新たな制度の下で、一日も早く児童相談所と民間機関が連携した強固な養親・養子支援体制を構築し、養親希望者を増加させる。おおむね５年以内に、現状の約２倍である年間1000組以上の特別養子縁組成立を目指し、その後も増加を図る。

3）乳幼児の家庭養育原則の徹底と、年限を明確にした取組目標

就学前の子どもについては、家庭養育原則を実現するため、原則として施設への新規入所措置を停止する。

里親委託率を、３歳未満についてはおおむね５年以内に、それ以外の就学前の子どもについてはおおむね７年以内に75％以上を実現し、学童期以降はおおむね10年以内を目途に50％以上を実現する（2015年度末の全年齢の実績値は17.5％）。

ケアニーズが非常に高く、施設等における十分なケアが必要な場合は、高度で専門的なケアの集中的提供体制を整えた上で、小規模・地域分散化された環境で養育する。入所期間は、原則として、乳幼児は数か月以内、学童期以降は１年以内とする。

特別なケアが必要な学童期以降の子どもであっても３年以内を原則とする。この場合、代替養育を受ける子どもにとって自らの将来について見通しをもつことができ、生活場所が変更となる場合も、子ども自身が意思決定プロセスを理解できるよう、年齢に応じた適切な説明が必要である。養育の場を変える場合には、さらに十分な説明のもと、子どもとのコミュニケーションをよくとり、子どもの意向が尊重される必要がある。

第Ⅳ部　現代の〈育て〉をめぐる政策と法

4）子どものニーズに応じた養育の提供と施設の抜本改革

　子どものニーズに応じた個別的ケアを提供できるよう、ケアニーズに応じた措置費・委託費の加算制度をできるだけ早く創設する。同様に、障害等ケアニーズの高い子どもも家庭養護のもとで養育できるよう、補助制度の見直しを行う。

　家庭では養育困難な子どもが入所する「できる限り良好な家庭的環境」である全ての施設は原則としておおむね10年以内を目途に、小規模化（最大6人）・地域分散化、常時2人以上の職員配置を実現し、さらに高度のケアニーズに対しては、迅速な専門職対応ができる高機能化を行い、生活単位はさらに小規模（最大4人）となる職員配置を行う。

　施設で培われた豊富な体験による子どもの養育の専門性をもとに、施設が地域支援事業やフォスタリング機関事業等を行う多様化を、乳児院から始め、児童養護施設、児童心理治療施設、児童自立支援施設でも行う。

5）自立支援（リービングケア、アフターケア）

　代替養育の目的の一つが、子どもが成人になった際に社会において自立的生活を形成、維持しうる能力を形成し、また、そのための社会的基盤を整備することにあるとの認識を示したうえで、2018年度までにケア・リーバー（社会的養護経験者）の実態把握を行う。加えて、自立支援ガイドラインを作成し、おおむね5年以内に、里親等の代替養育機関、アフターケア機関の自立支援の機能を強化するとともに、措置を行った自治体の責任を明確化し、包括的な制度的枠組み（例えば、自治体による自立支援計画の策定）を構築する。

　これにより、代替養育の場における自律・自立のための養育、進路保障、地域生活における継続的な支援を推進する。その際、当事者の参画と協働を原則とする。

(3)　ビジョンその後

　ビジョン発表後も、子どもの権利を保障するための取り組みは継続している。たとえば、子どもの権利委員会の指摘への対応として、児童虐待防止法に体罰禁止規定を設けることを含めた児童福祉法改正（2019）、特別養子縁組の決定において二段階手続の導入[7]、などである。

　さらに、2016年および2019年の児童福祉法改正の付帯事項に対応するため、

社会保障審議会児童部会社会的養育専門委員会で議論を行い、その報告書（2022）を踏まえて、児童福祉法を改正したことなどである。この改正では、市町村の相談体制の強化と在宅福祉サービスの充実、子どもの意見・意向表明支援事業の創設、社会的養護経験者の継続的支援事業の拡充、親子再統合のための事業の創設、一時保護への司法関与などが行われた。

民法の懲戒権規定のあり方については、2011年の民法改正時からの課題であったが、体罰禁止の規定化に合わせて再度検討されることになり、法務省法制審議会民法（親子法制）部会は2022年2月に廃止を決定し、同年12月に改定された。

4　子ども家庭福祉と「親」および「家族」

社会的養護は、親権を行う者による子どもの養育を支援するための制度であり実践である。親権を行う者が一時的あるいは恒久的に養育できない状況になった場合、代替的に養育を行ったり、養子縁組制度を活用して、適切に親権を行う者を探したりすることもある。

ビジョンは、代替的養護の場を施設養護から家庭養護へと大きく舵を切ることで一部関係者から批判を受けているが、児童福祉法制定時の状況をみると、法制定当時は、家庭養護を優先制度として位置づけていたことがわかる。たとえば、児童福祉法制定にかかわった辻村泰男は、「児童福祉法においても、個人家庭に属する、孤児・浮浪児の養育委託を制度化して、新たに里親に関する規定が設けられて居り、この制度は、今後国民生活が安定化するにつれて、いよいよ発展するであろうと期待される。孤児や浮浪児は、これを纏めて施設で育てるものだという考え方は、既に述べた種々な事実から、当然根本的に反省し直されなければならない。理想的な状態としては、里親への委託が本来で、特殊な保護を要する児童だけが施設に送られるということが出来るようになるのが望ましい」（辻村 1948：177-178。旧仮名遣いや旧字体は、新字体等に変換）としている。実際、1950年代後半の家庭養護委託人数は1万人に迫る数値であったが、その後急激に減少に、2000年前後には2000人強にまで落ち込んだ（2020年には7800人まで回復）。

第Ⅳ部　現代の〈育て〉をめぐる政策と法

　また、家族社会学関係者からは、社会的養護が実子主義、家族主義であると批判されることがある（和泉 2016：106-141；藤間 2017：38-54）。2016年の児童福祉法改正では、子どもの権利条約第18条に即して、子どもの育成に関する保護者の第一義的責任を明記した（児童福祉法第 2 条第 2 項）。このことが、さらに拍車をかけることとなった。

　この点については、民法との関連で大幅な改革は困難な状況にある。とりわけ特別養子縁組は、養親となる者は婚姻夫婦であること、さらに共同親権となることという民法上の要件がある限り、実子主義あるいは古典的家族主義からの脱却は厳しい。ただし、養育関係のみの里親については、大阪市において男性カップルの里親認定と委託が実現し（2017）、その後も複数の例が誕生している。この点について、当時担当であった厚生労働省は制度的には問題ないという見解を示している。

　内密出産、匿名委託[8]など、子ども家庭福祉施策に投げかけられている課題は大きいが、子どもの利益に即した制度を目指して、行政、実践、研究は引き続き努力を重ねる必要がある。

注
⑴　施設養護と家庭養護を合わせた概念。
⑵　児童福祉法上は、里親およびファミリーホームを合わせた概念。子どもの権利条約ではこれに養子縁組を含める。
⑶　乳児院、児童養護施設（地域小規模児童養護施設を含む）、母子生活支援施設、児童心理治療施設、児童自立支援施設を合わせた概念。
⑷　乳児院、児童養護施設、里親およびファミリーホームに委託されている子どもに占める里親およびファミリーホームに委託されている子どもの割合。
⑸　家庭養育は本来、保護者による養育を指しているが、「家庭養育優先の原則」という文脈で使う場合、「家庭養護」の意味で用いられる。
⑹　「社会的養護の課題と将来像」では、里親およびファミリーホームを「家庭的養護」と表現しているが、国では2016年以降これを「家庭養護」とし、施設養護を含め、社会的養護を家庭的方向で進めることとしている。
⑺　第 1 段階：特別養子適格の確認の審判、第 2 段階：特別養子縁組の成立の審判。第 1 段階の審判後 1 週間経過すると、実親は翻意できなくなる。
⑻　私的に設置された場所に、保護者等が匿名で子どもの養育を委託し、設置者が児童相談所に通告等をすることで、児童相談所が養育者（養親、里親、施設等）を確保する方式について筆者が命名したもの。いわゆる赤ちゃんポスト型のもので、こうのとりのゆりかご、北海道当別町のべびーほっくす、2024年度中に運営開始が検討されている医療

法人社団「モルゲンロート」（東京都江東区）などがその例である。

引用・参考文献

新たな社会的養育の在り方に関する検討会、2017、新しい社会的養育ビジョン、https://www.mhlw.go.jp/file/05-Shingikai-11901000-Koyoukintoujidoukateikyoku-Soumuka/0000173888.pdf（2022年11月14日最終閲覧）。

和泉広恵、2016、「「家族」のリスクと里親養育──「普通の家庭」というフィクション」野辺陽子他『〈ハイブリッド〉な親子の社会学』青弓社。

外務省訳、児童の権利条約（児童の権利に関する条約）、https://www.mofa.go.jp/mofaj/gaiko/jido/index.html（2022年11月14日最終閲覧）。

厚生労働省仮訳、2010、児童の代替的養護に関する指針、http://fosterfamily.web.fc 2 .com/kuni/2009_12_18jido.pdf（2022年11月14日最終閲覧）。

社会保障審議会児童部会社会的養護専門委員会、2011、社会的養護の課題と将来、https://www.mhlw.go.jp/bunya/kodomo/syakaiteki_yougo/dl/08.pdf（2022年11月14日最終閲覧）。

──────、2022、令和 3 年度報告書、https://www.mhlw.go.jp/stf/newpage_23851.html（2022年11月14日最終閲覧）。

辻村泰男、1948、「戦災孤児と浮浪児」厚生省児童局監修『児童福祉』東洋書館。

藤間公太、2017、「社会的養護にみる家族主義」『三田社会学』No.22、38-54頁。

第11章

「育て」に関する政策の課題
──代替養育のあり方をめぐる議論を手がかりに──

藤間　公太

1　「社会的養護の家庭化」をめぐる動向

　「社会的養護の家庭化」は、子どもをめぐるさまざまな政策のなかでも、近年特に強調されているものと言ってよいだろう。ここでいう社会的養護とは、「保護者のない児童や、保護者に監護させることが適当でない児童を、公的責任で社会的に養育し、保護するとともに、養育に大きな困難を抱える家庭への支援を行うこと」を指す（こども家庭庁ウェブサイト）。社会的養護は、児童養護施設や児童自立支援施設などの施設養護と、里親やファミリーホームなどの家庭養護とに大別される。「社会的養護の家庭化」とは、社会的養護全体に占める家庭養護の割合を増やすとともに、施設養護の運営形態を小規模化することにより、社会的養護における「育て」の環境を「家庭」に近づけることを目指すものである。

　戦後日本において、「社会的養護の家庭化」は、その背景を変えつつも一貫して主張されてきた。[1]和泉広恵はこの点について、「児童養護において指摘されてきたのは、養育の理想とともに、時代に応じて変化する『家庭』のあり方である。それは、児童養護が、"子どもは家庭で養育されるべきであるが、その家庭が崩壊した子どものために必要とされる制度である"ということを全体としているためである」と指摘している（和泉 2013：133）。社会的養護をめぐって何らかの課題が浮上した時、「家庭」が標準的あるいは理想的な環境として参照されながら、解決策が模索されてきたということである。

　政策や法の整備も非常に目まぐるしく展開してきた。1947年に成立した児童福祉法は度重なる改正が行われており、子ども虐待に関連する施策を推進する

ことを目的として2000年に成立した「児童虐待の防止等に関する法律」（通称「児童虐待防止法」）も、本章執筆時点の20年余りの間に既に複数回の改正を経験している。「社会的養護の家庭化」に密接に関連するものとしては、2011年の「社会的養護の課題と将来像」で、「里親及びファミリーホーム」「グループホーム」「本体施設」のそれぞれが社会的養護全体に占める割合を同一（3分の1ずつ）にするという目標が掲げられたこと、さらに2017年の「新しい社会的養育ビジョン」において、里親委託率の大幅な向上が「工程で示された目標年限」（浅井 2018：3）とともに打ち出されたことは、大きな注目を集めた。

　一方で先行研究においては、「社会的養護の家庭化」を主張する議論において想定される「家庭」の内実についての検討が行われるとともに、「社会的養護の家庭化」に対して疑義を呈する議論も展開されている。そこでは、社会的養護政策において「家庭」が論じられるときに近代家族（落合 1989）のようなあり方が強く志向されること（藤間 2017b）、「社会的養護の家庭化」を主張する議論の現状認識に不確かな部分があること（上村 2015：2018：浅井 2018）、社会的養護が「家庭」を志向することそれ自体が問題をはらんでいること（藤間 2017a：2017b：三品 2022）などが指摘されてきた。

　しかしながら、「社会的養護の家庭化」が打ち出されるプロセスについては、後で取り上げる一部の研究（藤間 2017b：野崎 2023）を除いては、まだ十分に明らかにされていない。関連して、「家庭」はどのような「育て」の機能を持つものと想定されているのかという点についても、検討が蓄積されていない。「社会的養護の家庭化」を支持するにせよ批判するにせよ、これらの課題に取り組んでいないことは、「社会的養護の家庭化」という主張の論拠にまで踏み込まない、表層的なものに議論をとどめてしまう点で問題がある。「育て」と「家庭」との規範的結びつきを相対化する上でも、「育て」をめぐる実践に対して有益な議論を提供する上でも、この課題に取り組むことは重要である。

　以上を踏まえ本章では、前述の「新しい社会的養育ビジョン」のもととなった「新たな社会的養育の在り方に関する検討会」の議事録を分析対象として、「家庭」が志向される背景について考察を行うことを目的とする。以下では、先行研究での議論を概観した上で（第2節）、分析対象に「新たな社会的養育の在り方に関する検討会」の議事録を選定する理由を説明する（第3節）。そして分析

第Ⅳ部　現代の〈育て〉をめぐる政策と法

結果を示した後（第4節）、日本における社会的養護政策が演繹的な思考にもとづいていることの問題点について論じる（第5節）。

2　「社会的養護の家庭化」を主張する議論の問題点

　近年において「社会的養護の家庭化」が主張されるとき、国際社会の状況を参照し、日本が問題化されることが少なくない。日本は、社会的養護において施設養護が大半を占めていることについて、国際子どもの権利委員会より3度の勧告を受けている。厚生労働省は「制度が異なるため、単純な比較はできないが、欧米主要国では、概ね半数以上が里親委託であるのに対し、日本では、施設：里親の比率が9：1となっており、施設養護への依存が高い現状にある」と述べている（厚生労働省 2014：23）。学術的にもこの点を問題視する議論はあり、たとえば開原久代ほかは、「家庭外ケア児童数に対する家庭養護児童数（里親委託率)」について日本が「際立った低さ」にあることを国際比較データから示し、「日本は国際的にみて、依然として里親最貧国であることが示されている」（開原ほか 2012：17-18）としている。より近年の2022年度末の数値を見ても、社会的養護の対象となる児童（要保護児童）4万2434人に対し、里親家庭に委託されている児童数は6019人であり、その割合は未だ15％未満にとどまっている（厚生労働省 2022：4）。日本の社会的養護に占める里親家庭の割合が高くないことは確かである。

　他方で、このように社会的養護全体に占める里親家庭の割合が低いことをもって日本の現状を批判し、「社会的養護の家庭化」を主張することに対しては、いくつかの先行研究でその妥当性に疑義が呈されている。その焦点は大きく2つに整理できる。

　第1に、「社会的養護の家庭化」を主張する議論の現状認識の妥当性についてである。たとえば上村泰裕は、先述の開原ほかと同じデータを用いて、対20歳未満総人口比で見たとき、日本は里親家庭で暮らすことものみならず施設養護で暮らす子どもの割合も他国と比して非常に低いことを示し、日本の問題は「社会的養護全体が貧困なこと」「最も困難な子どもに対象を限定していること」にあると結論づけている（上村 2015：60）。また浅井春夫は、「新しい社会的養

育ビジョン」が「工程で示された目標年限」とともに里親委託率の向上を打ち出したことについて、「事実と現実に立脚した提言であるとはいえない」「その強引な推進方法もきわめて問題である」「我が国の施設養護の運営と実践の積み重ねの歴史を正当に評価した上での検討がほとんどなく、子どもたちにとって"よい里親制度とわるい施設養護"という先入観・思い込みを前提にしている点もリアリティの欠ける認識といわざるを得ない」と批判している（浅井 2018：4）。具体的には、里子が複数の里親間を頻繁に移動する「フォスターケア・ドリフト」の問題などに触れられていない点などを、浅井は問題化している。さらに三輪清子も、「社会的養護の家庭化」が主張される際にしばしば表明される「里親が不足している」という認識を問い直している。量的、質的データを用いた三輪の検討からは、里親が不足しているから里親委託率が上がらないという認識は妥当ではなく、登録されている里親を活用できない制度的な不備が存在する可能性が示されている（三輪 2016；2018）。

　第2に、「家庭」を志向することそれ自体がはらむ問題についてである。具体的には、ある種の家族主義や当事者へのスティグマの強化が、そこでは問題化されてきた。藤間公太は、「家庭」を理想的なモデルとして社会的養護の改革が論じられることには、（1）これまで家族においてケアラーが経験してきたような困難が看過され、社会的養護においても再生産されること、（2）今後一般的な家族に対する子育て支援が拡充し、家族が利用される資源が拡充するとしたら、結局社会的養護で育つ子どもと家族で育つ子どもとの格差が是正されないこと、（3）少人数の大人で少人数の子どもをケアするあり方以外を検討する視野が制限されること、という3つの問題があると指摘している（藤間 2017a）。これに対して三品拓人は、児童養護施設における日常生活で「家庭」に準拠した方針が取られることで、「施設であること」によるスティグマが子どもにとって相対化されることを示しつつも、「家庭的」であることが正しいという枠組みが無批判に維持されることへの懸念も示唆している（三品 2022）。

　それでは、「社会的養護の家庭化」を主張する議論において、「家庭」とは具体的にどのようなものが想定されているのか。この点について検討した研究はあまり多くないが、次のように指摘されている。藤間は、「社会的養護の課題と将来像」において、「家庭的養護」として里親とファミリーホームが、「でき

第Ⅳ部　現代の〈育て〉をめぐる政策と法

る限り家庭的な養育環境」として小規模グループケアやグループホームが挙げられていることから、「（1）家庭、あるいは家屋のなかで、（2）6人未満の子どもを、（3）2名前後の職員がケアする」というあり方が想定されていると指摘する（藤間 2017b：47）。また、2000年代以降の代替養育政策に関する文書を詳細に分析した野崎祐人は、それらの文書において「家庭的」には「①小規模性②継続性③個別性④愛着関係⑤地域性⑥『あたりまえ』の生活」という6つの意味が付与されていると論じる。野崎によると、なかでも「〈家庭的〉と中心的に結びついていたのは、①小規模性およびそれに関連する意味群、②継続性、④愛着関係が結びついた意味群」である。さらに、「〈家庭的〉」という言葉と専門性がしばしば対置されることや、「〈家庭的〉」を定義しようとする際に、逆にその定義の困難性が顕在化する状況がみられることを、野崎は描き出している（野崎 2020：26-40）。

　本章では、藤間（2017b）や野崎（2020）の問題関心と知見を踏まえつつ、「社会的養護の家庭化」が打ち出されるプロセスに焦点化して描写を行うことで、「育て」をめぐる政策の課題を論じることを試みる。次節では、本章が「新しい社会的養育ビジョン」と「新たな社会的養育の在り方に関する検討会」の議事録、その中でも特に代替養育に関する部分を分析対象とすることが、「育て」をめぐる政策の課題を論じる上でなぜ有効なのかについて説明する。

3　分析対象——「新しい社会的養育ビジョン」、「新たな社会的養育の在り方に関する検討会」議事録

　本章で分析資料とするのは、「新しい社会的養育ビジョン」、およびそのもととなった「新たな社会的養育の在り方に関する検討会」の議事録である。この検討会は、2016年7月29日から2017年8月2日まで、全16回開催されたものである。検討会のメンバーは、現場経験者や研究者といった「有識者」と厚生労働省の担当者で構成されており、関連するテーマについての他の検討会やワーキンググループの状況も踏まえつつ、必要に応じて関係機関や当事者からのヒアリングも随時実施しながら、議論が進行された。座長を務めた奥山眞紀子は、「検討会の初回に、全ての委員は子ども中心に考え、それぞれの委員は各自の所属している団体に利する意見や団体を代表した意見を言わないことを申し合

わせた。その意味でも、行政としては画期的な検討会であった」と回顧している（奥山 2021：10）。

　検討会での議論の結果、2017年8月2日に「新しい社会的養育ビジョン」が公表された。そこでは2011年の「社会的養護の課題と将来像」の全面的な見直しを踏まえた提言が展開されているが、先述の通り「工程で示された目標年限」（浅井 2018：3）が定められたことが、最も大きな特徴の1つといえる。たとえば里親委託率については、「3歳未満はおおむね5年以内に75％以上」「3歳以上の未就学児はおおむね7年以内に75％以上」「学月以降はおおむね10年以内を目途に50％以上」といった年限が提示されている。こうした提示の仕方に対しては前節でみたような批判（浅井 2018）もあるし、本章執筆時点の2022年12月現在ですでに未達になっているものもあるが、「社会的養護の家庭化」がより具体性を持つ目標を伴って掲げられたことは、特徴として押さえておくべきだろう。

　「育て」に関する政策の課題を論じる本章が、「新しい社会的養育ビジョン」や「新たな社会的養育の在り方に関する検討会」の議事録、その中でも特に代替養育に関する部分を分析対象とすることの妥当性について述べておきたい。一見するとこの方法は、「育て」のごく一部分についての議論を、「育て」全体のものへと安易に拡張しようとするものと思われるかもしれない。しかしながら、特に「家族」「家庭」との関連で「育て」をめぐる規範を考えるとき、代替養育はその対象としてきわめて適したものといえる。藤間は、久保田裕之の「家族機能の分節化アプローチ」（久保田 2011）を参照しながら、家族機能を果たす「非家族」的存在として社会的養護を位置付けている（藤間 2018）。ここでいう家族機能とは、ケア、生活の共同、性愛を含む成人同士の親密性、の3つである。代替養育には様々な種別があるが、いずれも、生活を共同する中で子どもをケアする点は共通している。また、夫婦制の施設や里親家庭であれば、性愛を含む成人同士の親密性も含まれよう。このように家族と同等に機能を果たす一方で、一般的に代替養育を「家族」とみなす向きは、当事者たちによる認識を除いてまだ強くないだろう。ここから家族的機能を果たす「非家族」として代替養育を捉えた上で、「『家族』をめぐる規範やそれがもたらす問題をより鮮明に照射できる点」「機能を遂行する上での困難が『家族』に特有のもの

第Ⅳ部　現代の〈育て〉をめぐる政策と法

なのか、あるいはより広範にみられるものなのかを問うことが可能になる点」
に、代替養育を分析対象とする利点があると藤間は述べる（藤間 2018：216）。

　本章の課題との関連で言い換えるならば、「非家族的な育ての場」としての
代替養育における「育て」に関する議論を対象とすることで、「育て」をめぐ
る規範を鮮明に照射されることが期待できるということである。以上を踏まえ、
「新たな社会的養育の在り方に関する検討会」の議事録を具体的にみていこう。

4　「家庭」を定義する試みの様相

(1)　「新しい社会的養育ビジョン」における2つのレベルの「家庭」

　公表された「新しい社会的養育ビジョン」においては、「育て」の場として
の「家庭」が2つのレベルで示されている。具体的には、「代替養育は家庭で
の養育を原則とし、高度に専門的な治療的ケアが一時的に必要な場合には、子
どもへの個別対応を基盤とした『できる限り良好な家庭的な養育環境』を提供
し、短期の入所を原則とする」とうたわれている（新たな社会的養育の在り方に
関する検討会 2017：1-2）。「家庭での養育」は、「家庭における養育環境と同
様の養育環境」とも言い換えられている。そして、「家庭における養育環境と
同様の養育環境」「できる限り良好な家庭的な養育環境」のそれぞれについて、
機能と要件が示されている。

　まず「家庭における養育環境と同様の養育環境」についてである。

　1．「家庭における養育環境と同様の養育環境」とは
　1）特に重視されるべき養育に関する機能
　「家庭における養育環境と同様の養育環境」は、家庭での養育が困難な子
どもが対象であり、単に、虐待やネグレクトのない良好な生活基盤というだ
けではなく、逆境体験や離別・喪失による傷つきからの回復を促進する生活
基盤となる必要がある。以下はそのために必要な養育の機能である。
　①心身ともに安全が確保され、安心して生活できる機能
　②継続的で特定的な人間関係による「心の安全基地」としての機能
　③生活単位としての生活基盤を提供する機能

④発育及び心身の発達を保障する機能

⑤社会化の基盤としての機能

⑥病んだ時の心身の癒しと回復を促進する機能

⑦トラウマ体験や分離・喪失体験からの回復を促進する機能

⑧新たな対象とのアタッチメント形成を促進する機能

⑨発達を促し、生活課題の解決が意図的・計画的に図られる機能

　ただし、こうした機能を家庭のみで遂行するのではなく、社会的資源を活用しつつ具体化することが重要である。

２）当該養育環境とみなされる要件

　上記の機能を果たすことのできる養育環境としては、以下の要件が考えられる。ただし、養育環境としての適切性は総合的に判断されるものであるため、以下は参考として考えるべき項目である。

①子どもと継続的な関係を持ち、親密で信頼できる関係を形成して養育を行うことができる特定の養育者がいること

②子どもの安全が守られる「家」という物理的環境が提供されること

③特定の養育者と生活基盤を共有すること

④同居する他の子どもたちと生活を共有すること。同居する子どもたちの構成が可能な限り安定していること

⑤生活が、明確な構造を持ちつつ、一方で、子どもたちのニーズに応じて柔軟に営まれること

⑥子どものニーズに敏感で、ニーズに応じた適切なケアを提供できること

⑦社会的に受け入れられる価値を共有し、かつ子どもの自律や選択が尊重されること

⑧地域社会に位置付いており、子どもと養育者が地域社会に参加していること

⑨子どもの権利を守る場になっていること

⑩養育者が、子どものトラウマや関係性の問題に関する知識と対応方法を習得しており、必要に応じて専門家の助言を求めることができること

⑪子どもの状況に応じて適切な家庭教育を提供できること

第Ⅳ部　現代の〈育て〉をめぐる政策と法

（新たな社会的養育の在り方に関する検討会 2017：26-27）

前提となっているのは、被虐待経験など「逆境体験や離別・喪失による傷つき」を子どもが有しており、それゆえ、「回復を促進する生活基盤となる必要がある」ことである。その上で、物理的な安全が確保されることはもちろんのこと、野崎が指摘した、養育者をはじめとする同居メンバーとの関係の継続性や愛着関係（野崎 2020）が担保されることを中心に、重視される機能や要件が詳細に挙げられている。

次に、「できる限り良好な家庭的な養育環境」である。

3．「できる限り良好な家庭的環境」

　上記2．（後述：筆者注）の条件の子どもに適用する養育環境は、「家庭における養育環境と同様の養育環境」では提供できない機能を有するものであり、子どもの状況によって適用すべき環境は異なる。従って、ここではその機能に関する原則を提示する。

1）特に重視されるべき養育の機能

①「家庭における養育環境と同様の養育環境」と同様の機能を有する。

②「家庭における養育環境と同様の養育環境」では不利益が生じる子どもへの適切なケアの機能があること。そのケアは、子どもの個別のニーズに応ずるもので、他者への信頼感や自尊感情の回復を含めた、子どもの逆境体験による影響からの回復につながり、「家庭における養育環境と同様の養育環境」での生活を可能にするとの指向性を有する必要がある。

2）当該養育環境とみなされる要件

①生活の単位は小規模であること。具体的には、子どもの人数は最大で6人までとし、困難な問題を抱えた子どもがいる施設は、4名以下で運営できるようにすべきである。また、子どものニーズに応じて養育できる専門性を持った養育者が、夜間を含め子どもが在宅する時間帯では複数名で対応できることが必要である。

②子どもの最善の利益のために満たせない要件を除き、「家庭における養育環境と同様の養育環境」の要件を満たすこと

③集団規則などによらない個々の子どものニーズに合った丁寧なケアの提供
　が行えること

④養育者は複数となってもそのケアの在り方は一貫しており、養育者の頻回
　な変更がおこなわれないこと

⑤子どもの権利が保障されていること

⑥そのケアによって家庭同様の養育環境での養育が可能になれば、家庭同様
　の養育環境に移行するものであり、この環境からの社会的自立は例外的で
　あること

⑦ただし、年長児等でこの環境からの社会的自立がやむを得ない場合は適切
　な自立支援及びアフター・ケアが行えること

（新たな社会的養育の在り方に関する検討会 2017：27-29）

「上記２．の条件」とは、「家庭及び当該養育環境において養育することが適当
でない場合」である。具体的には、「①家庭環境では養育が困難となる問題を
持つケアニーズが高い子ども」「②家庭内でのトラウマ体験や里親不調を経験
した子どもで、子ども本人の家庭環境に対する拒否感が強く、『できるだけ良
好な家庭的環境』の提供が適切であると判断される場合」「③適切な『家庭環
境と同様の養育環境』が確保できない場合」の３つが挙げられている。このこ
とからわかる通り、強い困難を抱えている子どもに対し、より専門性の強い環
境を提供するものが「できる限り良好な家庭環境」として想定されている。
そのため、「『家庭における養育環境と同様の養育環境』と同様の」機能や要件
を満たすことは前提とされており、また、「生活の単位は小規模であること」
や「ケアの在り方は一貫」していること、「可能になれば、家庭同様の養育環
境に移行する」ことが明記されている。

(2)　「新たな社会的養育の在り方に関する検討会」での議論

　次に、前項で示した「家庭における養育環境と同様の養育環境」「できる限
り良好な家庭的な養育環境」それぞれの機能や要件が、どのような議論のもと
に策定されたのかを、「新たな社会的養育の在り方に関する検討会」の議事録
から確認しておきたい。「家庭における養育環境と同様の養育環境」については、

第Ⅳ部　現代の〈育て〉をめぐる政策と法

第8回検討会（2017年1月13日）の資料1で、「できる限り良好な家庭的な養育環境」については、第9回検討会（2017年2月1日）の資料7で示されたものが、それぞれ「新しい社会的養育ビジョン」に反映されている。そこに至るまでの議論を確認しておこう。

「家庭における養育環境と同様の養育環境」「できる限り良好な家庭的な養育環境」の定義は、いずれも2009年12月に国連総会で採択された「代替的養育の指針」を参考に議論がなされたものである。第7回検討会（2016年12月28日）において、座長の奥山は「改正児童福祉法第三条の二の解釈に基づく社会的養護（狭義）（案）」という資料を提出しているが、そこでは次のように述べられている。

　「家庭における養育環境と同様の養育環境」とは字義的には family-like care と誤解される可能性はあるが、家庭で養育できない子どもがまず養育されるべき環境は family based care であり、そのように解釈すべきである。それに伴い、「できる限り良好な家庭的環境」は family-like care および residential care に当たると考えるべきである。

改正児童福祉法第三条の二とは、「国及び地方公共団体は、児童が家庭において心身ともに健やかに養育されるよう、児童の保護者を支援しなければならない」と規定したものである。この条文においては、「児童を家庭において養育することが困難であり又は適当でない場合にあっては児童が家庭における養育環境と同様の養育環境において継続的に養育されるよう、児童を家庭及び当該養育環境において養育することが適当でない場合にあっては児童ができる限り良好な家庭的環境において養育されるよう、必要な措置を講じなければならない」とのただし書きがなされている。これを受け、「家庭における養育環境と同様の養育環境」「できる限り良好な家庭的な養育環境」のそれぞれについて、国連の「代替的養育の指針」との関連づけた上での定義づけを、奥山は提案したのである。

　この奥山による提案に至るまで、「新たな社会的養育の在り方に関する検討会」においては、「家庭における養育環境と同様の養育環境」と「できる限り良好な家庭的な養育環境」、ひいては「家庭」「家庭的」そして「家族」につい

て、さまざまな議論が展開されていた。たとえば第3回検討会において、藤林武史構成員は、「Other forms of family-based or family-like care placements」という概念について、国連ガイドラインに関するスコットランドの Moving Forward による解説を参照しつつ、代替養育のそれぞれの種別を「家庭における養育環境と同様の養育環境」と「できる限り良好な家庭的な養育環境」とのどちらに含めるのかについて意見を述べている。他にも、「養育者と生活基盤を共有しているということ」を要件とすべきという林浩康構成員からの提案や、「子どもが家だと思うことができているか、自分が帰ってくる場所だと感じられていかるかどうか」が重要であるとする、第4回検討会（2016年10月23日）での上鹿渡和宏構成員の発言など、「子どもの最善の利益」を最優先するという国際的な潮流も視野に入れる形で、議論は展開されていった。

　議論の中で1つのポイントとされていたのは、「家庭」と「家庭的」との区別である。たとえば第5回検討会においては、藤林構成員が次のように発言している。

　　家庭的と家庭はどこが違うのかというところもやはり明確にする必要があるのかなと思っていまして、では、家庭的でなくて家庭ならではのところというのは多分、1つは継続的で特定な人間関係で、ずっと一緒にいるということが1つ。もう一つ重要なのは……共有される価値でなくて、共有される生活体験みたいなものなのかなとは思っていたのですが要するに家族は親の生活体験も子どもは経験していくわけなのです。家族全体が一つの生活体験を経験していくというのが家庭なので、これは住み込みでは、家庭とは違う。

この発言を契機として、「家庭」と「家庭的」をどのように区別しながら定義するかについて、両者の依拠関係も含めた議論が展開される。そこでは、まず「家庭」を定義し、次にそこに依拠する形で「家庭的」を定義するべきという意見や、そうではなく社会的養育全体に共通する部分をまず示し、家庭養育、家庭的養育という順で示すべきという意見など、さまざまな見解が提示される。このなかで、「家庭というものを、最低限のレベルにしろ何にしろ、定義するのは我々には不可能なのではないか」（第5回検討会［2016年11月18日］西澤哲構成員）といった発言も出ていたことは、野崎が指摘した通りである（野崎 2020）。

第Ⅳ部　現代の〈育て〉をめぐる政策と法

(3)　定義以降の議論の収束

　このようにさまざまな観点からの議論を経て提出された第7回検討会（2016年12月28日）における奥山の提案（前出）以降、若干の微修正を除いては、特段の意見が検討会のメンバーから出ることはなかった。そして、「家庭における養育環境と同様の養育環境」「できる限り良好な家庭的な養育環境」の定義は、「新しい社会的養育ビジョン」にも反映されることになる。

　本章で着目したいのは、「家庭における養育環境と同様の養育環境」「できる限り良好な家庭的な養育環境」の定義が丁寧な議論経て導出された一方で、他の論点と十分に関連付けて示されることが、あまりなかったという事実である。たとえば、代替養育を受ける子どもの権利や、その自立支援についてもこの検討会では議論されたのであるが、それらとの関係で、「家庭における養育環境と同様の養育環境」や「できる限り良好な家庭的な養育環境」がどのように必要とされるのか、という点は読み取れない。言い換えると、さまざまな議論を経て導出された「家庭における養育環境と同様の養育環境」や「できる限り良好な家庭的な養育環境」の機能や要件が、いかなるニーズに対応する上で要請され、また有効であるのかという点が明示されていないのである。

　言うまでもなく、このことは検討会における議論の意義を否定するものではない。定義の導出以降の議論が十分に展開されていないように見えるのは、そもそも日本社会における政策策定のあり方そのものによる制約を受けた結果であると考えられる。最後に、そのことを論じておこう。

5　「育て」をめぐる政策策定の構造的問題

　本章では、「新しい社会的養育ビジョン」および「新たな社会的養育の在り方に関する検討会」の議事録を対象とし、特に代替養育における「家庭における養育環境と同様の養育環境」と「できる限り良好な家庭的な養育環境」の定義をめぐる議論を検討してきた。両者について、非常に緻密な議論が積み重ねられた一方、それらの定義が代替養育をめぐる他の論点との関連で示される傾向は看取されなかった。換言すれば、「結局何のために『家庭』が要請されるのか？」という点は、明確にされなかったのである。

232

繰り返しになるが、このことは検討会での議論の意義を否定するものではな
く、日本社会における政策策定の構造それ自体の問題を照射しているものと解
釈するべきである。苅谷剛彦は、教育政策を例に「演繹型思考」と「帰納型思
考」とに政策策定時の思考を分類している。演繹型思考とは、抽象的な理想、
理論、概念を出発点とするものであり、それゆえ政策が目指す目標は「まだ見
ぬ理想」となりがちである。こうした思考は、これまでの実績の蓄積に裏付け
られるものではないため、「実態把握を欠いたままでも次々と教育政策の言説
は生産できる」。その前提となるのは、「これまでの政策には何かが欠けている」
という認識である。これに対し、帰納型思考においては、「長年にわたって続
けてきた教育方法が、どのような成果をあげてきたか。それら現実（現場）の
経験＝実績から、抽象度を上げることで、そこで何が行われてきたか、そこに
どんな意味があるかが論じられる」（苅谷 2020：24-30）。

　「社会的養護の家庭化」をめぐる政策的な議論も、苅谷が指摘した教育政策
と同様、演繹型思考に陥っているのではないだろうか。すなわち、「代替養育
における子どものケアには『何かが欠けて』おり、その解決のためには『家庭』
という『理想』が要請される」という前提にもとづいて、検討会も含めた現場
に対して議論が下ろされていると考えられる。現場としては、降りてきた枠組
みにある程度沿わざるを得ないため、議論の範囲は限定されざるを得なくなる。
「新たな社会的養育の在り方に関する検討会」のメンバーには、非常に豊富な
現場経験を持つ者も少なくなく、また、第3節で示した通り、必要に応じて関
係機関や当事者からのヒアリングも検討会内で実施されていた。仮説的ではあ
るが、それでもなお、政策全体に根付いた演繹型思考の影響を取りまとめの段
階では受けざるを得なかった部分があるのではないだろうか。このことは、検
討会の随所で、改正児童福祉法に書かれていることを理由として、特定のテー
マについての検討の必要性が議論されていたことからも推測される。

　代替養育に限らず、「育て」をめぐる政策自体が演繹型の思考に基づいてい
ることは、先行研究でも指摘されたことである。藤間は、子育て支援政策や家
庭教育支援施策と社会的養護政策との間で「家庭」の位置づけに齟齬がみられ
ることを指摘している。すなわち、子育て支援政策や家庭教育支援施策におい
ては、「家庭」は「かつてより善くなくなったもの」とみなされ、そのことが「家

第Ⅳ部　現代の〈育て〉をめぐる政策と法

庭」へ支援が必要であることの根拠とされる一方で、社会的養護政策において
は、「家庭」が「目指すべき理想」とされているという指摘である。ここから
藤間は、「家庭」が政策の目的に沿うべくマジックワード化していると論じて
いる（藤間 2020）が、こうしたマジックワード化も、演繹型思考にもとづく政
策策定のあらわれとみなしてよいだろう。

　以上の仮説的考察が正しいとするならば、日本における「育て」をめぐる政
策は、帰納型思考にもとづく議論へと転換していく必要があるだろう。現場に
おいてどのような子どもにどのように対応しており、そこにどのような意義と
課題が見いだされるのかを蓄積した上で、それらの実績にもとづいて方向性を
議論すべきである。例えばイタリアにおいては、社会的養護の脱施設化を進め
る上で、国が基礎自治体（コムーネ）から集めた情報にもとづいて政策を策定
した上で、さらにその政策に対して基礎自治体からフィードバックを受けなが
ら、改定の方向性を定めている（藤間 2019）。こうしたやり方が直ちに日本で
実現可能かは、これまでの経緯や文脈も含めて慎重に判断する必要があるが、
少なくとも、現場の情報を適切に集約できる体制を作ることは有用であろう。[5]
「新たな社会的養育の在り方に関する検討会」のような意義ある取組みが、将
来的に「過去の理想」の１つとなって終わらないためにも、帰納型思考への転
換が不可欠であると考えられる。

　注
⑴　1950年代から1970年代については、ホスピタリズム論の影響を受けた施設養護への批
　　判が、1980年代から1990年代については、職員の労働環境や施設の定員割れの問題が、
　　そして1990年代以降については、子ども虐待の社会問題化と子どもの権利擁護への注目が、
　　その具体例として挙げられる。
⑵　社会的養護のなかでも、特に親子を分離して子どもを保護、支援する実践を代替養育
　　と呼ぶ。児童養護施設、児童自立支援施設、里親、ファミリーホーム、自立援助ホーム
　　などが該当する。一方、母と子を一緒に保護、支援する母子生活支援施設は該当しない。
⑶　６つの意味はそれぞれ、具体的に次の内容を指す。小規模性とは、字義通り「養育形態、
　　養育環境に関して『小規模であること』であり、『小規模なケア』は〈家庭的〉なケアと
　　ほとんど互換的に用いられている」。継続性とは、「養育者が一貫しており、変わらない
　　こと」を指す。個別性とは、「一人一人に個別的なケアが可能になること」である。愛着
　　関係とは、「養育者との愛着関係（アタッチメント）の形成が可能であること」である。
　　地域性とは、「地域のなかにあり、近所との交流がある」ことを指す。最後に「あたり前」
　　の生活とは、「一般家庭の生活」を参照する記述のことである（野崎 2020：29-33）。

第11章 「育て」に関する政策の課題

- (4) 3つ目については、あくまでも「当面は」考慮するものとされている（新たな社会的養育の在り方に関する検討会 2017：28）。
- (5) 学術研究においては、現場のデータを活用する動きが、近年少しずつではあるが「育て」をめぐる領域でも見られ始めている（遠藤ほか監修 2020など）。一方、日本においては児童相談所が使用する児童虐待相談・通告受付票の様式を比較した研究からは、それらの様式が自治体ごとに全く異なっており、このことが現場内外で引継ぎや情報の移管の際に問題を引き起こしている可能性があると指摘されている（国立社会保障・人口問題研究所 2021）。この指摘を踏まえるならば、日本は「育て」について帰納的に考えるための情報収集の体制すら整っていない状況にあると評価せざるを得ないだろう。

引用・参考文献

新たな社会的養育の在り方に関する検討会 、2017、「新しい社会的養育ビジョン」。

浅井春夫、2018、「はじめに――いま、なぜ『新しい社会的養育ビジョン』なのか」浅井春夫・黒田邦夫編著『〈施設養護か里親制度か〉の対立軸を超えて――「新しい社会的養育ビジョン」とこれからの社会的養護を展望する』明石書店、3－6頁。

遠藤久夫・野田正人・藤間公太監修／国立社会保障・人口問題研究所編、2020、『児童相談所の役割と課題――ケース記録から読み解く支援・連携・協働』東京大学出版会。

奥山眞紀子、2021、「新しい社会的養育ビジョンが目指したものと現状」『子どもの虐待とネグレクト』23（1）、8－15頁。

落合恵美子、1989、『近代家族とフェミニズム』勁草書房。

開原久代・菊池緑・湯沢雍彦・高橋由紀子・平田美智子・小松満貴子・森和子・小谷眞男・金潔、2012、「家庭外ケア児童数および里親委託率等の国際比較研究」平成23年度厚生労働科学研究費補助金（政策科学総合研究事業）『社会的養護における児童の特性別標準的ケアパッケージ』分担研究報告書、15－20頁。

和泉広恵、2013、「児童養護はどのように変化したか？」福祉社会学会編『福祉社会学ハンドブック――現代を読み解く98の論点』中央法規、132－133頁。

上村泰裕、2015、「国際比較からみた日本の子どもの貧困と社会的養護」『世界の児童と母性』79、56－60頁。

苅谷剛彦、2020、『コロナ後の教育へ――オックスフォードからの提唱』中央公論新社。

久保田裕之、2011、「家族社会学における家族機能論の再定位――〈親密圏〉・〈ケア圏〉・〈生活圏〉の構想」『大阪大学大学院人間科学研究科紀要』37、77－96頁。

厚生労働省、2014、「社会的養護の現状について」。

―――、2022、「社会的養育の推進に向けて」。

国立社会保障・人口問題研究所、2021、『「1億総活躍社会」実現に向けた総合的研究 すべての子どもの未来を築く子ども・子育て支援に向けた実証研究班報告書 令和2年度』。

藤間公太、2017a、『代替養育の社会学――施設養護から〈脱家族化〉を問う』晃洋書房。

―――、2017b、「社会的養護にみる家族主義」『三田社会学』22、38－54頁。

―――、2018、「家族社会学の立場から捉える社会的養護――『子ども／大人』の相対化と『依存批判』との接合可能性」『子ども社会研究』24、213－232頁。

―――、2019、「『脱施設化社会』イタリアから日本の社会的養護への示唆」小谷眞男・横田

第Ⅳ部　現代の〈育て〉をめぐる政策と法

　　正顕編『新　世界の社会福祉　第4巻　南欧』旬報社、181-197頁。

―――――、2020、「教育政策、福祉政策における家族主義」『教育社会学研究』106、35-54頁。

野崎祐人、2020、「現代の代替養育における〈家庭的〉概念と家族の言説」令和元年度京都大学大学院人間・環境学研究科修士論文。

―――――、2023、「社会的養護政策での「家庭的」の意味とその論理――二〇〇〇年代以降の政策関連資料から」土屋敦・藤間公太編『社会的養護の社会学――家庭と施設の間にたたずむ子どもたち』青弓社、63-94頁。

三品拓人、2022、「児童養護施設の日常生活において見られる「家庭」の内実――『普通のサイズ』と対応の判断基準に着目して」『家族社会学研究』34（1）、29-42頁。

三輪清子、2016、「なぜ里親委託は伸展しないのか？――里親登録者不足仮説と里親委託児童限定化仮説」『社会福祉学』56（4）、1-13頁。

―――――、2018、「『里親の不足』の意味するもの」『福祉社会学研究』15、93-113頁。

第11章 「育て」に関する政策の課題

(4)　3つ目については、あくまでも「当面は」考慮するものとされている（新たな社会的養育の在り方に関する検討会　2017：28）。

(5)　学術研究においては、現場のデータを活用する動きが、近年少しずつではあるが「育て」をめぐる領域でも見られ始めている（遠藤ほか監修 2020など）。一方、日本においては児童相談所が使用する児童虐待相談・通告受付票の様式を比較した研究からは、それらの様式が自治体ごとに全く異なっており、このことが現場内外で引継ぎや情報の移管の際に問題を引き起こしている可能性があると指摘されている（国立社会保障・人口問題研究所 2021）。この指摘を踏まえるならば、日本は「育て」について帰納的に考えるための情報収集の体制すら整っていない状況にあると評価せざるを得ないだろう。

引用・参考文献

新たな社会的養育の在り方に関する検討会 、2017、「新しい社会的養育ビジョン」。

浅井春夫、2018、「はじめに――いま、なぜ『新しい社会的養育ビジョン』なのか」浅井春夫・黒田邦夫編著『〈施設養護か里親制度か〉の対立軸を超えて――「新しい社会的養育ビジョン」とこれからの社会的養護を展望する』明石書店、3－6頁。

遠藤久夫・野田正人・藤間公太監修／国立社会保障・人口問題研究所編、2020、『児童相談所の役割と課題――ケース記録から読み解く支援・連携・協働』東京大学出版会。

奥山眞紀子、2021、「新しい社会的養育ビジョンが目指したものと現状」『子どもの虐待とネグレクト』23（1）、8-15頁。

落合恵美子、1989、『近代家族とフェミニズム』勁草書房。

開原久代・菊池緑・湯沢雍彦・高橋由紀子・平田美智子・小松満貴子・森和子・小谷眞男・金潔、2012、「家庭外ケア児童数および里親委託率等の国際比較研究」平成23年度厚生労働科学研究費補助金（政策科学総合研究事業）『社会的養護における児童の特性別標準的ケアパッケージ』分担研究報告書、15-20頁。

和泉広恵、2013、「児童養護はどのように変化したか？」福祉社会学会編『福祉社会学ハンドブック――現代を読み解く98の論点』中央法規、132-133頁。

上村泰裕、2015、「国際比較からみた日本の子どもの貧困と社会的養護」『世界の児童と母性』79、56-60頁。

苅谷剛彦、2020、『コロナ後の教育へ――オックスフォードからの提唱』中央公論新社。

久保田裕之、2011、「家族社会学における家族機能論の再定位――〈親密圏〉・〈ケア圏〉・〈生活圏〉の構想」『大阪大学大学院人間科学研究科紀要』37、77-96頁。

厚生労働省、2014、「社会的養護の現状について」。

―――、2022、「社会的養育の推進に向けて」。

国立社会保障・人口問題研究所、2021、『「1億総活躍社会」実現に向けた総合的研究 すべての子どもの未来を築く子ども・子育て支援に向けた実証研究班報告書 令和2年度』。

藤間公太、2017a、『代替養育の社会学――施設養護から〈脱家族化〉を問う』晃洋書房。

―――、2017b、「社会的養護にみる家族主義」『三田社会学』22、38-54頁。

―――、2018、「家族社会学の立場から捉える社会的養護――『子ども／大人』の相対化と『依存批判』との接合可能性」『子ども社会研究』24、213-232頁。

―――、2019、「『脱施設化社会』イタリアから日本の社会的養護への示唆」小谷眞男・横田

第IV部　現代の〈育て〉をめぐる政策と法

　　正顕編『新　世界の社会福祉　第4巻　南欧』旬報社、181-197頁。
―――――、2020、「教育政策、福祉政策における家族主義」『教育社会学研究』106、35-54頁。
野崎祐人、2020、「現代の代替養育における〈家庭的〉概念と家族の言説」令和元年度京都大
　　学大学院人間・環境学研究科修士論文。
―――――、2023、「社会的養護政策での「家庭的」の意味とその論理――二〇〇〇年代以降の
　　政策関連資料から」土屋敦・藤間公太編『社会的養護の社会学――家庭と施設の間にたた
　　ずむ子どもたち』青弓社、63-94頁。
三品拓人、2022、「児童養護施設の日常生活において見られる「家庭」の内実――『普通のサ
　　イズ』と対応の判断基準に着目して」『家族社会学研究』34（1）、29-42頁。
三輪清子、2016、「なぜ里親委託は伸展しないのか？――里親登録者不足仮説と里親委託児童
　　限定化仮説」『社会福祉学』56（4）、1-13頁。
―――――、2018、「『里親の不足』の意味するもの」『福祉社会学研究』15、93-113頁。

第12章
家族法における子の監護

梅澤　彩

1　児童福祉と子の監護

⑴　児童福祉における子の権利主体性・家庭養育優先の原則

　日本においては、少子化が進む一方で、捨子・被虐待児等、施設養護や家庭養護を必要とする児童の数は増加している。日本は1994（平成6）年に子どもの権利条約を批准しているが、2016（平成28）年5月に成立した「児童福祉法等の一部を改正する法律」（2016（平成28）年法律第63号）において、はじめて子どもの権利主体性が明文化された。

　児童福祉法では、第1章総則（第1条から第3条）において、「全て児童は、児童の権利に関する条約の精神にのつとり、適切に養育されること、その生活を保障されること、愛され、保護されること、その心身の健やかな成長及び発達並びにその自立が図られることその他の福祉を等しく保障される権利を有する」こと（第1条）、「全て国民は、児童が良好な環境において生まれ、かつ、社会のあらゆる分野において、児童の年齢及び発達の程度に応じて、その意見が尊重され、その最善の利益が優先して考慮され、心身ともに健やかに育成されるよう努めなければなら｜ず（第2条第1項）、「児童の保護者は、児童を心身ともに健やかに育成することについて第一義的責任を負う」こと（同条第2項）、「国及び地方公共団体は、児童の保護者とともに、児童を心身ともに健やかに育成する責任を負う」こと（同条第3項）、とされた。また、同法第3条では、同法第1条・第2条の規定は、「児童の福祉を保障するための原理であり、この原理は、すべて児童に関する法令の施行にあたつて、常に尊重されなければならない」とされた。

第IV部　現代の〈育て〉をめぐる政策と法

　2016（平成28）年の児童福祉法改正では、上記のように子どもが権利の主体であることを明確にしたほか、家庭への養育支援から代替養育（施設・里親等での養育）までの社会的養育の充実とともに、家庭養育優先の原則を規定し、実親による養育が困難であれば、特別養子縁組による永続的解決（パーマネンシー保障）や里親による養育を推進することを明確にした。具体的には、被虐待児童の自立支援に関して、親子関係再構築支援については、施設、里親、市町村、児童相談所などの関係機関等が連携して行うこと（第48条の３）、都道府県（児童相談所）の業務として、里親の開拓から児童の自立支援までの一貫した里親支援を位置付けること（第11条第１項ニ（ト）、同条第４項）、養子縁組里親（第６条の４第２号）を法定化するとともに、都道府県（児童相談所）の業務として、養子縁組に関する相談・支援を位置付けた（第11条第１項ニ（チ））。また、要保護児童の保護措置に係る手続における裁判所の関与の在り方、特別養子縁組制度（民法第817条の２から第817条の11。以下、民法については条文数のみ示す。）の利用促進の在り方の検討等については改正法施行後速やかに検討し、必要な措置を講ずるものとされた。

(2)　里親・養子縁組の利用促進と親権・監護権

　上述した児童福祉法の改正を受けて、2017（平成29）年には、新たな社会的養育の在り方に関する検討会により「新しい社会的養育ビジョン」（以下「養育ビジョン」という。）が公表された。養育ビジョンは、児童福祉法のロードマップとして、代替養育を必要とする子の里親委託・養子縁組の推進および当事者支援を強調しており、2019（令和元）年には、民法等の一部を改正する法律（2019（令和元）年法律第34号）により特別養子縁組制度が大幅に改正された。

　特別養子縁組は、子の福祉の観点から養子となる者とその実方血族との法的関係を断絶し（第817条の９）、養親と養子の間に実親子と同様の親子関係を創設するものである。養子は、特別養子縁組の成立の審判が確定した日から、養親の嫡出子となり（第809条）、養親の氏を称し（第810条）、養親の親権に服する（第818条２項）。2019（令和元）年の民法改正では、特別養子縁組の利用促進を図る観点から、養子となる者の年齢を原則６歳未満から原則15歳未満に引き上げ（第817条の５第１項）、縁組成立の手続については、改正前の養親となる者の

申立てによる1個の手続を2段階の手続（①実親による養育状況および実親の同意の有無等を判断する審判である「特別養子適格の確認の審判」、②養親子のマッチングを判断する審判である「特別養子縁組の成立の審判」）に分けて養親となるべき者の負担を軽減するとともに（家事事件手続法第164条の2・第164条）、児童相談所長が第1段階の手続の申立人または参加人として関与することが可能となった（児童福祉法第33条の6の4・第33条の6の5）。また、養子となる者の父母の同意（第817条の6）については、2019（令和元）年の民法改正前は養子縁組成立の審判が確定するまでは撤回可能であったところ、父母が前記①の手続の裁判所の期日等でした同意は、2週間経過後は撤回不可となった（家事事件手続法第164条の2第5項）。

　一方、里親制度については、先述のように、その利用促進が謳われ、児童福祉法においても里親支援が都道府県（児童相談所）の業務として位置付けられたものの、里親の要件・研修・認定・登録などに関しては同法・同法同施行令・同法同施行規則において規律されており、厚生労働省の省令・通知等で運用の基準が示されているに過ぎない。里親が有する事実上の養育責任者としての固有の権利義務等が曖昧であり、関係当事者（里子の実親・里親・里子）にとって利用しやすい制度とは言い難い状況にある。

　子の健やかな成長にとって重要な役割を果たす大人との関係は、事実上も法律上も安定的に保護されることが望ましい。この点と関連して、最決2021（令3）・3・29民集75巻3号952頁は、子の母の再婚後、子の事実上の監護者である祖母が、子の母とその再婚相手である父（子の養父）を相手方として、自らを子の監護者とする監護者指定を求めた事案において、第三者（祖母）の審判申立権を最高裁判所として初めて否定した。子の養育につき、第一義的な責任はその父母にあるとしても、子の監護権を第三者（祖父母・里親等）に付与することは認められないのであろうか。子の福祉と最善の利益を保障するため、第三者（祖父母・里親等）に監護権を付与するとともに、親権と第三者の有する監護権の在り方について検討する必要があるだろう。

　以下では、親権の内容、親権概念の変遷・親権と監護権の分属について整理した後、第三者への監護者指定について、いくつかの裁判例・学説をとりあげながら、子の監護権を第三者に付与することの意義とその可否、および根拠等

第Ⅳ部　現代の〈育て〉をめぐる政策と法

について検討する。最後に、社会的養護における子の親権と監護権の在り方等について、里親委託の場面をとりあげ、子の福祉・最善の利益を保障するための親権・監護権の在り方について考える。

2　親権の内容および不適切行使への対応

(1)　親権の内容

　民法820条は、「親権を行う者は、子の利益のために子の監護及び教育をする権利を有し、義務を負う」と規定する。親権は、一般に、子を適切に養育するための親の権利義務、親から適切な養育を受ける子の権利義務と理解されており、その内容を大別すると、「身上監護権」、「財産管理権」、「身分上の行為の代理」、「その他」となる。

　親権の内容について、簡単に整理すると、まず、第820条に規定される「監護・教育」がある。2022（令和4）年の民法改正（2022（令和4）年法律第102号）により、第821条において、「親権を行う者は、前条（第820条：筆者注）の規定による監護及び教育をするに当たっては、子の人格を尊重するとともに、その年齢及び発達の程度に配慮しなければならず、かつ、体罰その他の子の心身の健全な発達に有害な影響を及ぼす言動をしてはならない」旨が規定された。[6]同条は、前記民法改正前の懲戒権（旧第822条）を削除し、監護および教育の在り方について一般的な指針を提示するとともに、監護および教育に一般的に関わる規律として、第820条の次に配置されたものである。また、「体罰その他の子の心身の健全な発達に有害な影響を及ぼす言動をしてはならない」との文言は、間接的に、親権者が「子の心身への影響への配慮義務」も負うことを明らかにしたものであるとの指摘がなされている。[7]

　親権者には、居所指定権（第822条）、職業許可権（第823条）が認められる。親は子の財産を管理する権限を有しているが（第824条）、その際、自己の財産に対するのと同様の注意義務をもって管理しなければならない。身分上の行為の代理としては、認知の訴え（第787条）、氏の変更（第791条第3項）、養子縁組の代諾（第797条）、離縁（第811条第2項）、命名権（戸籍法第52条）がある。[8]

　その他、親権行使が親権を有しない親や第三者等によって侵害されている場

合には、親権者はそれらの者に対して子を引き渡すよう請求することができる。また、面会交流（第766条第1項）の法的性質については、様々な見解があるものの、一般に、子と離れて暮らす親権者には子との面会交流が認められる。面会交流は、2011（平成23）年の民法改正（2011（平成23）年法律第61号）により第766条に明文化されたものの、その権利性や法的性質について、なお議論が分かれていることから、「子の監護について必要な事項の例示として」明記するにとどめたとされている。面会交流は実体的権利ではなく、単なる監護の一態様にすぎないとの見解もあるが、今日では、子育てにかかわる親の権利および義務であると同時に、親の養育を受ける子の権利であると解されている。ただし、親と子の利益が対立する場合には、子の利益を第一に考えることについて異論はない。

(2)　親権の不適切行使への対応

　親権の不適切な行使（親権濫用）は、児童虐待の防止等に関する法律にいう「虐待」（第2条）となりうる。親権濫用に対する民法上の対応については、児童虐待の防止等を図り、児童の権利利益を擁護する観点から、2011（平成23）年に民法改正がなされている。具体的な対応としては、①親権喪失（第834条）、②親権の停止（第834条の2）、③財産管理権の喪失（第835条）がある。また、児童福祉法上の措置としては、「訓戒・指導・施設入所・里親委託」（第25条から第27条）、「親権者等の意に反する里親委託・施設入所措置」（第28条）等があるが、以下では、上記①～③の民法における対応を概観する。

　①は、虐待、悪意の遺棄等、親権行使が著しく困難・不適当で子の利益を著しく害するときに認められるもので、申立権者（子、子の親族、未成年後見人、児童相談所長（児童福祉法第33条の7）等）の請求により、家庭裁判所がその父または母について親権を喪失させるものである。ただし、2年以内に親権喪失の原因が消滅する見込みがあるときは、①ではなく②による対応となる。親権喪失が認められると、子の戸籍には親権喪失の審判がされた旨が記載される。親権喪失の審判により親権者がいなくなった場合、未成年後見が開始し（第838条第1項）、親権者は、一切の身上監護権・財産管理権を行使することができなくなる。ただし、特別養子縁組とは異なり、法律上の親子関係は存続する。ま

第Ⅳ部　現代の〈育て〉をめぐる政策と法

た、親権喪失の原因が消滅した場合には、審判を受けた本人またはその親族は家庭裁判所に同審判の取消しを請求することができる（第836条）。

　②は、2011（平成23）年の民法改正により新設されたものである。父母による親権行使が困難・不適当なため子の利益を害するときに、申立人の請求により、家庭裁判所がその父または母について親権を停止させるものである。申立権者は、①の申立権者と同じである。裁判所は、親権停止の原因が消滅すると見込まれる期間につき、子の状態・状況など一切の事情を考慮し、2年を超えない範囲内で親権の停止をすることができる。親権停止の審判により親権者がいなくなった場合の効果および取消しは、①と同様である。なお、前記の2年を超えない範囲での親権停止期間を超えても父母による親権行使が困難・不適当な場合には、改めて親権停止の審判を申し立てる必要がある。

　③は、親権のうち、財産管理権のみを喪失させるものである。父母による財産管理権の行使が困難・不適当なため子の利益を害するときに、申立人の請求により、家庭裁判所が財産管理権を喪失させる。申立権者は①と同じである。財産管理権の喪失が認められた場合であっても、身上監護権の行使は可能であり、未成年後見人は財産管理権のみを行使する。財産管理権の喪失の取消しは①の場合と同様である。

3　親権概念の変遷および親権と監護権の分属

(1)　親権概念の変遷

　1898（明治31）年に施行された明治民法（1896（明治29）年法律第89号。以下「旧法」という。）では、親権について、「親権ヲ行フ父又ハ母ハ未成年ノ子ノ監護及ヒ教育ヲ為ス権利ヲ有シ義務ヲ負フ」（旧法第879条）と規定していた。同規定に対しては、封建的家族観から、親子間は権利義務の関係ではなく、子が親に服従する権力関係であるなどと主張して強硬に反対する意見が多くあったが、親の義務という文言は「国家に対する義務」であるという了解の下に、明文化されたとされる。ここでは、親が子を育てるのは、「子に対する義務と云はんよりはむしろ国家人類社会に対する義務と観念すべき」とされていた（穂積 1933：551）。

親権概念の変遷について概観すると、現行民法下（第820条）においても、当初は、親権は義務的および公的な性格を有するものと解されていた[17]。例えば、我妻栄は、「親権の内容は子の哺育・監護・教育という職分とされ」、「その内容は、子の福祉をはかることであって、親の利益をはかることではなく、またその適当な行使は子及び社会に対する義務」であると指摘している（我妻 1962：316）。

　その後、徐々に①「子どもの権利に対応する義務」、②「親権を完全に義務として解釈する」学説があらわれ、子どもの権利条約の批准と前後して、③「子の権利主体性に着目する」学説が出てくる。例えば、①のような理解に立つものとして、「子どもは『幸福追求権』をもっているが、その能力がまだ完全でないため自らその権利を行使実現できないので、法は親をその義務の第一次的な履行者としているのである。親権は子どもの権利実現の手段にほかならない」とする見解（中川 1964：443-444）、親権は「親が子に対する義務を履行するについて、他人から不必要に干渉されない法的地位と解されている」とする見解がある（有地 1990：164）。また、②のような理解に立つものとして、「親権は実質においても形式においても義務にほかならず……『権利』は権限の意味に解すべき」とする見解がある（米倉 1992：363-367）。③のような理解に立つものとして、「親権は、親の利益をはかるためにではなく、子の利益・福祉のためにのみ行使されなければならない……子を単なる保護の対象とするだけではなく、子を人権を享有し権利を行使する主体と位置づけることが要請される……親権者が身上監護権を行使する（身上監護の職分を果たす）に際しては、子の発達状況に応じて子の意思を尊重することがますます強く求められる」と指摘する見解がある（島津・松川 2001：205 ［梶村太市］）。

　以上のような学説の変遷を踏まえると、親権については、旧法以来「親の義務であることが一貫して説かれており、今日では、子の権利に対応した義務であること、子が監護教育の権利主体であることが説かれており、親権者の恣意的な親権の行使は許されない」（二宮 2003：198）ということができる。

⑵　親権と監護権の分属

　ここまで親権の内容と親権濫用に対する民法上の措置、親権概念の変遷につ

第Ⅳ部　現代の〈育て〉をめぐる政策と法

いてみてきたが、親権者による子の養育が不適切な場合、親権のうちの監護権のみを取り出して、親権者よりも子を適切に養育してくれる第三者に、監護権を分属させることは可能だろうか。

　旧法では、子の監護について「協議上ノ離婚ヲ為シタル者カ其協議ヲ以テ子ノ監護ヲ為スヘキ者ヲ定メサリシトキハ其監護ハ父ニ属ス」（旧法第812条）と規定し、協議離婚に際して、子の監護をなすべき者を定めることができる旨を規定していた。しかし、同規定の趣旨は、旧法下においては、子の親権者は婚姻中・離婚後を問わず原則として父であるとされていたために、子が乳幼児である場合など、子の年齢や親の適性を考慮して、子の母を監護者として認める方がよい場合に、その法的根拠を与えるというものであった。

　1947（昭和22）年の民法改正（1947（昭和22）年法律第222号）により、先の旧法における規定が男女平等の観点から再編され、離婚後の親権者については父母の協議によるとされたものの、同条は、明確な位置づけを与えられないまま、旧来の制度がそのまま踏襲された。同改正では「父母が協議上の離婚をするときは、子の監護をすべき者その他監護について必要な事項は、その協議でこれを定める。協議が調わないとき、又は協議をすることができないときは、家庭裁判所が、これを定める」（2011（平成23）年の民法改正前の第766条）とされた。この結果、離婚後の親権者について、とりわけ子の年齢が低い場合には、母が親権者となることが多くなり、そのような場合、親権者とは別に子の監護者を定める必要性が低下した。このため、改正後まもなくすると、同条の意義は、第三者を監護者に指定することにあるとの指摘がなされるようになった。例えば、「母または父が監護者となる場合を想定することは大して必要でなく、むしろ監護者は父母以外の者に限ってよいのではないか」といった見解や（我妻・立石 1952：131 ［立石芳枝］）、第766条の監護者は「第三者だけを指すのではないか」といった見解である（岡 1955：7）。現行民法では、子の監護について「父母が協議上の離婚をするときは、子の監護をすべき者……その他の子の監護について必要な事項は、その協議で定める。この場合においては、子の利益を最も優先して考慮しなければならない」（第766条）と規定し、「子の利益」の至高性が謳われているものの、監護権の意義・法的性質等については未だ不明瞭な点が多い。

親権概念の変遷について概観すると、現行民法下（第820条）においても、当初は、親権は義務的および公的な性格を有するものと解されていた[17]。例えば、我妻栄は、「親権の内容は子の哺育・監護・教育という職分とされ」、「その内容は、子の福祉をはかることであって、親の利益をはかることではなく、またその適当な行使は子及び社会に対する義務」であると指摘している（我妻 1962：316）。

その後、徐々に①「子どもの権利に対応する義務」、②「親権を完全に義務として解釈する」学説があらわれ、子どもの権利条約の批准と前後して、③「子の権利主体性に着目する」学説が出てくる。例えば、①のような理解に立つものとして、「子どもは『幸福追求権』をもっているが、その能力がまだ完全でないため自らその権利を行使実現できないので、法は親をその義務の第一次的な履行者としているのである。親権は子どもの権利実現の手段にほかならない」とする見解（中川 1964：443-444）、親権は「親が子に対する義務を履行するについて、他人から不必要に干渉されない法的地位と解されている」とする見解がある（有地 1990：164）。また、②のような理解に立つものとして、「親権は実質においても形式においても義務にほかならず……『権利』は権限の意味に解すべき」とする見解がある（米倉 1992：363-367）。③のような理解に立つものとして、「親権は、親の利益をはかるためにではなく、子の利益・福祉のためにのみ行使されなければならない……子を単なる保護の対象とするだけではなく、子を人権を享有し権利を行使する主体と位置づけることが要請される……親権者が身上監護権を行使する（身上監護の職分を果たす）に際しては、子の発達状況に応じて子の意思を尊重することがますます強く求められる」と指摘する見解がある（島津・松川 2001：205 ［梶村太市］）。

以上のような学説の変遷を踏まえると、親権については、旧法以来「親の義務であることが一貫して説かれており、今日では、子の権利に対応した義務であること、子が監護教育の権利主体であることが説かれており、親権者の恣意的な親権の行使は許されない」（二宮 2003：198）ということができる。

(2)　親権と監護権の分属

ここまで親権の内容と親権濫用に対する民法上の措置、親権概念の変遷につ

第Ⅳ部　現代の〈育て〉をめぐる政策と法

いてみてきたが、親権者による子の養育が不適切な場合、親権のうちの監護権のみを取り出して、親権者よりも子を適切に養育してくれる第三者に、監護権を分属させることは可能だろうか。

　旧法では、子の監護について「協議上ノ離婚ヲ為シタル者カ其協議ヲ以テ子ノ監護ヲ為スヘキ者ヲ定メサリシトキハ其監護ハ父ニ属ス」（旧法第812条）と規定し、協議離婚に際して、子の監護をなすべき者を定めることができる旨を規定していた。しかし、同規定の趣旨は、旧法下においては、子の親権者は婚姻中・離婚後を問わず原則として父であるとされていたために、子が乳幼児である場合など、子の年齢や親の適性を考慮して、子の母を監護者として認める方がよい場合に、その法的根拠を与えるというものであった。

　1947（昭和22）年の民法改正（1947（昭和22）年法律第222号）により、先の旧法における規定が男女平等の観点から再編され、離婚後の親権者については父母の協議によるとされたものの、同条は、明確な位置づけを与えられないまま、旧来の制度がそのまま踏襲された。同改正では「父母が協議上の離婚をするときは、子の監護をすべき者その他監護について必要な事項は、その協議でこれを定める。協議が調わないとき、又は協議をすることができないときは、家庭裁判所が、これを定める」（2011（平成23）年の民法改正前の第766条）とされた。この結果、離婚後の親権者について、とりわけ子の年齢が低い場合には、母が親権者となることが多くなり、そのような場合、親権者とは別に子の監護者を定める必要性が低下した。このため、改正後まもなくすると、同条の意義は、第三者を監護者に指定することにあるとの指摘がなされるようになった。例えば、「母または父が監護者となる場合を想定することは大して必要でなく、むしろ監護者は父母以外の者に限ってよいのではないか」といった見解や（我妻・立石 1952：131［立石芳枝］）、第766条の監護者は「第三者だけを指すのではないか」といった見解である（岡 1955：7）。現行民法では、子の監護について「父母が協議上の離婚をするときは、子の監護をすべき者……その他の子の監護について必要な事項は、その協議で定める。この場合においては、子の利益を最も優先して考慮しなければならない」（第766条）と規定し、「子の利益」の至高性が謳われているものの、監護権の意義・法的性質等については未だ不明瞭な点が多い。

第12章　家族法における子の監護

　子の監護者指定については、先にみた協議離婚（第766条）の場面以外にも、裁判上の離婚（第771条）、婚姻の取消（第749条）、父の認知（第788条）に規定がある。親権の内容を未成年の子の身上監護と財産管理と解し、監護権を子の身体上の監護保護をする権利と捉えると、親権と監護権は、身上監護の領域で重複することとなる。現行民法は、離婚後単独親権制度を採用しているところ、単独親権と監護権の分属は、次のような場合に意義を有するとされる。①親権者を定めても、その者が常に子の身上監護者として適任であるとは限らないから、子の保護を図るために、親権者とは別に監護者を定めるのが適当な場合、②子の身上監護者としては適当であるが、子の財産を管理するなどの親権全般を行うには不適当である場合に、その者を監護者とし、他方を親権者と定めるのが適当な場合、③離婚に際して、子の親権者について争いがあったときに、夫婦の双方を満足させるために、一方を親権者に他方を監護者に指定するのが相当な場合、④父母が子を監護することができないか、監護するのが不適当なときに、第三者を監護者とするのが相当である場合など、子の福祉や利益を確保するために親権者とは別に監護者を定める必要性がある場合[21]。

　しかし、上記のような見解については、次のような指摘がある。まず、①・②については、子の身上監護権を現実に行使する際には、それに係る費用負担の問題があり、財産管理権と切り離して判断するのは困難であることから、身上監護権と財産管理権の双方を合理的に担える親を親権者として定めるのが原則であり、監護者を別に定めるのは、特別な必要がある場合に限られるべきである。また、③についても、身上監護権と財産管理権は相互に関連しているために分離することは好ましくなく、父母の親権争いを調整するために親権と監護権の分属を認めることは子どもの利益に反するおそれがある。したがって、親権者と監護者を別に定める意義は、上記④の場合であるとされる[22]。前記指摘のとおり、父母とは異なる第三者を監護者に指定することが子の福祉にとって望ましいと判断される場合には、第766条に基づき、第三者に監護権を分属させることは可能であろう。

245

第Ⅳ部　現代の〈育て〉をめぐる政策と法

4　第三者への監護者指定

先述のように、現行民法においては、第三者を監護者に指定することができると解されているが、その法的根拠としては、一般に、協議離婚に関する第766条、裁判上の離婚に関する第771条、婚姻の取消しに関する第749条、父の認知に関する第788条があげられる。第三者を監護者に指定する可能性があるとした場合に、裁判例・学説において問題とされてきたのが、父母以外の第三者による申立ては可能なのか（申立権者の範囲）、親権者の意に反する第三者への監護者指定は可能なのか、という点である。以下では、第766条に基づく第三者への監護者指定に関する裁判例・学説を概観する。

⑴　裁判例
1 ）第三者への監護者指定を肯定した裁判例
a）福岡高決2002（平成14）・ 9 ・13家月55巻 2 号163頁

両親の度重なる暴力を伴った争い、父からの子に対する暴力行為・性的虐待の疑いがあり、祖母が自己を子の監護者に指定することを求めた事案である。

裁判所は、子が一時保護先である児童相談所から逃走、祖母のもとにかくまわれている状況において、子の早急な生活の安定を図るためには、当該子が望んでいる祖母による監護につき法的根拠を付与する必要があるとして、第三者（祖母）の申立てを認容した。

b）金沢家七尾支審2005（平成17）・ 3 ・11家月57巻 9 号47頁

父母が子に対して著しい虐待を繰り返しており、母方の祖母が自己を子の監護者に指定することを求めた事案である。

裁判所は、「父母が子の監護権に関する合意を適切に成立させることができず子の福祉に著しく反する結果をもたらしている場合には、家庭裁判所の権限につき第766条を、請求権（申立権）者の範囲につき第834条をそれぞれ類推適用し、子の親族は子の監護に関する処分事件の申立権を有し、同申立てに基づいて、家庭裁判所は家事審判法第 9 条第 1 項乙類 4 号により子の監護者を定めることができる」として、第三者（祖母）の申立てを認容した。

246

第12章　家族法における子の監護

2）第三者への監護者指定を否定した裁判例

a）東京高決1977（昭和52）・12・9家月30巻8号42頁

　子らの実父の再婚後（子らの実母は死亡）、子らの事実上の監護者である祖父母（亡実母の養親）が、子らの実父を相手方として、監護者指定の申立てをした事案である。

　裁判所は、家庭裁判所が親権者の意思に反して子の親でない第三者を監護者と定めることは、親権者が親権をその本来の趣旨に沿って行使するのに著しく欠けるところがあり、親権者にそのまま親権を行使させると子の福祉を不当に阻害することになると認められるような特段の事情がある場合に限って許されるとして、第三者（祖父母）の申立てを却下した。

b）最決2021（令和3）・3・29民集75巻3号952頁

　子の母の再婚後、子の事実上の監護者である祖母が、子の母とその再婚相手である父（子の養父）を相手方として、自らを子の監護者とする監護者の指定を求めた事案である。

　裁判所は、第766条を文言通り解釈し、父母以外の第三者は、事実上子の監護をしてきた者であっても、家庭裁判所に対して子の監護者指定を申し立てることはできないとして、第三者（祖母）の申立権を否定した。

⑵　学　説

1）第三者への監護者指定を肯定する学説

　第三者への監護者指定を肯定する学説としては、①子の監護を第三者に委託・指定することも許されるとする説[23]、②祖父母や里親など事実上の監護者も第766条での申立権を有するとする説等がある[24]。これらの説は、事実上の監護者についても、同条にいう「父母」の協議に代わる処分として、家庭裁判所に対して、育ての親としての最適任者を選任したり、監護費用分担額を定めたり、面会交流義務を形成したり、子の引渡義務を形成したりする権限を付与した趣旨であると解されている[25]。その他、③子の福祉の観点から、第三者の監護者指定が必要な場合に第766条と第834条（または第834条2項）をそれぞれ類推適用するとする説がある[26]。

　監護者指定の申立権者の範囲や、第三者（事実上の監護者）が協議に関与でき

247

第Ⅳ部 現代の〈育て〉をめぐる政策と法

る場面の範囲については学説により異なる。しかし、③の説にあるように、少なくとも児童虐待等、監護状態が不適切な親権濫用型の事案においては、第三者による監護者指定は認められるといえよう。

なお、第三者への監護者指定が認められる場合、第三者による監護の期間・方法・程度、監護者の報酬（第862条が定める未成年後見人の報酬を除く）等について、さらなる検討が求められる。

2）第三者への監護者指定を否定する学説

第766条の申立権者は、協議の当事者である父母であり、親権者・監護者から監護を委託され、または養子縁組を前提として子を預かり事実上の監護をしている第三者には申立権は存在しないとする説である。この説は、申立権者を事実上の監護者にまで広く認めることは、同条の文言や立法趣旨からみて解釈論の限界を超えるものであり、親権者や監護者の権限に対する第三者からの不当な干渉ともなりかねないと指摘する。

5 社会的養護における子の親権と監護権等——里親委託を中心に

(1) 里子の親権および監護権

これまで民法における子の親権・監護についてみてきたが、ここでは本章のはじめに触れた社会的養護における子の親権と監護権等について、近年とりわけ利用の促進が求められている里親委託を中心にみていく。

里親とは、児童福祉法第6条の4に規定される養育里親・養子縁組里親・親族里親をいう。里親と里子の関係は、児童福祉法に基づく行政委託措置により成立するものであり、里親は、児童福祉法上、里子と産みの親との「親子関係再構築支援」に携わるものとして位置づけられている。このため、里親の監護権は、職務上の権限として認められるものである。児童福祉法第47条では、里子の監護および教育に関し、その児童の福祉のため必要な措置をとることができ（同条第3項）、当該児童の親権を行う者または未成年後見人は、里親がとる必要な措置を不当に妨げてはならず（同条第4項）、さらに、里親がとる措置は、児童の生命または身体の安全を確保するため緊急の必要があると認めるときは、その親権を行う者または未成年後見人の意に反しても、これをとることができ

るとする（同条第5項）。

このように、親権者は、処分の効力の及ぶ範囲で親権の行政法的制限を受けるが、里親自身には、個人としての監護権・親権代行権が認められているわけではない。親権は、あくまでも、父母と子の身分関係に基づいて認められる民法上の権利義務だからである。

(2) 里親委託の解除と監護者指定

先にみたように、里親は行政委託措置の結果、子（里子）の育ての親になるものであり、委託の解除により、突然に親子（里親と里子）の関係を終了させられることがある。里親委託が長期間にわたり、里親と里子の関係が親密になればなるほど、親子関係の解消は当事者に与える影響が大きいと考えられることから、委託の解除には慎重な判断と支援・対応が求められる。以下では、里親委託の解除と監護者指定に関する裁判例を概観する。

1) 里親委託の解除に関する裁判例

東京地判2019（令元）・11・7判タ1487号196頁は、里親委託措置を解除された里親が、里親委託措置解除処分および委託解除はいずれも違法であるとして、これらの取消し等を求めた事案である。

裁判所は、児童福祉法に基づく里親委託措置がされた児童を受託した里親は、当該里親委託措置を解除する旨の処分の取消しを求める法律上の利益を有しないとして訴えを却下した。

2) 里親委託の解除と監護者指定に関する裁判例

山形家審2000（平成12）・3・10家月54巻5号139頁（①）、仙台高決2000（平成12）・6・22家月54巻5号125頁（②）は、里子の親権者である実母が、約3年7か月にわたり子を事実上養育してきた里親に対して子の引渡しを求め、これに対して、里親が子の監護者指定を求めたもので、里親は里子との養子縁組を希望し、里親と里子との間に心理的な親子関係の形成が認められている事案である（①は②の原審）。

①の山形家裁は、「一時保護による行政処分としての監護と、民法上の監護権の所在とは、別の次元の問題であるから、申立人を監護者として指定するか否かの判断は、児童相談所による一時保護処分と抵触するものではない」とし

249

第Ⅳ部　現代の〈育て〉をめぐる政策と法

て、第766条を類推適用し、里親に監護者指定の申立権を認めたうえで、里親を監護者として指定した。

　これに対して、②の仙台高裁は、家庭裁判所に対して子の監護者指定の審判の申立てをすることができるのは、子の父と母であり、第三者には申立権はないなどとして、子の監護者の指定申立てを却下した。

　３）里親委託解除後の監護者指定の意義

　里親委託の解除は、知事等（児童相談所長）の決定事項であり、委託措置解除自体を里親が争うことは認められない。

　また、里親委託措置の解除、子（里子）の引渡し、子の監護者指定に際しては、里親・里子の意思よりも産みの親の親権・監護権、家庭復帰が優先される。

　児童福祉法上、里親は「里親に委託された児童及びその保護者に対して、市町村、児童相談所……その他の関係機関との緊密な連携を図りつつ、親子の再統合のための支援その他の当該児童が家庭（家庭における養育環境と同様の養育環境及び良好な家庭的環境を含む。）で養育されるために必要な措置を採らなければならない」（第48条の３）とされる。同規定に照らすと、里親の里子に対する権利義務が里子の保護者（実父母）に劣後することは致し方がないともいえる。ただし、里親には里子が「家庭における養育環境と同様の養育環境及び良好な家庭的環境」で養育されるために必要な措置を採ることを求められていることを考えると、里親にも監護者指定の審判の申立権を認めるべきであるといえる。

　また、すでにみたように、児童福祉法上、児童は、適切な養育を受け、健やかな成長・発達や自立等を保障されること等の権利を有することが明らかであり、国および地方公共団体は、保護者を支援するとともに、家庭と同様の環境における児童の養育を推進することが求められている。里親支援に関する条項（児童福祉法第11条１項ニ（ト）、同条第４項）が存在するものの、委託解除に起因する諸問題、例えば、里親委託に関する監護者指定・委託解除後の里子・里親の心理的支援や面会交流の可否等については検討を要するものと思われる。

6　子のための親権および監護権の在り方について

　以上、本章では、親権の内容、親権概念の変遷、親権と監護権の分属について整理したあと、子の監護権を第三者に付与することの意義とその可否、および根拠等について確認し、最後に、社会的養護における子の親権と監護権の在り方等について、里親委託の場面をとりあげた。

　現行民法の解釈において、親権・監護権における子の権利主体性に着目するという点については、異論をはさむ余地はないといえよう。また、現行の児童福祉法においても、子どもの権利条約の理念を踏まえた権利主体性が明文化され、「児童の年齢及び発達の程度に応じて、その意見が尊重され、その最善の利益が優先して考慮され」ることが求められている（第2条第1項）。

　この点と関連して、家事事件においては、子の発達状況に応じた子の意思を尊重するために「子の最善の利益の代弁者」が必要であることが学説や実務の場で広く認識され、家事事件手続法では「子どもの手続代理人制度」が2013（平成25）年から導入されている。また、2022（令和4）年の児童福祉法改正（2022（令和4）年法律第66号）では、子どもの意見聴取に関する規定が新設され（第33条の3の3）、2024（令和6）年4月1日より施行されている。これにより、都道府県知事または児童相談所長は、以下の①〜④の場合（一時保護、在宅指導、施設入所、里親委託の決定・停止・解除・変更・更新時等）においては、「児童の最善の利益を考慮するとともに、児童の意見又は意向を勘案して措置を行うために、あらかじめ、年齢、発達の状況その他の当該児童の事情に応じ意見聴取その他の措置（以下この条において「意見聴取等措置」という。）をとらなければならない」とされる。①第26条第1項第2号の措置を採る場合または当該措置を解除し、停止し、もしくは他の措置に変更する場合、②第27条第1項第2号もしくは第3号もしくは第2項の措置を採る場合またはこれらの措置を解除し、停止し、もしくは他の措置に変更する場合、③第28条第2項ただし書の規定に基づき第27条第1項第3号の措置の期間を更新する場合、④第33条第1項または第2項の規定による一時保護を行う場合またはこれを解除する場合。ただし、児童の生命または心身の安全を確保するため緊急を要する場合で、あらかじめ意見聴

第Ⅳ部　現代の〈育て〉をめぐる政策と法

取等措置をとるいとまがないときは、①〜④の「措置を行つた後速やかに意見聴取等措置をとらなければならない」とされる。

　近時では、広く子の権利擁護の観点から子どものアドボケイト制度に関する議論が展開され、前記の子どもの意見聴取についても、①〜④の措置の場合だけでなく、子が進学・自立するとき、一時保護所、里親宅、施設において生活しているとき、保護者と面会交流をするときなど、あらゆる機会をとらえてなされなければならないとの指摘もなされている。

　上述のような法制度の変遷、社会の動向を踏まえても、民法（家族法）における「子」と「子の育ちに重要な役割を果たす第三者」の法的地位の保障は避けて通ることのできない課題である。子の父母に適切な親権行使が期待できず、父母とは異なる第三者を監護者に指定することが子の福祉にとって望ましいと判断される場合には、第766条に基づき、第三者を監護者とすべきである。その際、子の意見の尊重と最善の利益が確保されなければならないことは当然である。先にみたように、祖父母や里親など事実上の監護者は第766条の申立権を有すると考えるべきであろう。

　さらに進んで、父母以外の事実上の監護者が第766条にいう「父母」の協議に代わる処分として、家庭裁判所に対して、育ての親としての最適任者を選任したり、監護費用分担額を定めたり、面会交流義務を形成したり、子の引渡義務を形成したりする権限を有するかについては、各権利義務の法的性質等の観点から慎重に検討する必要がある。また、社会的養護の場においても、「適切な養育を受ける児童の権利」、「児童の最善の利益の優先の原則」を実現すべく、子の福祉・最善の利益を保障するための親権と監護権の分属の在り方について検討されるべきものと考える。

　なお、本章脱稿（2022（令和4）年12月28日）後、2024（令和6）年5月17日に「民法の一部等を改正する法律」（2024（令和6）年法律第33号）が成立した（同月24日公布）。改正法は、一部の規定を除き、公布の日から起算して2年を超えない範囲内において政令で定める日に施行される予定である。校正時において未施行のため、本章は最小限の修正を加えるにとどめた。

　改正法では、民法上の親権・監護権等に関する大幅な改正（離婚後共同親権制度の導入、親権行使の方法・監護者の権利義務の明確化、子と父母以外の親族との交流

等）が実現したが、社会的養護下にある子どもおよびその他の当事者（実親・里親等）に係る法的課題が山積していることは変わらず、今後も研究を進めていく予定である。

注
⑴　新たな社会的養育の在り方に関する検討会「新しい社会的養育ビジョン」（2017（平成29）年8月2日）1頁。「社会的養護」および「代替養育」の定義については、同8頁。
⑵　児童福祉法第11条第1項ニ（ト）に規定される里親への支援は下記のとおりである。
　（1）　里親に関する普及啓発を行うこと。
　（2）　里親につき、その相談に応じ、必要な情報の提供、助言、研修その他の援助を行うこと。
　（3）　里親と第27条第1項第3号の規定により入所の措置が採られて乳児院、児童養護施設、児童心理治療施設又は児童自立支援施設に入所している児童及び里親相互の交流の場を提供すること。
　（4）　第27条第1項第3号の規定による里親への委託に資するよう、里親の選定及び里親と児童との間の調整を行うこと。
　（5）　第27条第1項第3号の規定により里親に委託しようとする児童及びその保護者並びに里親の意見を聴いて、当該児童の養育の内容その他の厚生労働省令で定める事項について当該児童の養育に関する計画を作成すること。
⑶　詳細は、新たな社会的養育の在り方に関する検討会・前掲注（1）。
⑷　養育ビジョンでは、里親委託率（代替養育を受けている子どものうち里親委託されている子どもの割合）について、3歳未満については概ね5年以内に、それ以外の就学前の子どもについては概ね7年以内に里親委託率75％以上を実現し、学童期以降は概ね10年以内を目途に里親委託率50％以上を実現することが目標として掲げられた。また、特別養子縁組については、概ね5年以内に、現状の約2倍である年間1000人以上の特別養子縁組成立を目指し、その後の増加を目指すとされた。新たな社会的養育の在り方に関する検討会・前掲注（1）3-4頁。
⑸　床谷文雄、2021、「社会的養護（施設・里親）と親権・監護権」二宮周平編集代表『現代家族法講座　第3巻　親子』日本評論社、310-311頁。里親制度の詳細については、同309-318頁。
⑹　懲戒権に関する2022（令和4）年の民法改正の経緯および法制審議会民法（親子法制）部会「民法（親子法制）等の改正に関する要綱案」（2022（令和4）年2月1日）の詳細は、久保野恵美子、2022、「児童虐待への民事法的対応——親権法改正について」『法律時報』94巻11号、23-30頁参照。
⑺　久保野・前掲注（6）25-26頁。
⑻　文言上は、「養親と養子の離縁後にその法定代理人となるべき者」である。
⑼　面会交流の権利性と面会交流原則的実施論への批判という観点から学説および判例を整理したものとして、二宮周平編、2017、『新注釈民法（17）親族（1）』有斐閣、360-364頁［棚村政行］参照。

第Ⅳ部　現代の〈育て〉をめぐる政策と法

　　なお、「母子家庭等就業・自立支援事業の実施について」（2023（令和5）年7月4日
　　こ支家第151号）において「面会交流支援事業」が「親子交流支援事業」に名称変更され
　　たことを受け、2023（令和5）年7月以降、「面会交流」に代わり「親子交流」という用
　　語が用いられるようになった。

⑽　飛澤知行編著、2011、『一問一答　平成23年民法等改正──児童虐待防止に向けた親権
　　制度の見直し』商事法務、10頁。

⑾　梶村太市、2020、『裁判例からみた面会交流調停・審判の実務〔第2版〕』日本加除出版、
　　3頁。

⑿　二宮周平、2019、『家族法〔第5版〕』新世社、128-129頁。松川正毅・窪田充見編、
　　2019、『新基本法コンメンタール　親族〔第2版〕』日本評論社、83頁〔許末恵〕。

⒀　法改正の概要および国会における主な論議を紹介するものとして、植木祐子、2011、「児
　　童虐待防止のための親権制度の見直し〜民法等の一部を改正する法律案〜」『立法と調査』
　　No.320、3-11頁。同法改正前の論考ではあるが、児童虐待などの濫用的な親権行使をど
　　のように制限するかという観点から、親権制限を中心に法的対応を考察したものとして、
　　水野紀子、2010、「児童虐待への法的対応と親権制限のあり方」『季刊社会保障研究』第
　　45巻第4号、361-372頁。

⒁　児童福祉法上の措置の詳細については、磯谷文明、2021、「児童虐待と親権の制限」二
　　宮周平編集代表『現代家族法講座　第3巻　親子』日本評論社、263-301頁。

⒂　巌松堂書店編、1933、『法典調査会議事速記録』（巌松堂書店）第151回49丁〔穂積八束〕。

⒃　中川　1964：431-433。

⒄　以下、親権概念の変遷の詳細については、二宮　2003：196-198参照。

⒅　例外として、同条では、「父カ離婚ニ因リテ婚家ヲ去リタル場合ニ於テハ子ノ監護ハ母
　　ニ属ス」とされていた。

⒆　田中通裕、1993、『親権法の歴史と課題』信山社、252頁参照。

⒇　この点と関連して、2022（令和4）年の民法改正により新設された第821条は、監護教
　　育権の行使の一般的指針を示す条文として、第820条とともに監護教育権の総則規定と位
　　置付けることができるとの指摘がなされている。久保野・前掲注（6）27頁。

㉑　秋武憲一監修／高橋信幸・藤川朋子、2015、『子の親権・監護の実務』青林書院、97頁〔高
　　橋信幸〕。

㉒　平田厚、2019、『子の親権・監護・面会交流の法律相談　最新法律相談［25］』青林書院、
　　78-79頁。

㉓　沼辺愛一、1973、「親権者・監護者の指定・変更と子を事実上監護する第三者に対する
　　子の引渡命令」東京家庭裁判所身分法研究会編『家事事件の研究（2）』有斐閣、98頁。

㉔　梶村太市、1997、「子の引渡請求の裁判管轄と執行方法」『司法研修所』創立50周年記
　　念特集号第2巻、312頁以下。

㉕　二宮・前掲注（9）337頁〔棚村〕。

㉖　田中通裕、2002、「判批」『判例タイムズ』1099号、86-87頁。

㉗　島津一郎編、1966、『注釈民法（21）親族（2）離婚』有斐閣、157頁〔神谷笑子〕。

㉘　社会的養護下にある子に対する親権・監護権等の詳細については、床谷・前掲注（5）
　　303-334頁。

第12章　家族法における子の監護

⑵　2022（令和4）年の「児童福祉法等の一部を改正する法律」（2022（令和4）年法律第66号）では、第7条に里親支援センターが児童福祉施設として明記された。同センターは、里親の普及啓発、里親の相談に応じた必要な援助、入所児童と里親相互の交流の場の提供、里親の選定・調整、委託児童等の養育の計画作成といった里親支援事業や、里親や委託児童等に対する相談支援等を行うものとされている。

　　従来の里親支援については、久保健二、2022、『3訂　児童相談所における子ども虐待事案への法的対応　常勤弁護士の視点から』日本加除出版、300頁。

⑶　久保・前掲注（29）288頁。

引用・参考文献

有地亨、1990、『家族法概論』法律文化社。

岡岩雄、1955、「親子法をめぐる疑問」家月7巻2号、1-23頁。

島津一郎・松川正毅編、2001、『基本法コンメンタール親族〔第4版〕』日本評論社。

中川良延、1964、「親権と子どもの教育を受ける権利」『北大法学論集』14巻（3＝4号）、428-448頁。

二宮周平、2003、「子の監護者指定（民法766条）の積極的活用」『立命館法学』2003年1号（287号）、192-236頁。

穂積重遠、1933、『親族法』岩波書店。

米倉明、1992、「親権概念の転換の必要性」星野英一・森島昭夫編『加藤一郎先生古稀記念　現代社会と民法学の動向　下』有斐閣。

我妻栄、1962、『親族法』有斐閣。

我妻栄・立石芳枝、1952、『法律学大系　コンメンタール篇四　親族法・相続法』日本評論社。

㉙　2022（令和 4 ）年の「児童福祉法等の一部を改正する法律」（2022（令和 4 ）年法律第
　　66号）では、第 7 条に里親支援センターが児童福祉施設として明記された。同センターは、
　　里親の普及啓発、里親の相談に応じた必要な援助、入所児童と里親相互の交流の場の提供、
　　里親の選定・調整、委託児童等の養育の計画作成といった里親支援事業や、里親や委託
　　児童等に対する相談支援等を行うものとされている。
　　　従来の里親支援については、久保健二、2022、『 3 訂　児童相談所における子ども虐待
　　事案への法的対応　常勤弁護士の視点から』日本加除出版、300頁。
㉚　久保・前掲注（29）288頁。

引用・参考文献

有地亨、1990、『家族法概論』法律文化社。
岡岩雄、1955、「親子法をめぐる疑問」家月 7 巻 2 号、 1 -23頁。
島津一郎・松川正毅編、2001、『基本法コンメンタール親族〔第 4 版〕』日本評論社。
中川良延、1964、「親権と子どもの教育を受ける権利」『北大法学論集』14巻（ 3 = 4 号）、428
　　-448頁。
二宮周平、2003、「子の監護者指定（民法766条）の積極的活用」『立命館法学』2003年 1 号（287
　　号）、192-236頁。
穂積重遠、1933、『親族法』岩波書店。
米倉明、1992、「親権概念の転換の必要性」星野英一・森島昭夫編『加藤一郎先生古稀記念
　　現代社会と民法学の動向　下』有斐閣。
我妻栄、1962、『親族法』有斐閣。
我妻栄・立石芳枝、1952、『法律学大系　コンメンタール篇四　親族法・相続法』日本評論社。

終　章

宇野　文重

　だれが〈親〉であるのか、ということは自明のことではない。このことは、生殖補助医療の進展によって第三者からの精子提供・卵子提供による妊娠・出産、さらには代理出産が医学的には可能になった現代においては広く認識されており、また本書のメインテーマの一つでもある危機的妊娠や予期しない妊娠によって生まれた子の〈産み〉と〈育て〉をめぐる現状や課題からも、〈産みの親〉が必ずしも〈育ての親〉となるわけではないということが浮き彫りになっている。本書で示した通り、これは現代に突如としてあらわれた論点ではなく、〈産み〉／〈育て〉の場面で、〈親〉という存在は一様ではなく多元的・多層的であり、長い歴史の中で、また様々な地域や国において見出せる、比較家族史研究の大きなテーマの一つである。

　比較家族史学会では、これまでも〈親〉に焦点を当てた優れた研究成果が発表されてきた。学会監修の文献として、大竹秀夫・竹田旦・長谷川善計編、1988、『擬制された親子』（三省堂）をはじめ、「父」に焦点を当てた黒柳晴夫・山本正和・若尾祐司編、1998、『父親と家族　父性を問う』（早稲田大学出版会）、孝本貢・丸山茂・山内健治編、2003、『父——家族概念の再検討に向けて』（早稲田大学出版会）が刊行されている。ここ15年の間でも、2009年度『比較家族史研究』第24号「特集　歴史の中の「少子化」」、2014年度『比較家族史研究』第29号「特集　親——その複数性と多元性」で〈親〉や〈産み〉について論じられている。こうした学会の歴史と成果も踏まえた上で、本書は『〈産みの親〉と〈育ての親〉』と題し、〈産み〉／〈育て〉の場面において、また〈産み〉から〈育て〉へ続くプロセスの中で、〈産みの親〉と〈育ての親〉がどのように捉えられてきたのかを比較家族史の観点から論じている。

　本書の企画は、2022年6月に明治大学にてオンライン開催された比較家族史

学会第70回春季研究大会のシンポジウム「〈産みの親〉と〈育ての親〉の比較家族史」の報告をベースにしている。この前提には、2021年10月に尚絅大学でオンライン開催された比較家族史学会第69回秋季研究大会ミニシンポジウム「〈産みの親〉と〈育ての親〉の比較家族史①──妊娠・出産と出自をめぐる日独比較」での成果がある。こちらは、2022年度『比較家族史研究』第37号で「特集 〈産みの親〉と〈育ての親〉の比較家族史──妊娠・出産と出自をめぐる日独比較」として公表されたが、サブタイトルにある通り、匿名での子の預け入れや匿名（内密）出産における「出自」を知る権利をめぐる議論にフォーカスしたものである。またこの大会では、学会創設40周年記念講演として医療法人聖粒会慈恵病院・理事長兼院長の蓮田健先生にご講演いただき、同誌に講演記録も掲載されている。ぜひ本書とあわせてご参照いただきたい。

　こうした経緯を経て、2022年の春季研究大会では「〈産みの親〉と〈育ての親〉の比較家族史」のテーマを継承しつつ、時間的・空間的にもより視野を広げたシンポジウムを開催した。そのため、シンポジウム登壇者の念頭には多かれ少なかれ「危機的妊娠・予期しない妊娠をした女性とその出産をめぐる課題は何か、そしてこの世に生を受けた子どもたちの〈育て〉がどのようになされてきたのか」という問いがあったといえる。特に、序章でも詳しく触れられたように、ドイツのベビークラッペと内密出産、イタリアのルォータ、韓国のベビーボックスと保護出産、フランスの回転箱についての分析と検証は、慈恵病院が設置する「こうのとりのゆりかご」との類似性と相違点とを浮き彫りにし、この制度の意義や葛藤、課題について比較・検討を可能とした。

　さらに、本書の特徴を3点挙げておきたい。第一に豊富な事例研究である。本学会の特徴でもあるが、個別具体的な事例を豊かな史料・資料（文字・文献資料、インタビュー、フィールド調査、判例・審判、行政文書、議事録等）をもとに精緻に分析している。第二に、「行為体（エージェンシー）」（第1章）の多様性とその変化という視点である。例えば、〈産みの親〉から子を分離し〈育ての親〉へと橋渡しする存在が、ルォータ・回転箱から「受理窓口」・「受け入れ事務室」へと変化したり、産婆が担った役割を児童相談所が引き継いだり、親子分離の政策を〈産みの親＝育ての親〉へと転換させた韓国のシステムなど、〈親〉〈子〉に関わる行為主体をそれぞれの社会ごとに具体的に描いているのも本書の魅力

終　章

である。

　第三にコミュニティ（共同体）との関係である。婚外子や妊娠・堕胎に対するコミュニティの厳しい「まなざし」や倫理観（第4、7、8章、補論1、補論2）、産婆による養子斡旋が近隣の「公然の秘密」となり（第1章）、婚外子の行方が近隣住民から「闇」としてお上に告発され（第2章）、韓国社会で長らく続いた捨て子の慣習に批判が起こる（第3章）ことなど、コミュニティからの疎外・排除／暗黙の受容という側面が描かれる。一方、アフリカでは〈親〉や「きょうだい」の多元性がコミュニティの基盤や規範を創出し（第9章）、養子縁組、「家庭的環境」による社会的養護、監護者としての祖父母が、〈産みの親〉から分離された子どもを受容して〈育ての親〉となることを可能とするコミュニティのあり方も問われる（第1、8、10、11、12章）。また近代国家による出産奨励と出産前の育児学（第5章）、「良き國民」としての赤ちゃん像の形成（第6章）からは、国家共同体というコミュニティによる〈親〉と〈子〉ないし〈家族〉への介入が読み取れる。このように、〈親〉と〈子〉／〈家族〉という最も親密で個人的な関係とコミュニティとの関わりを、あらためて問う視点を有している。

　最後に2024年4月に施行された「困難な問題を抱える女性への支援に関する法律（女性支援法）」について触れたい。危機的妊娠や予期しない妊娠の背景には、女性の貧困、性差別、性的不同意、虐待などが存在するといわれる[2]。本法の施行によって、従来の婦人保護事業が大きく刷新され、地方自治体と民間団体による連携の強化、当事者に対する「伴走」型支援の方針が示された。われわれのコミュニティが連携し実のある変化を遂げることができるか、今、歴史からも問われているのではないだろうか。

注
(1)　2020（令和2）年12月4日「生殖補助医療の提供等及びこれにより出生した子の親子関係に関する民法特例法」が制定された（公布は同年12月11日）。概要については法務省公式ホームページ https://www.moj.go.jp/MINJI/minji07_00172.html 参照（2024年10月28日最終閲覧）。
(2)　戒能民江・堀千鶴子、2024、『困難を抱える女性を支えるQ&A』解放出版社、同、2020、『婦人保護事業から女性支援法へ——困難に直面する女性を支える』信山社。

索　引

あ　行

『会津歌農書』　148

赤ちゃんポスト　6, 10, 78

新しい社会的養育ビジョン　214, 221, 223-226, 230, 232, 238

アヌンツィアータ捨子養育院　41

新たな子ども家庭福祉のあり方に関する専門家委員会報告　213

新たな社会的養育の在り方に関する検討会　221, 224, 229, 230, 232-234

アルバー（Alber, Erdmute）　192

家　155

育児学　111

異姓不養　182

イタリア　40

イタリア王国統一民法典（1865年）　42

イタリア刑事訴訟法（1865年）　46

イタリア王国統一刑法典（1889年）　43

乳母慣習　114

嬰児殺し（子返し、間引き）　145

education　95, 96

演繹型思考　233, 234

オヤコ関係　32-34

親子再統合　217

か　行

カースティン（Janet, Carsten）　191

回転式捨子受入れ装置（イタリア、ruota）　41

回転箱（フランス、tour）　108

核家族化　153

家　政　85, 86, 89

家政書　89, 92

家政論　85, 86, 88-90

家族機能の分節化アプローチ　225

家族主義　218

家庭環境と同様の養育環境　229

家庭における養育環境と同様の養育環境　226, 228-232

家庭養育優先の原則　213, 238

家父長制　99

家父長制社会　87

苅谷剛彦　233

消えた赤ちゃん問題　73

危機妊娠出産支援センター　67

危機妊娠保護出産法（韓国、2023年）　73

棄　児　130, 179

帰納型思考　233, 234

近代家族　20, 33

草間八十雄　137

久保田裕之　225

ケア（配慮）　87, 92, 95

刑法大全（朝鮮、1905年）　173

行為体（エージェンシー）　30, 35, 258

甲午改革　176

構築主義　193

こうのとりのゆりかご　258

子殺し　121

子どものアドボケイト制度　252

子どもの意見聴取　251

子どもの権利委員会　212

婚外子（illegitimate child（children））　13, 86, 99, 122, 171

索　引

さ 行

祭祀承継　*187*

里預け　*184*

里　親　*238*

里親委託の解除と監護者指定　*249*

里親養育　*190*

里子の親権および監護権　*248*

サブスタンス　*191*

産　院　*125*

産児休暇制度　*109*

産婆（midwife）　*19-22, 26-31, 94, 130*

死後養子　*174*

私生子　*176*

自然子　*41*

『子孫繁昌手引き草』　*146*

実子主義　*218*

実母授乳　*113*

児童虐待防止法（旧法、1933年）　*122*

児童権利保障院　*74*

児童の権利に関する条約（子どもの権利条
　約）　*211, 237*

児童の代替的養護に関する指針　*211*

児童福祉法（2016年改正法）　*213, 237*

児童保護　*121*

児童養護　*220*

清水昭俊　*190*

社会的親　*33, 34, 37*

社会的養護　*13, 220, 234*

社会的養護の課題と将来像　*212*

社会的養護の家庭化　*220-223, 233*

収養子　*182*

呪術的な共感の関係　*193*

授　乳　*88, 95*

昭　穆　*187*

助産婦　*19-23, 27, 30, 37*

庶　子　*172*

女性支援法（2022年）　*259*

親権概念の変遷　*242*

親権と監護権の分属　*243*

親権の内容　*240*

親権の不適切な行使　*241*

人口減退　*105*

捨て子　*20, 26, 108, 113, 121*

捨子慣行　*40*

ストロース（Strauss, Paul）　*106*

生殖の危機　*19*

生物学的親　*33, 34, 37*

『全国民事慣例類集』　*159*

想像上の帰属　*192*

宗族制度　*172*

ゾラ（Zola, Émile）　*105*

た 行

第三者への監護者指定　*246*

代替養育　*220, 226, 233, 234*

堕　胎　*129*

地域共同体　*153*

畜　妾　*187*

血のつながり　*34*

血は水よりも濃し　*2*

『地方凡例録』　*168*

嫡出子　*43*

嫡出推定制度　*45*

朝鮮戸籍令（1923年）　*178*

朝鮮総督府済生院　*181*

できる限り良好な家庭的環境　*216, 228,
　230*

できる限り良好な家庭的な養育環境　*226,
　228-232*

できるだけ良好な家庭的環境　*229*

ドイツ倫理審議会　*81*

東京市政調査会　*123*

統治（government）　*85, 86, 88-90*

索引

特別養子縁組　238
匿名出産　7, 78
匿名性　71

な 行

内密出産　6, 78, 218
ナポリ　40
ナポレオン民法典（1804年）　42
ナポレオン刑法典（1810年）　43
生江孝之　134
乳児死亡率　123
妊娠相談所　78
認　知　178
ネオ・マルサス主義　109
農繁期託児所　169
望まない妊娠　142

は 行

パーマネンシー保障　215
ハウサ　190
ピナール（Pinard, Adolphe）　110
百姓株式（百姓株）　156
ピューリタン　91, 98
フーコー（Foucault, Michel）　87
フォスターケア・ドリフト　223
文化的自然像　191
文化の自画像　191
別居法制　44
ベビークラッペ（ドイツの赤ちゃんポスト）
　6, 78, 108
ベビーボックス　7, 68

ベルティヨン（Bertiillon, Jacques）　107
法律上の親　56
母子衛生　104

ま 行

身分証書制度　43
民籍法（朝鮮、1909年）　171
民族生殖観　191
村　154
村請制　156
名誉の事由　44
貰い子　121
もらい乳　197
monstrous child（モンスター・チャイル
　ド）　97, 98

や 行

ヨアンネス・クリュソストモス（聖）（Saint
　Chrysostom, John）　87
養育料支給　147
養子縁組（養取）　21, 23, 27-31, 33-37, 195
養子仲介　21, 28, 35-37

ら 行

リ　コ　190
リネージ　199
ルソー（Rousseau, Jean-Jacques）　114

わ 行

藁の上からの養子　21, 23, 28, 30, 34, 68

263

■執筆者紹介 （執筆順、＊は編者）

＊床谷 文雄	大阪大学名誉教授、奈良大学特別研究員	序章
白井 千晶	静岡大学人文社会科学部教授	第1章
小谷 眞男	お茶の水女子大学基幹研究院教授	第2章
姜 恩和	目白大学人間学部教授	第3章
トビアス・バウアー	熊本大学大学院人文社会科学研究部教授	補論1
＊柴田 賢一	常葉大学保育学部教授	第4章
河合 務	鳥取大学学術研究院地域学系部門教授	第5章
大出 春江	大妻女子大学名誉教授	第6章
太田 素子	和光大学名誉教授	補論2
戸石 七生	東京大学大学院農学生命科学研究科准教授	第7章
岡崎 まゆみ	立正大学法学部教授	第8章
梅津 綾子	名古屋大学大学院人文学研究科研究員（学振RPD）、 南山大学人類学研究所非常勤研究員	第9章
山縣 文治	大阪総合保育大学特任教授	第10章
藤間 公太	京都大学大学院教育学研究科准教授	第11章
＊梅澤 彩	熊本大学大学院人文社会科学研究部教授	第12章
＊宇野 文重	尚絅大学現代文化学部教授	終章

Horitsu Bunka Sha

〈家族〉のかたちを考える ①

〈産みの親〉と〈育ての親〉

2025年5月5日　初版第1刷発行

監修者　比較家族史学会

編　者　床谷文雄・宇野文重
　　　　梅澤　彩・柴田賢一

発行者　畑　　光

発行所　株式会社 法律文化社
　　　　〒603-8053 京都市北区上賀茂岩ヶ垣内町71
　　　　電話 075(791)7131　FAX 075(721)8400
　　　　customer.h@hou-bun.co.jp
　　　　https://www.hou-bun.com/

印刷／製本：亜細亜印刷㈱
装幀：谷本天志
ISBN 978-4-589-04388-7

Ⓒ 2025 比較家族史学会, F. Tokotani, F. Uno A. Umezawa,
K. Shibata Printed in Japan

乱丁など不良本がありましたら、ご連絡下さい。送料小社負担にて
お取り替えいたします。
本書についてのご意見・ご感想は、小社ウェブサイト、トップページの
「読者カード」にてお開かせ下さい。

JCOPY　〈出版者著作権管理機構　委託出版物〉

本書の無断複写は著作権法上での例外を除き禁じられています。複写される
場合は、そのつど事前に、出版者著作権管理機構（電話 03-5244-5088、
FAX 03-5244-5089、e-mail: info@jcopy.or.jp）の許諾を得て下さい。

比較家族史学会　監修

〈家族〉のかたちを考える
全6巻

A5判・上製・カバー巻
3巻以降は年1巻ずつ刊行

グローバルな視野が求められる現代において、学会の原点である「歴史」と「地域」の比較軸から〈家族〉を捉える。法学・社会学・文化人類学・歴史学・教育学・人口学・民俗学など専門領域を異にする研究者の叡智を結集。

① 〈産みの親〉と〈育ての親〉
床谷文雄・宇野文重・梅澤 彩・柴田賢一 編　　　　　　5500円

② 家 族 と 病 い　田間泰子・土屋 敦 編　　5940円

③ 系 図 と 継 承　高橋基泰・米村千代 編

④ 家 族 と 暴 力　李 璟媛・税所真也 編

⑤ ＬＧＢＴと家族　三成美保・渡邉泰彦 編

⑥ 生殖技術と家族　野辺陽子・日比野由利 編

――――――――――法律文化社――――――――――
表示価格は消費税10%を含んだ価格です